读懂新课程 丛书

丛书主编 张广斌 陈忠玲

跨学科主题学习设计与课例精选

KUAXUEKE ZHUTI XUEXI
SHEJI YU KELI JINGXUAN

吴刚平

黄晓玲

主 编

北京师范大学出版集团
BEIJING NORMAL UNIVERSITY PUBLISHING GROUP
北京师范大学出版社

图书在版编目(CIP)数据

跨学科主题学习设计与课例精选 / 吴刚平，黄晓玲

主编. -- 北京 ：北京师范大学出版社，2025.6.

（读懂新课程丛书）. -- ISBN 978-7-303-30774-6

Ⅰ. G632.0

中国国家版本馆 CIP 数据核字第 2025AD6749 号

出版发行：北京师范大学出版社 https://www.bnupg.com

　　　　　北京市西城区新街口外大街 12-3 号

　　　　　邮政编码：100088

印　　刷：北京溢漾印刷有限公司

经　　销：全国新华书店

开　　本：710 mm×1000 mm　1/16

印　　张：20

字　　数：380 千字

版　　次：2025 年 6 月第 1 版

印　　次：2025 年 6 月第 1 次印刷

定　　价：65.00 元

策划编辑：何　琳　　　　　　责任编辑：林山水

美术编辑：李向昕　　　　　　装帧设计：李向昕

责任校对：包冀萌　　　　　　责任印制：马　洁

读懂新课程

丛书编委会

顾 问

顾明远

主 任

田慧生

主 编

张广斌　陈忠玲

编 委（按姓氏笔画排序）

丁明怡　李晓东　杨 利　杨 清　杨明全
吴刚平　吴欣歆　张 悦　张广斌　张志忠
陆志平　陈忠玲　范佳午　胡定荣　桑国元
黄延林　黄晓玲　崔允漷　康世刚　綦春霞

总　序

课程教学是立德树人的关键环节，深化课程教学改革是建设教育强国的重点领域。习近平总书记多次强调课程教学改革的重要性。在 2018 年全国教育大会上，习近平总书记指出，要着眼于"教好"，围绕教师、教材、教法推进改革，探索形式多样、行之有效的教学方式方法，切实在素质教育上取得真正的突破；在 2024 年全国教育大会上，习近平总书记再次强调要全面提升课堂教学水平。新课程承载着党和国家的育人新要求、新使命，深化课程教学改革对于全面落实教育强国建设具有重大战略意义。

我国新修订的义务教育课程方案和语文等 16 门学科课程标准(2022 年版)颁布，标志着具有中国特色、世界水平的义务教育课程新蓝图绘就，并正式进入素养导向的课程实施阶段。深化课程教学改革是一项复杂系统工程，涉及方方面面。在新课程认识理解上，要站在党和国家事业发展全局，坚守为党育人、为国育才使命，整体把握新课程培养目标、课程方案、教学方式、考试评价、专业支撑等的内在逻辑；在新课程落地实施上，强调课程内容的结构化，强化综合学习、学科实践，倡导学习中心课堂，强调时代性、基础性、综合性、实践性等特点，创新探索教育教学新方式，培育课程教学改革新生态。

读懂新课程丛书重点在于推动从政策理念到教学行动的转变，既有从政策理论角度引领新课程教学的导论，又有针对一线教师关切，结合课程教学改革重点难点热点焦点，聚焦大单元教学、项目式学习、跨学科主题学习、STEM 教育、作业设计、中华优秀传统文化教育等重点领域进行的目标引领与实践探索。

为确保政策性、专业性、指导性和实用性，高站位、高品质、高质量，充分发挥不同领域专家在课程教学改革中的专业优势，本丛书邀请高校科研院所专家学者、课标教材修订专家、教研员、骨干教师等共研共创、协商对话，促使新课标理念与教学实践融通，让新课标理念落位课堂，培养教师，滋养学生。

本丛书内容主要包括三部分：一是总论部分，主要论述新课程的政策逻辑、顶层设计，以及课程教学改革新生态三方面的内容。二是学科分论或专题分论部分，分别概述并阐释大单元教学、项目式学习、跨学科主题学习等重点领域的教育理念及实施路径。三是教学实施部分，主要呈现新课程政策理念在课堂教学中的具体实践。课例主要由中国人民大学附属中学、清华大学附属中学、北京市十一学校、北京市第四中学、北京市第二中学、郑州外国语学校、重庆谢家湾学校、北京市中关村第一小学、杭州市春晖小学、贵阳市第一实验小学等全国知名学校的骨干教师参与教学研发。

本丛书将政策、理论、实践相互关联、相互促进。政策提供改革蓝图，理论提供指导思想，实践为新课程落地操作，它们相互依存、相互支撑，共同形成新时代深化课程教学改革的一盘大棋。另外，我们还运用数字技术开发了融媒体资源，打破时空限制，为读者提供了可视化的、鲜活真实的课堂教学案例。

新课程，是召唤性概念，既具有专业引领性，又具有课程教学改革的牵引性。新课程，是发展性概念，只有扎根教学实践土壤才能不断生长。新课程，还是协同性概念，需要政府、学校、家庭、社会共同培育课程实施新生态。读懂新课程，以行动诠释理念，以成果证明价值；读懂新课程，让课堂充满活力，让教学充满激情，让教育充满智慧；读懂新课程，才能最终实现从理念到行动的转换和升华。

感谢参与本丛书撰写的高校科研院所专家学者、课标教材修订专家、教研员、一线教师。他们的辛苦付出、精益求精的敬业精神和研究态度，保证了本丛书正确的方向性和专业的引领性。感谢北京师范大学出版社的大力支持和精心组织，鲍红玉编辑、郭翔编辑、何琳编辑在书稿前期的体例设计和撰写等方面提出了宝贵的意见，各分册图书责任编辑对书稿文字表述等进行了细致的修改，为本丛书的顺利出版提供了质量保证。

本丛书汇聚了专家学者对新课程的发展性思考，展现了一线教师的实践性创新。我们期待以此为支点，汇集更多新课程战线上的有识之士和中坚力量，撬动课程教学改革不断走深走实，为教育强国建设注入强劲动力。如有不足之处，敬请读者批评指正。

张广斌　陈忠玲
2024 年 10 月

前　言

　　《跨学科主题学习设计与课例精选》是读懂新课程丛书中的一册，编选了有关跨学科主题学习的政策理论思考和实践探索成果，旨在为广大中小学校和教师开展跨学科主题学习活动提供参考和借鉴。

　　跨学科主题学习是新课程的一个政策亮点，是改革教学方式、培育核心素养的创新举措，具有重要的育人价值。尽管跨学科主题学习并不是一个全新的事物，像交叉学科研究、学科整合、课程整合、综合课程、综合教学等类似的概念和做法，早就有学校和教师进行过探索，积累了经验，但总体而言，这些改革尝试只是少数先行者开展的局部、零散和自发的实践，探索性强，自由度高。现在，跨学科主题学习跨过了自由探索阶段，成为各门学科都要开展的、统一的政策要求。这就需要学校和教师进一步总结、提炼、深化跨学科主题学习活动经验，确保跨学科主题学习活动的专业性、规范性和有效性，促进跨学科主题学习活动常态化开展。对于多数学校和教师而言，难度不小，特别需要相应的理论与实践研究成果支持。

　　因此，我们不揣浅陋，欣然接受邀请，担任《跨学科主题学习设计与课例精选》主编工作。全书共分三个模块，包括模块一：读懂新课程，实现从理念到行动的蝶变；模块二：跨学科主题学习的设计与实施；模块三：跨学科主题学习课例精选。其中，模块一从国家发展战略、立德树人根本任务和核心素养导向三个方面，为跨学科主题学习提供新课程的宏观背景和总体指导思想。模块二从整体设计与实施的角度，为学校和教师开展跨学科主题学习活动提供必要的认识基础和实用案例。模块三从文科综合、理科综合、文理综合三个大类，提供跨学科主题学习设计与实施的精选课例。同时，还阐释了跨学科主题学习活动实施过程中的相关问题。

　　跨学科主题学习设计与实施的案例和课例一共 12 个。其中，学校层面整体设计与实施实用案例 2 个，包括王静、田亚娟、刘珂研制开发的《指向创造力培养的"E＋"英语跨学科主题学习设计与实施》；李青、邓志蓉、邢冬梅、刘黎黎研制开发的《博见世界　奠基未来——"博物馆＋"跨学科主题课程的开发与实施》。文科综合类课例 3 个，包括彭莉媛研制开发的《用英文讲述中国民族音乐 Chinese Folk Music Told in English》，郭志滨、王丹、杜欣月、李璐研制开发的《文明的见证——中国古代科技之光》，刘婧、王贝贝、魏雅平、王志强、贺凯强研制开发的《花为媒·看发展·传乡情》。理科综合类课例 4 个，包括吴桂菊、崔勇、李迎华、谭紫嫣、邢健锋研制开发的《年、月、日的秘密》，杨自犇、王慧、刘祥志、刘彦、蒲佳音研制开发的《共享单车的奥秘》，岳亚利、王欢、李景梅、熊星烁研制开发的《月球生态农场——选种与布局》，董素君、邢晓明、朱叶、刘小荣研制开发的《低碳生活》。文理综合类课例 3 个，包括王丽环、陈海燕、庄婕、杨明、陈群研制开发的《四季生命成长》，李昕旸、王红艳、石颖、果维东研制开发的《月球基地植物种植光照系统设计》，谭丞、牛春晓、张宏伟研制开发的《种下快乐　见证成长》。

在本书出版之际，我们要衷心感谢丛书主编张广斌和陈忠玲两位老师的信任与指导！衷心感谢参与案例和课例研制开发的各位老师作出的专业贡献！衷心感谢北京师范大学出版社编辑何琳老师团队专业而辛勤的付出！

我们深知，这本分册著作并不完美。但我们希望，书中的理论思考和实用案例与课例能够抛砖引玉，为更多学校和教师带来帮助与启示，通过参考、改造和创新，落实和深化跨学科主题学习活动，更好地履行为党育人、为国育才的教育使命。

吴刚平　黄晓玲

2025 年 5 月

目录 C O N T E N T S

目录　C O N T E N T S

▶模块三
跨学科主题学习课例精选

目 录 C O N T E N T S

目 录 CONTENTS

模块一
读懂新课程，
实现从理念到
行动的蝶变

　　科技经济的发展尤其是数智技术的突破，推进并催生着学校教育和整个教育体系的重构，学生学习生活的实体空间和虚拟空间被打通，学校、家庭、社会教育的边界被解构，全域教育时代到来，育人方式正在发生深刻变革。党的二十大报告进一步提出教育、科技、人才是全面建设社会主义现代化国家的基础性、战略性支撑。对党的教育政策、方针的理解必须坚持系统的观念，坚持联系的观点，从整个政治、经济、文化和社会发展出发来把握党和国家对育人的需求。

　　新课程承载着党和国家的育人需求。课程方案和课程标准是规范基础教育课程运作的纲领性文件，是教育行政部门推进课程改革行动的指导性文件。课程方案明确了课程培养目标、基本原则、课程设置、课程标准的编制和教材编写、课程实施等内容。课程标准规定着课程性质、课程理念、课程目标、课程内容、学业质量和课程实施等。课程方案和课程标准是教材编写、教学实施、考试评价以及课程管理的直接依据。可以说，谁读懂了课程方案、掌握了课程标准，谁就掌握了课程改革的领导权和话语权。2022年我国新修订的义务教育课程方案和语文等16个学科的课程标准正式颁布实施，标志着具有中国特色、世界水平的义务教育课程蓝图绘就并进入实施层面。

　　课程实施是一项复杂的系统工程，涉及理念、政策、实践等诸多环节，涉及课程标准修订、教材修订、教科研、学校师生等诸多要素，需要利益相关者共同努力、协同推进。读懂新课程，实现从理念到行动的转变，首要在读懂，重点在行动，关键在实效。在对新课程的认识理解上，要站在党和国家事业发展全局，置于国内外政治、经济、社会大环境中，整体把握新课程目标、理念、行动等的内在逻辑；在新课程落地实践上，要在吸纳国内外已有课程教学典型经验和有效做法的基础上，聚焦时代性、基础性、综合性、实践性等课程改革新要求和素养育人新使命，培育新课程新生态，积极探索、大胆创新，力争在教育教学方式变革和提高育人质量上取得新突破。

一、站在党和国家事业发展全局的战略高度，把握新课程的政策逻辑

　　任何真实的课程改革都是时间和空间维度的过程性存在，都有其植根的社会历史情境和具体关系，有其在地化的资源、历史和本土反思。将课程置于政治、经济、社会、文化场景中进行理解和建构，是认识新课程政策的逻辑起点。正如再生

产理论所强调，学校教育与社会、政治、经济、文化结构之间存在对应关系；新课程作为课程改革的政策载体，反映着政策生态的性质、特征与现实要求，同政策生态存在投射性关系。读懂新课程，不是一头扎进教育，而是要跳出教育认识新课程的精神实质，了解新课程与政治、社会、经济、科技和国家安全的关系，整体把握新课程的理念和内在逻辑。为此，下文从政治、经济、科技、社会和文化等几个维度呈现新课程的政策逻辑，以帮助大家整体认识新课程蓝图的立意初衷。

（一）新课程是新时代国家意志的重要体现，具有鲜明的政治属性

习近平同志强调，要从党和国家事业发展全局的高度，坚守为党育人、为国育才。党的十八大以来，党中央高度重视课程教材工作，从治国理政的战略高度，强调课程教材建设体现国家意志。新课程作为立德树人的关键载体，具有鲜明的政治属性。这是认识理解新课程的根本所在。

1. 新课程承载着党和国家的政治新使命

一个国家实施什么样的课程，反映并决定着这个国家培养什么样的人和能够培养什么样的人。新时代党的使命任务是以中国式现代化全面推进中华民族伟大复兴。为党育人、为国育才是党和国家在推进中国式现代化过程中的育人要求。新课程是落实党和国家课程改革政策的重要载体，政治性是新课程的第一属性，决定着培养什么样的人、为谁培养人以及如何培养人等核心问题。新课程明确把"以习近平新时代中国特色社会主义思想为指导，全面贯彻党的教育方针"[①]写进其中，并全面融入课程方案和课程标准；同时，系统吸纳了马克思主义基本原理与中国实际相结合、与中华优秀传统文化相结合等马克思主义中国化最新成果。党的领导是我国政治体制、政治结构和政治关系的根本，是建设中国特色、世界水平的课程体系的根本政治保证。

2. 新课程体现着党和国家发展的战略新要求

义务教育是国家依法统一实施的所有适龄儿童、少年必须接受的基本公共教育，是现代国民教育体系的基石，具有先导性、奠基性、全局性作用。新课程系统体现了党和国家发展战略的时代需要，蕴含着深入实施科教兴国战略、人才强国战略、创新驱动发展战略对义务教育的育人要求，明确宣告"将个人追求融入国家富

---

① 中华人民共和国教育部：《义务教育课程方案(2022 年版)》，前言 1 页，北京，北京师范大学出版社，2022。

强、民族复兴、人民幸福的伟大梦想之中"①，旨在为全面建成社会主义现代化强国、实现中华民族伟大复兴奠定人才基础。可以说，新课程的质量和实施效果将直接关系党领导的中国特色社会主义事业的巩固与发展，关系到第二个百年奋斗目标和中华民族伟大复兴中国梦的实现，关系国家的繁荣昌盛、长治久安。

3. 新课程确立为党育人、为国育才的新规格

新课程旗帜鲜明地提出为党和国家培养有理想、有本领、有担当的少年，为德智体美劳全面发展的社会主义建设者和接班人成长奠基，明确了义务教育阶段培养担当民族复兴大任时代新人的具体要求。古今中外，每个国家都是按照自己的政治要求来培养人的。为党育人，就是为了为国育才。教育始终是国之大计、党之大计。人才始终是社会主义现代化建设的第一资源。与 2001 年培养目标"有理想、有道德、有文化、有纪律"的"四有"新人相比，新课程进一步凝练提升为"有理想、有本领、有担当"的"三有"少年。"有理想"一以贯之、内涵不断丰富，"有本领、有担当"更加凝练聚焦。新课程的政治属性更加凸显，明确要求"热爱祖国，热爱人民，热爱中国共产党，学习伟大建党精神"②，加强政治修养，坚定"四个自信"，从小树立远大理想，扣好人生第一粒扣子。

（二）新课程是新时代科技和经济的思想投射，具有鲜明的时代属性

经济基础决定上层建筑，也制约着课程改革的政策空间；科技和经济发展与课程教学关系日趋紧密，课程结构对科技和经济变革有很大的依从性。新课程的政策主张反映着科技和经济发展的环境变迁。由于特定政策观念及执行中的政策具有其存在的某种经济条件，当后者发生了变化或被认为发生了变化时，现存政策的所有部分都要解体，然后一种可能的、包括新要素的政策将被制定出来。20 世纪 80 年代以来，特别是我国加入世界贸易组织之后，我国经济经历了从计划经济体制向市场经济体制的加速转型，市场配置和自由竞争推动着经济环境更加开放包容，科技和经济发展的一体化形态更迭出现，新课程思想要素与科技和经济的生态联结愈加紧密。在以往党代会报告中，科技一般被安排在经济建设中，教育一般被安排在社会建设中，人才被安排在党的建设中。立足新时代新征程，党中央突出强调坚持创新在我国现代化建设全局中的核心地位。立足实施科教兴国战略，强化现代化建设

① 中华人民共和国教育部：《义务教育课程方案（2022 年版）》，2 页，北京，北京师范大学出版社，2022。

② 中华人民共和国教育部：《义务教育课程方案（2022 年版）》，2 页，北京，北京师范大学出版社，2022。

人才支撑的大局，着眼全面建设社会主义现代化国家，必须开辟发展新领域新赛道，不断塑造发展新动能新优势，全面深入实施坚持教育优先发展、科技自立自强、人才引领驱动的重大举措。

1. 新课程反映着新科技和经济发展的主体性新要素

党的二十大报告明确提出，高质量发展是全面建设社会主义现代化国家的首要任务，把实施扩大内需战略同深化供给侧结构性改革有机结合起来，加快建设现代化经济体系，着力提高全要素生产率。新科技和经济形态下的经济制度结构、经济状况和面向未来等要素，尤其是大数据电子商务的发展，在市场供需关系中，使需求方的主体性地位更加凸显。同时新科技和经济形态需要人人拥有市场主体意识、市场生存发展能力，要求经济主体成为自我负责、自负盈亏者。市场中的人就是要自我负责，供需关系中需求方主体性地位的突出投射在新课程中就要求新课程培养适应新科技和经济的人。在教育供需关系中，学生的主体需求更加凸显。一方面，学生不再是知识的被动接受者，而是学习的主体，具有独立精神和自我生活诉求；另一方面，学生是知识建构者和主体性存在者，学生的学习需要直接反映着社会政治经济生活对学生的要求，刺激新课程内容的重构和优化。新课程明确提出"为每一位适龄儿童、少年提供适合的学习机会"①，在学习方式上倡导"创设以学习者为中心的学习环境，凸显学生的学习主体地位"②，同时"发挥新技术的优势，探索线上线下深度融合，服务个性化学习"③；在学习内容上强调精选课程内容，注重培养学生的爱国情怀、社会责任感、创新精神和实践能力，奠基未来。这些都是新科技和经济主体性要素在新课程中的映射。

2. 新课程反映着新科技和经济发展的公共性新思想

面对国内外经济发展新常态，我国正在大力推动数字经济，加快形成以国内大循环为主体、国内国际双循环相互促进的新发展格局。为此社会需要建立更加彰显民主与公平的公共生活模式，构建与新经济环境相契合的机制与规范，促进更大范围的经济生活公共参与。这反映了公众的公共性诉求。新课程强调教师不再是权威的知识传授者，而是课程政策公共性的代表者和实施者；教师通过对课程的理解与

---

① 中华人民共和国教育部：《义务教育课程方案（2022 年版）》，4 页，北京，北京师范大学出版社，2022。

② 中华人民共和国教育部：《义务教育课程方案（2022 年版）》，14 页，北京，北京师范大学出版社，2022。

③ 中华人民共和国教育部：《义务教育课程方案（2022 年版）》，14 页，北京，北京师范大学出版社，2022。

创造性建构走向对课程的适应和创生。课程政策话语更加强调基础性、共同性，凸显基本公共服务的价值理念与课程实践。新课程在政策运行上打破了高度集中的模式，拓展了政策制定的公共参与范围，引入专家参与、论证、咨询等更为开放、民主且有效的机制；在课程政策管理上明确了国家、地方和学校三级课程管理体制，使课程改革的多方创造性得到进一步激活。

3. 新课程反映着科技和经济发展的开放性新样态

创新是引领经济发展的第一动力，是建设中国式现代化的重要战略支撑。实现我国经济更高质量、更有效率、更加公平、更可持续发展，必须坚持改革开放。改革开放促进我国经济与国际接轨，积极吸收借鉴其他国家和世界组织在科技和经济领域的典型经验和成功实践，特别是世界知识经济、数字经济等新思想、新要素为我所用。比如，在数字经济时代，数据成为代替土地、劳动力、原材料和资本等促进经济发展的直接资源和动力，引发产业结构的巨大调整。这些新要素、新形态不仅对学生核心素养发展提出新要求，还是推动课程变革的新动力。新课程以更加开放的姿态，对经济新形态的人才素质和结构新需求进行了系统呈现。为此，新课程进一步明确培养学生的核心素养，增加了"信息科技"等新元素，更加凸显了课程的育人功能，实现了核心素养目标在整个基础教育的贯通设计，实现课程目标、课程内容、课程结构、学业质量、教学和评价等方面的系统转型升级。

（三）新课程是新时代社会和文化的现实关照，具有鲜明的民生属性

课程改革是特定历史时期和特定社会的产物，离不开民众的基本生存和生活状态，同时也要更多、更公平惠及最广大人民群众。伴随着中国特色社会主义进入新时代，我国社会主要矛盾已经转化为人民日益增长的美好生活需要和不平衡不充分的发展之间的矛盾。人民的美好生活需要日益广泛，不仅对物质文化生活提出了更高的要求，而且在民主、法治、公平、正义、安全、环境等方面的要求日益增长。社会学家拉尔夫·达仁道夫(Ralf Dahrendorf)认为，我们没有看见过一个社会，在那里所有的男人、妇女和儿童都能享有同样的应得的权利和同样的供给。其原因就在于每种社会都必须协调人的不同的任务，不过也必须协调人的权益和能力。面对现实社会生活的多样性、多元性和多指向性，社会公平和正义导向的社会治理必须对现实社会的各种复杂利益诉求进行约束、协调和引导。这也是当前课程改革的社会性新要求。

1. 新课程促进着社会公平正义的实现

改革开放以来，我国经历着社会结构的变迁，出现了政治领域、经济领域和公共领域或社会组织，特别是伴随着自媒体、大数据、人工智能等快速发展产生了大

量虚拟社区、社群等准公共领域。这种社会结构的变迁直接带来民主参与社会、政治、经济活动和政策制定的热情，以及维护国家权力和自身利益的觉醒。新课程不仅反映了公共政策运行的基本社会结构和关系，还为公共政策的运行提供必要的精神动力，引导和协调社会文化和价值观的传播，为公共政策运作提供充分的智力条件。新课程作为促成社会正义的公共政策产品，为每个人提供学习和发展的均等机会；作为一种公共服务，则承担着促进社会发展和学生主体发展的双重使命。

2. 新课程传承着社会主流文化价值观

党和国家高度重视文化价值建设，特别是党的十八大以来，以习近平同志为核心的党中央明确提出培育和践行社会主义核心价值观、弘扬中华优秀传统文化、铸牢中华民族共同体意识等新要求。新课程在这些方面做了呈现：有机融入习近平新时代中国特色社会主义思想；有机融入中华优秀传统文化、革命文化和社会主义先进文化，以及法治、国家安全、民族团结、生态文明等内容。

3. 新课程承载着人民对美好生活的向往

世界百年课程改革实践表明，各国普遍把课程改革作为推动社会发展和经济繁荣的重要举措，不断强化国家课程在发展战略中的地位和作用。党的十九大以来，我国经济社会发展取得一系列重大成就，人民对美好生活的向往与日俱增，对高质量教育的需求日趋强烈。20多年来的课程改革由早期的质疑、批判、论争到近些年的研究阐释、主动布局，凝聚着共识的课程改革文化生态正在逐步形成。这也反映了社会对新课程的共同期盼，正所谓具有正义感、责任感、政策目标的群体成员有良好的心理素质，不仅制定的政策体现公正、合理，而且执行起来也顺畅。课程作为文化资本，代表的是社会主流文化，与个人的前途、命运、社会地位息息相关。面向未来的新课程不仅奠定了共同社会结构的基础，也在话语体系上与社会生活的联系更加紧密，越来越大众化。

总体来看，在人类历史上，没有任何一个时期像当今时代，新课程与政治、科技、经济、社会和文化发展的联系如此紧密。可以说，政治、科技、经济、社会和文化发展不仅决定着新课程政策的核心思想、生命周期，还决定着新课程政策的未来取向和行动。这是认识理解新课程的政策逻辑起点。

二、立足落实立德树人根本任务，系统把握 新课程顶层设计的育人初心

课程是教育发展到一定阶段的历史产物，与教育的目的性和人类文化知识量的积累密切关联。当有目的、有计划、有组织的教育和人类文化知识累积到一定程度时，理性选择与逻辑组织是课程存在和发展的前提。课程自从出现后就成为教育的基石，课程改革亦成为教育改革的核心。课程在横向上与知识类型有关，在纵向上与主体人的知识内生过程有关。这种认识和关系一直延续至今，并不断得到拓展延伸。新课程以学生的身心发展为主线，明确了新时代义务教育阶段的培养目标，对教育发展的新使命、新样态、新趋势进行了系统的内化与呈现，进一步增强了育人目标的针对性、时代性，系统回答了"培养什么人、怎样培养人、为谁培养人"的根本问题。这是厘清课程与教育、课程改革与教育改革，特别是立足育人认识新课程的现实起点。

（一）新课程作为落实党的教育方针的关键载体，担负着促进学生全面个性发展的职责使命

课程政策不仅具有鲜明的本国教育历史与时代烙印，而且反映着世界教育发展趋势。中华人民共和国成立后，课程改革经过了学习苏联、借鉴西方等几十年的探索实践，当前又走到扎根我国历史文化传统，确立具有中国特色、世界水平课程体系的建设道路上。新课程在这些方面进行了优化完善，特别是进一步凸显了学生全面个性发展的政策性、规律性和实践性。

1. 新课程把落实党的教育方针置于根本性地位

20 世纪 90 年代，党中央把培养德、智、体全面发展的建设者和接班人确立为党的教育方针，指出教育必须为工农服务，必须为国家的生产建设服务。1999 年，中共中央、国务院《关于深化教育改革全面推进素质教育的决定》提出"美"的人才培养要求，强调教育必须为社会主义现代化建设服务，必须与生产劳动相结合，培养德、智、体、美等方面全面发展的社会主义事业建设者和接班人。2018 年，习近平总书记在全国教育大会上提出"培养德智体美劳全面发展的社会主义建设者和接班人"的新要求。德、智、体、美、劳"五育"并举的人才培养新思想为我国教育发展和课程改革指明了新方向。"德、智、体、美、劳"的提出是对"德、智、体""德、智、体、美"育人的进一步拓展和丰富、延续和发展，是中国特色社会主义教育持续创新发展的最新成果。党的教育方针将马克思主义关于人的全面发展思想贯穿社会主

义教育培养目标,指明了新时代建设教育强国必须牢牢把握的前进方向。新课程承载着对党的教育方针的新认识和对时代教育需求的新回应,以党的教育方针为根本指引,整体设计和系统完善义务教育新课程,落实"五育"并举和创新性人才培养要求,一体化设计道德与法治课程,将科学、综合实践活动课程提前至一年级开设,强化课程育人的整体性和系统性。同时,新课程强调将劳动、信息科技的内容从综合实践活动课程中独立出来,完善艺术课程,以音乐、美术为主线,融入舞蹈、戏剧、影视等内容。

2. 新课程贯穿融通着教育发展规律

尊重和敬畏教育规律是课程政策制定者应具备的教育自觉,好的课程政策要遵守间接经验与直接经验相结合、掌握知识和发展智力相统一、传授知识与思想教育相统一、教师主导与学生主体相统一等规律。进入 21 世纪以后,我国课程改革正是遵循教育规律、把握教育特性、体现社会发展和人的全面发展现实需要的教育变革。新课程体现着人的全面个性发展思想和教育规律的贯穿融通,按照社会主义教育方向,更加注重为学生全面发展和教育现代化建设服务的有机统一。一方面,按照育人逻辑,进行教育内容选择、组织和课程内在结构完善;另一方面,按照育人与成才逻辑,更加注重教育与社会实践相结合。这些新时代人的全面个性发展和教育规律有机融合的课程设计逻辑彰显着新课程的时代教育新元素、新特征。

3. 新课程内含教育的底层实践逻辑

育人为本的教育包含价值性和工具性双重属性,两者在人才培养规格和方式上存在差异。价值性重在培养人格,教授怎么做好人、达到灵魂完备;工具性重在培养专业人才,教授具体工作怎么完成。在工业化和后工业化时代,整个社会呈现出教育伴随科技发展进步的历史主线。传统与现代之间存在的对立性、同化性和支撑性等关系,以及工具理性与价值理性之间存在的冲突、平衡和融合等关系,成为推动课程改革的重要维度和关键要素。所有人被调动起来加入科技引发的工具性竞争,需要分科教育不断细化扩张,释放教育的工具性能量。工具性教育越专业化、分科越详尽,人的视野就会变得越狭隘,整体理解和把握能力也就越匮乏。新课程一方面保持着对教育工具性的延续和扩张;另一方面强调对教育价值性的回归,试图以综合性打通各学科的底层逻辑,实现对人的全面发展的支撑。新课程提出的核心素养在不同学科存在不可替代性和外在表现差异,但在底层逻辑上都是对人性的回应、对人的健全人格的塑造。

(二)新课程明确了核心素养新导向,助推着立德树人根本任务落实落地

面对为党育人、为国育才和落实立德树人根本任务的新要求,新课程的载体做

了较大调整完善。相较于 2001 年版、2011 年版的课程方案和课程标准，新课程的结构框架进一步完善，课程性质、功能定位、内容质量和编写要求、课程实施以及管理等更加具体明确，特别是核心素养、学业质量标准等有重要突破，推动了新课程话语体系和课程生态文化的创新发展。总体来看，新课程在核心素养导向上更加明确，在学业质量标准上更加具有可操作性，使立德树人育人目标的落地路径更加清晰。

1. 培养学生的核心素养是新课程落实立德树人根本任务的集中体现

新课程强调围绕学生的核心素养，深化对育人价值的理解和认识，按照教学内容和教学活动的素养要求，精选和设计课程内容，精准设定教学目标，把立德树人根本任务落实到具体教育教学活动中，实现对学生正确价值观、必备品格和关键能力的培养。新课程强调以学生核心素养为纲，统领课程教学的话语体系。核心素养是后天经过学习逐步养成的，强调学习知识或技能之后能做什么、能解决什么问题。可以说，核心素养是三维目标的整合与提升，是学生学习课程后所具有的正确价值观、必备品格和关键能力。不同于以前的义务教育课程知识与技能、过程与方法、情感态度与价值观三维目标，新课程在知识基础上更加注重对关键能力的培养。同时，核心素养是义务教育阶段学生应具备的素养，是课程育人价值的集中体现。核心素养贯穿课程标准修订的全过程，统领课程标准的各部分，使课程标准各部分保持内在的一致性和统一性。在这个意义上，课程越来越成为教育问题而不仅仅是学科问题，课程标准的教育学味道越来越浓了，甚至可以说课程标准就是一门基于课程的"教育学"。

2. 学业质量标准是新课程结构自我完善的重要新突破

质量是所有活动的落脚点，质量标准是核心的标准。坚持育人为本，强化学业质量指导，明确各学科的学业质量标准，引导和帮助教师把握教育教学的深度和广度，为课程实施与评价提供依据，是这次新课程的亮点。在原有教学大纲内容要求的基础上，2001 年、2011 年颁布的《义务教育课程标准》呈现了内容标准，作为以知识点为载体的内容标准实现了里程碑式进步。前两版课程规定了教什么、学什么，但对于教成什么样、学成什么样等缺乏质量标准依据。新课程在结构上进行了完善，增加了学业质量标准，明确了学生在完成课程学习之后的学业成就综合表现。这里强调的不是知识点的成就表现，而是知识的综合运用。学业质量是学生在完成一门课程的阶段性学习后的学业成就表现，是学生在学完相应的课程内容后所发生的变化和收获，是以学生核心素养及其表现水平为主要维度，结合课程内容，对学业成就表现的总体刻画。学业质量标准不仅是作业、测验的依据，还是过程评价、结果评价与考试命题的依据。

3. 新课程设置更加科学合理，弹性适应学制安排

新课程中不同类别课程的性质和要求更加清晰明确。国家课程奠定共同基础，由国务院教育行政部门统一组织开发、设置，要求所有学生必须按规定修习。地方课程和校本课程强调拓展补充、兼顾差异。其中，地方课程由省级教育行政部门确定开发主体、统筹开发，并给予学校一定的选择权；校本课程由学校组织开发，原则上由学生自主选择，以多种课程形态服务学生的个性化学习需求。新课程强调九年一贯设置科目，小学以综合课程为主，初中采取分科与综合相结合的形式。同时，新课程赋予"六三"学制和"五四"学制更大的弹性空间，在科目设置上要求更加明确，比如，关于历史、地理在初中阶段开设的问题，新课程明确实施"五四"学制的地区可从六年级开设地理。在新授课总课时不变的情况下，新课程明确了年级周课时和各门课程总课时的上下限，增加了劳动教育内容，要求信息科技单独设课，使课程设置更加科学合理，更有利于核心素养落地。

（三）新课程作为育人思想的重要体现，刻画着立德树人的实践新样态

我国基础教育课程改革育人目标经历了从"双基"到"三维目标"再到"核心素养"的不同发展阶段，完成了从知识到学科再到育人的转向。新课程颁布实施推动着课程改革进入以人为本和核心素养的新时代。从以教为主转向以学为主、从以讲解接受为主转向以活动建构为主是育人方式变革较为集中、典型的表现。

1. 强调课程内容结构化，强化学习逻辑

当课程育人目标由"三维"走向核心素养，课程内容的组织方式也随之改变。新课程以核心素养为纲，选择具有核心素养成分和价值的学科知识内容并进行结构化组织，以大观念、主题、任务等实现对课程内容的结构化。大观念、大概念等是一门学科知识内容体系中有解释力、统整力和渗透力的知识，这种知识内含学科思想、学科方法、学科思维，是核心素养在学科的体现。不同学科的课程标准称谓不同。如语文课程标准"任务群"，其他学科课程标准"主题""任务""项目"等，本质上都强调以素养为纲，构建以主题、任务、大单元等为形式的教学内容结构单位。强调大观念、大概念等，一方面旨在对学科知识内容进行精选和提炼，实现少而精的目标；另一方面旨在对学科知识内容进行重构和组织，实现有机整合的目标。长期以来，教育教学中存在学生学习的生活立场与学科立场、生活逻辑与学科逻辑的左右摇摆、相互批判甚至对立现象。新课程站位学习逻辑，强调生活逻辑对学习对象的整体感知，同时强调学习的学科逻辑进阶，通过习得过程实现从基础知识和基本技能向核心素养的升华。学习逻辑淡化阶段性目标、过程性目标，强调内容结构

化，从而实现素养目标。

例如，地理课程从空间尺度视角对课程内容进行组织，按照"宇宙—地球—地表—世界—中国"的顺序，引导学生认识人类的地球家园。地理课程以认识宇宙和地球的关系、地理环境与人类活动的关系为主要线索，将地理实践活动和地理工具运用贯穿其中，形成将学科知识与学科活动融为一体的课程内容结构。又如，英语课程内容由主题、语篇、语言知识、文化知识、语言技能和学习策略等要素构成，围绕这些要素，通过学习理解、应用实践、迁移创新等活动，可以推动学生的核心素养在课程学习中持续发展。课程内容的六个要素是一个相互关联的有机整体，共同构成核心素养发展的内容基础。其中，主题具有联结和统领其他内容要素的作用，能为语言学习和课程育人提供语境范畴。

2. 加强学段衔接，强化综合学习

《中华人民共和国国民经济和社会发展第十四个五年规划和 2035 年远景目标纲要》和联合国教科文组织发布的《共同重新构想我们的未来：一种新的教育社会契约》，强调未来需要学科深度融合，教育需要跨学科，需要变革育人方式。新课程注重幼小衔接，在小学一至二年级注重活动化、游戏化、生活化学习设计；同时结合学生从小学到初中在认知、情感等方面的发展特征，呈现出课程深度、广度变化，进而体现学习的连续性和进阶性。新课程进一步增强了课程的综合性和实践性，强调积极开展主题化、项目式学习等综合性教学活动，设置占本学科总课时 10％的跨学科主题学习活动；同时提出强化学科间的相互关联，促进知识结构化。

3. 创新育人实践，强化评价改革

育人实践是运用该学科的概念、思想与工具，整合心理过程与操控技能，解决真实情境中的问题的一套典型做法，是具有育人价值意蕴的典型教学实践。育人实践直接的体现就是学科实践。学科实践不是为了改造或改变学科世界（对外），而是为了培育学生的核心素养。任何基于实践、通过实践的学科学习都是学科实践的表现。如各学科新课程标准倡导的观察、考察、实验、调研、操作、设计、策划、制作、观赏、阅读、创作、创造等活动，让学生真实地感受到知识的来源和背景，体验到知识的用处和价值并发展学以致用的能力。这是核心素养的形成之道，也是新课程倡导基于情境、问题、任务、项目进行学习之所在。

基于此，新课程在教学要求中提出注重做中学，强化学科实践育人，引导学生参与学科探究活动，经历建构知识、运用知识、解决问题、创造价值的过程，在实践中体会学科思想方法；强调知识学习与学生经验、现实生活和社会实践之间的联系，注重真实情境的创设，进一步增强学生认知真实世界、解决真实问题的能力。

同时，新课程倡导基于证据的评价，增加教学和评价案例，强化"如何教"的具体指导，注重对学习过程的观察、记录与分析；强调对话交流，关注学生真实发生的进步，注重自我总结、反思和改进的意识和能力；注重动手操作、作品展示、口头报告等多种评价方式。

三、着眼核心素养导向的学习中心课堂，培育课程改革新生态

推动新课程从理念走向实践的行动，应是在新的育人理念和任务要求基础上的优化升级，而不是把原有经过实践检验的有效探索搁置一边甚至推倒重来。核心素养导向的新课程为核心素养导向的新课堂教学提供了政策空间，主要表现在：在教学目标上，强调知识本位转向素养本位，确立核心素养导向的教学目标；在教与学的关系上，强调以教为主走向以学为主，建立学习中心课堂；在学习方式上，强调从间接经验的"坐而论道"到与学科实践的相得益彰，构建实践育人方式；在知识内容上，强调从知识教学走向知识统整的大概念、大单元、大主题等教学。核心素养导向的新课堂教学一方面打破了传统课堂的内涵、外延，实践着育人在哪里发生哪里就是课堂的理念，特别是大数据、人工智能在教育中的广泛应用建构着新的课堂教学新时空；另一方面要求在育人方式和人才培养模式上进行深刻变革和创新，而不是进行零星的、局部的、简单的、表层的改变与调整。课程改革 20 余年，无论是从师资、条件保障，还是制度机制建设，都具备了较好的改革基础。同时伴随着课程改革进入深水区，后续改革的难度和复杂程度将会进一步凸显。素养导向的新课堂教学需要好的课程实施生态。实践表明，没有好的课程实施生态，再好的课程政策也会水土不服、难以落地。

（一）确立核心素养导向的教学目标，强调核心素养本位

教学目标是教学活动实施的方向和预期达成的结果，是一切教学活动的出发点和最终归宿。确立核心素养导向的教学目标并组织实施教学活动是新课程教学的基础和前提。

1. 确立核心素养导向的教学目标

核心素养导向的教学目标设计与表达是新课程相较以往的话语体系的不同之处。在教学目标上，我国课程改革经历了双基、三维目标、核心素养三个阶段。"双基"本位的教学把基础知识和基本技能的理解与掌握作为教学目标；"三维目标"本位的教学把知识与技能、过程与方法、情感态度与价值观的落实、经历、体验作

为教学目标；"核心素养"本位的教学把素养的培育作为教学目标，也就是核心素养等于"正确价值观＋必备品格＋关键能力"。

核心素养导向的教学目标表达也必然面临着一个素养与知识的关系性存在。核心素养不是天上掉下来的，每门学科的知识都以各种形式蕴含着"价值观""必备品格""关键能力"。这是学科的育人价值所在。也就是说，核心素养基于知识、高于知识，是从知识中提炼出来的"精华""营养"。核心素养导向的教学就是把学科知识转化为学生核心素养的过程。同时，学科知识必须根据核心素养来选择、组织并转化为课程知识。课程知识要少而精，指向核心素养。

所有学科要基于核心素养确立教学目标，以核心素养的形成、落实、发展为教学目标和要求，即遵循着核心素养—课程目标—教学目标的具象逻辑，实现着教—学—评的一致性。这就要求揭示具体知识内容与核心素养的关联，把核心素养作为教学目标，进而避免以单纯识记和掌握知识点为教学目标。

以数学课程标准的教学建议为例。教学目标的确定要充分考虑核心素养在数学教学中的达成。每一个特定的学习内容都具有培养相关核心素养的作用。要注重建立具体教学内容与核心素养主要表现的关联，在制定教学目标时将核心素养的主要表现体现在教学要求中。例如，确定小学阶段"数与运算"主题的教学目标时，关注学生符号意识、数感、量感、运算能力等的形成；确定初中阶段"图形的性质"主题的教学目标时，关注学生空间观念、几何直观、推理能力等的形成。

2. 把核心素养导向的目标落实在具体教学中

核心素养导向的教学在确立核心素养在教学中的核心地位的基础上，要实现教学的一切资源要素、环节流程、实践活动都围绕核心素养来组织和展开，并最终指向学生核心素养的发展。具体包括：一是以核心素养为教学的出发点。教学面临的首要问题是为什么而教的问题。可以说，为核心素养而教是新课程区别于以往为知识而教的教育教学的分水岭、分界线。二是以核心素养为教学的落脚点。教学成效最终要落在学生核心素养的形成和发展上，而不是"双基""三维目标"的掌握上。这也是检验教学成效的有效标准。三是以核心素养为教学的着力点。核心素养导向的教学必须在核心素养的形成上发力，把教学的宝贵时间投放在学生核心素养培育上。这是评价教学是否得法的重要依据。

（二）建立学习中心课堂，强调以学为主

教与学的关系是贯穿教育教学活动始终的主要关系，是课程改革的一个永恒主题。总体来看，历史上各种教学理论和教学改革基本上都是围绕教与学这一关系展开的。核心素养导向的教学改革必须重视教与学的关系变革，明晰教与学的关系立场。

1. 建立学习中心课堂是全面深化课堂教学改革的必然要求

改革的核心要义是解放人，课堂教学改革的宗旨是解放学生。从教走向学是当前世界教学改革的共同价值旨归。我国当下的新课程改革一直强调从教走向学、倡导学习方式变革，也取得了明显成效，创造了自主、合作、探究等典型经验。总体看，现实中"教"的本位意识和讲授中心课堂尚未得到根本性改变，以教为主向以学为主的转变还有一定差距。从根本上实现以教为主转向以学为主，推进教与学关系的根本性调整，是新课程的价值使然，更是建立新课堂教学的首要任务。试想，以教师讲授活动为主的课堂无论采用什么新颖的模式，或者以什么新奇的样态出现，即使非常吸引学生的注意力，甚至一时取得多么显著的成效，都不是教学改革的方向和正道。只有真正全面推进教与学的根本性调整，实现以教为主向以学为主的转变，才是教学改革的根本方向和长久之计。

2. 建设学习中心课堂是核心素养落地的必然要求

学习中心课堂要以学习为主活动、主形式、主线路，这是激活学生学习的潜力、能力、实力的基础。只有学生学的力量被激活释放，知识才能有效转化为学生素养，核心素养导向的教学才能有效落地。一方面，要把课堂教学建立在依靠、利用、发挥学生的学习潜力、能力和实力之上。教学过程是教不断转化为学的过程，最终实现教是为了不教。培养能力的路径就是使用能力，让教学走在发展的前面，引领、刺激、带动学生学习能力的发展。另一方面，课堂教学要以学生的学习活动为主。课堂教学的设计、组织必须以学生的学习为主线，让学生的学习从不知到知、由浅入深、由表及里、从感性到理性。学生的学习活动包括自主学习、合作学习等。这些新形态的学习应占据课堂的主要时空并成为课堂教学的主要形态，进而让学生的学习在课堂教学中真实、深刻、完整发生。

(三)培育课程新生态，聚焦新课程实施

新课程实施生态由政府主导、学校主体、社会协同、专业和技术支持的价值行为系统组成。构建新课程实施新生态，是当前乃至今后相当长时期新课程实践面临的首要任务。

1. 构建新课程实施的政治文化生态，发挥新课程实施的政府主导功能

任何教育改革都是思想价值观念的变革，深受制度机制和利益的触动。应试教育政绩观不改变，功利化、短视化教育盛行，立德树人的根本任务就难以落实。新课程必须构建管、办、评、督一致的课程实施新生态。

一是明确四级课程实施主体。新课程首次提出国家、省、地市县和学校四级课程实施主体，要求各司其职、各尽其责，协同推动新课程落地实施。国务院教育行政部门负责指导省级教育行政部门全面落实国家课程、建设地方课程、规范校本课程；省级教育行政部门负责统筹规划本区域课程实施安排、资源建设与利用等，同时指导督促地市、县级课程实施；地市、县级教育行政部门负责课程实施过程的检查指导，提供条件保障；学校被赋予课程实施的责任主体地位，负责健全课程建设与实施机制，制定有效措施，加强教师队伍建设，提升课程实施能力。

二是建立课程实施监测机制。课程质量监测的目的是服务、反馈、改进和推动新课程更好实施，是课程实施政治文化生态的重要内容。新课程首次提出"开展国家、省两级课程实施监测"①，明确教育部和省级教育行政部门委托专业机构进行课程实施监测。监测范围覆盖国家课程、地方课程和校本课程，监测内容包括课程开设、课程标准落实、教材使用、课程改革推进等方面，同时把党中央和国务院系列教育要求等作为监测重点。

三是建立课程实施督导机制。建立督导机制旨在督导课程实施环境和条件保障，明确要求对地方各级人民政府课程实施保障情况、学校课程开设和教材使用情况进行督查，并把义务教育质量监测结果作为课程实施质量的重要指标，以督导确保义务教育课程开齐、开足、开好。

2. 构建新课程实施的学校文化生态，赋予学校教师课程实施的自主权

只有赋予教师课程改革的主体地位，教师才能成为课程改革的第一责任人，才能真正在实践中自觉把新课程理念落地。

一是营造素质教育课程改革的文化生态。广大教师应深刻把握新课程的性质定位以及新理念、新变化，形成新课程改革的内在自觉和自主实践。

二是教师专业发展和心灵成长相结合。教学是一项专业化事业。教师要避免专业恐慌和专业孤独，在专业共同体中获得专业支持、享受专业成长的幸福。教师专业成长要建立纵向衔接、横向交叉的研究共同体。学科教研在现有基础上要进一步探索基于学校的跨学科、跨年级教师教研共同体，让更多教师承担起课程实施主体责任并将其转化为自觉行动；探索基于区域的跨学科、跨年级教师教研共同体，解决区域层面的新课程育人短板问题，引领区域课程发展方向；同时促进教师能力建设与心灵成长相结合。好的课程实施不仅需要教师的专业成长，还离不开教师的心灵成长。美好心灵需要教师自我呵护，更需要人们对教师职业的尊重。没有教师的心灵成长和人们对教师职业的尊重，教师很难发自内心地关爱学生，新课程实施也将会大打折扣。

---

① 中华人民共和国教育部：《义务教育课程方案（2022 年版）》，16 页，北京，北京师范大学出版社，2022。

三是拓宽教师新课程实施的自主空间。目前，学校作为千条线中的"一根针"，疲于应付各种活动检查，以至于出现教师教书育人主业被副业化现象。学校既不能两耳不闻窗外事，也不能被社会事务缠身、过度社会化。地方和学校要研究教师工作日常，为教师减轻负担；同时，建立教师实施新课程任务责任清单制，确保教师课程教学、研究和交流研讨时间，以及课程教学、教科研等经费条件保障，明确教育政治红线，让教师轻装上阵、全身心投入课程改革。

3. 构建以数字为底层的新课程实施的社会文化生态，形成协同育人合力

学校教育要成为立德树人的主阵地，就必须走出"知识再生产"的"孤岛"状态。人与地球的关系、人与技术的关系都在发生着深刻的变化，而这正在改变着人与人的关系。这带来了新的可能，也凸显了整个世界是相互关联的。我们的教育系统应该更加重视世界的关联性，体现关联性的力量源泉作用。同时，数字技术在教育教学中广泛应用，数字教育教学正在成为推动课程实施的新动能，以数字为底层的教育教学成为数字时代课程改革的新样态。

一是提高协同育人的认识站位。学校、家庭、社会协同育人，无形中给教师增加了工作量，带来较大的工作压力。要解决这一问题，首先要从理念认识上明确学校、家庭、社会协同育人机制是教育体制机制的重要组成部分，是国家、地方或学校为了达到协同育人的效果而制定的有关设计安排、有效运转以及考核评价等系统性制度。

二是做好协同育人的优质教育资源供给。义务教育新课程的实施特别需要社区、家庭教育资源的支撑。开放的、多元的教育资源供给是义务教育新课程实施的必备条件。

三是多举措推进学校、家庭、社会协同育人。新课程呼唤学校、家庭、社会教育新生态。学校教育以学科教育为主，家庭教育以生活教育为主，社会教育以实践教育为主，三者应相互协同、相互支撑、相互补充。

4. 构建新课程实施的专业和技术文化生态，提升新课程实施能力和水平

当今教师工作的专业化、智慧化、协同化要求越来越高，义务教育新课程的实施离不开良好的专业和技术文化生态。新课程实施专业支持系统建设尤为重要，要加快建立新课程、新教材落地的专业服务体系。

一是强化新课程实施的国家专业支持。国家层面依托课程教材专家团队和教材研制出版单位，研制义务教育课程实施指南，依据学业质量标准研制学生分层作业训练体系，开发学业质量评价标准工具，提供大量可供选择的优质教学案例资源；组织创建新课程创新实施示范区、示范校，及时把典型经验和成果向全国宣传推广，适时组织开展新课程资源案例遴选工作，进一步提高教师对课程资源的选择性和利用率。

二是强化新课程实施的区域专业服务。发挥我国各级教研力量在义务教育新课程实施中的专业支持作用，建立新课程实施区域全员专业服务体系，形成教研员全员服务、名师带动、骨干引领的新课程实施专业支持网络，让广大教师在新课程实施中做到"经验可分享，问题能解决"。

三是强化新课程实施的社会专业服务。核心素养导向的义务教育新课程实施对资源支撑和专业要求提出了更高标准。团结更大范围内的课程教学专业共同体为课程实施提供专业支持，将是未来课程实施专业服务的重要方向。发挥高校、民间研究机构在新课程实施中的专业支持作用，鼓励支持区县、中小学通过政府购买服务引入高质量专业服务。

四是发挥数字教育教学的新动能、新优势。伴随着数字时代的到来，互联网、大数据、生成式人工智能等新技术正在改变着人们的生产生活方式，也改变着教育教学方式，对新课程实施既是挑战，也是机遇。国家教育数字化战略行动实施以来，国家、区域、学校教师课程实施的数字化环境发生了很大变化，数字教育教学生态环境正在孕育形成：一方面，国家智慧教育公共服务平台不断优化升级，为新课程实施提供了丰富的课程资源，使教师数字化课程资源共建共享能力得到进一步提升。另一方面，学校把建设数字教育教学生态环境作为课程实施的重要任务，借助各种教育教学服务支持数字技术，为教师课程实施提供实时有效的教学反馈信息，帮助教师动态把握学生的学习情况。同时，学校积极创造条件，让每位教师都有机会、有能力、有热情成为数字时代数字教育教学的建设者和推动者。

模块二
跨学科主题学习的
设计与实施

一、如何理解和设计跨学科主题学习

对大多数教师而言，跨学科主题学习到底有什么重要的价值，可能还需要进一步讨论，才能变得更加明晰。尤其是跨学科主题学习到底怎么设计，就更需要深入探讨，才会变得更加有操作性。下面，我们主要从三个方面来探讨如何理解和设计跨学科主题学习。

（一）跨学科主题学习的课程政策意义

这一次课程改革，更准确地说，教育部颁布《义务教育课程方案（2022 年版）》和各科课程标准，专门设置了跨学科主题学习的课程板块，而且要求每门课不少于 10％的课时，用于跨学科主题学习。那么，这就产生了一个课程政策的意义问题需要解读。从问题解决的角度看，至少可以进行以下几个方面的思考。

首先，促进学科协同育人。

从某种程度上讲，作为科任教师，不管你愿意不愿意跨学科，也不管你会不会跨学科，现在课程方案和课程标准已经这样规定了，你就必须得做跨学科主题学习。也就是说，语文教师除了要教语文，还要教跨学科的主题学习活动；数学教师除了要教数学，还要教跨学科的主题学习活动；物理教师除了要教物理，还要教跨学科的主题学习活动。依此类推，每位科任教师都要承担跨学科主题学习活动的教学任务。进一步讲，有相当一部分学科核心知识的学习，需要融入跨学科主题学习活动之中，通过跨学科主题学习活动来完成。这是加强学科之间的联系、带动课程综合化的重要策略，也是促进综合学习、综合教学的重要举措。

一般而言，现实问题的解决，常常不是依据学科知识事先对应好了的现成策略按部就班地进行，而恰恰是需要综合运用和获取所有知识而展开探索的过程。与此相对照，长期以来的课程与教学设计，各个学科相互隔离，科目之间缺少必要的联系和整合，导致学生的综合素质普遍欠缺。现在设置跨学科主题学习活动的课程板块，就是为了打通各个学科之间及学科知识与学生经验及社会生活的联系，让综合素质的培养更有课程政策上的保障。

在义务教育课程方案和课程标准中，跨学科主题学习又叫跨学科主题学习活动，也有综合学习、综合与实践或综合主题学习等类似的说法。总的原则是，跨学科主题学习活动，每门课不能少于 10％的课时。值得注意的是，在日常语境下，跨学科是个相对概念。比如，艺术课程是学科主题学习还是跨学科主题学习？相对于音乐、美术、戏剧、舞蹈而言，艺术是跨学科的课程。再比如音乐课程，传统上它是把戏剧和舞蹈包括在内的，所以音乐课其实也是跨学科的主题学习活动。还有数学，相对于算术、代数、几何等，它也是跨学科的。代数跟几何不是一回事，平面几何和立体几何也不是一回事。所以，相对于那些细分出来的分支学科，数学课程也是跨学科的主题学习活动。

那么，到底如何理解课程政策意义上的跨学科主题学习活动呢？现阶段比较有操作意义的理解是，涉及两门及以上学科或科目课程的主题学习活动就是跨学科主题学习活动。比如，语文只涉及语文主题的学习活动就叫语文学科主题学习活动，涉及语文以外的其他某一门或某几门学科主题的学习活动就叫跨学科主题学习活动。基本的政策意图是希望有更多的科目整合在一起的主题学习活动，使得学生综合素质的培养能够拥有更好的载体。同时，也希望各科教师树立分工合作的思想观念，大家都要在共同的育人目标统领下相互照应，强化学科之间的联系，能够协同育人。

以往综合实践活动课程也是要培养学生综合素质，但实行下来有一个问题，教师由于各种原因不太愿意上综合实践活动课。现在，跨学科主题学习活动是所有科任教师都要在自己任教科目中必须承担的教学任务，相对于综合实践活动而言，是更加可行的培养学生综合素质的课程政策安排。这样的课程设计对于更好地推动综合实践活动课程落地也有一定的作用。

目前，核心素养都是按照不同科目或学科来分别表述的，总体上是学科核心素养的概念，没有总结出明确的跨学科核心素养。一种可能的考虑是，如果一步到位，既有学科核心素养，又有跨学科核心素养，难度比较大。如果先易后难，把学科核心素养弄得有一点眉目了，再总结跨学科核心素养，可能就更有基础，也更容易一些。当然，有些国家，比如芬兰，就明确提出七大跨学科核心素养。在我们国家的课程政策中，目前没有明确提出跨学科核心素养，这也有一个好处，就是为一线的课程教学创新释放某种政策空间，让课程实施保持一定的弹性。各个学校可以试着去做，去总结自己学校的跨学科核心素养。这个弹性空间，用好了会有创造性的成效，因为国家给了政策，设置了跨学科主题学习活动的课程板块，但并没有统一规定跨学科核心素养，学校可以结合实际，努力总结出学校认为应该培育的跨学科核心素养。

其次，强调知识整合、问题解决与价值关切。

学校各门功课都在学习学科知识，怎么把学科知识用起来，综合地解决问题，一直是个难题。在现实生活中，一个孩子走出学校的时候，所面临的问题绝大多数都不是学科问题，而是必须动用各门学科知识才能加以解决的综合性问题和复杂性问题，所以学生在中小学学知识的时候，就要有一个不断整合的机制，使学生有综合运用学科知识来解决真实问题的机制。这就要求跨学科主题学习设计的时候，必须有知识整合，还有问题解决，要综合运用各种知识来解决真实问题。而且，解决问题的能力是有价值导向的，要把个人价值与社会价值统一起来。有很多人能力很强，能够综合运用知识，善于获取知识解决问题，但是却偏于实现个人价值，忽视社会价值，这种社会的痛点其实是蛮多的，值得反思，以实现问题解决能力培养的价值关切。跨学科主题学习活动的重要意义之一，在于整合运用不同学科知识开展主题式、任务型、项目化学习，打通学生经验、社会生活和学科知识之间的联系，做中学、用中学、创中学，促进学生整体世界观和健全人格的发展。

最后，带动课程综合化实施。

在课程综合化方面，从综合课程到综合实践活动课程，再到跨学科主题学习活动，已然形成课程整合实施的基本策略。通过跨学科主题学习活动，每位科任教师都可以积累课程整合实施的经验，从而更好地带动和形成越来越多的课程整合实施模式。特别是在"双减"背景下，尤其需要通过课程整合实施，解决碎片化教学所造成的低效重复问题，形成相应的专业能力或体制支撑。在一定意义上说，减负既是一个行政管理问题，也是一个专业能力建设问题，是每位教师每所学校都要去努力探索的专业问题，需要形成课程整合实施机制，形成综合教学、综合学习的普遍专业基础和整体氛围。

（二）跨学科主题学习活动的推进策略

1. 推进策略之一是统筹协调

学校是跨学科主题学习活动的基本实施单位，需要对跨学科主题学习活动开展分类别统筹协调、分年段统筹协调和分科目统筹协调，从而避免跨学科主题学习活动实施过程中出现简单重复和结构失衡的状况。统筹协调策略如果进一步细分的话，有学校层面的统筹协调，年级层面的统筹协调，学科层面的统筹协调等。

比如，分类别统筹协调。关于跨学科综合学习的类别划分，研究者存在不同的认识，都可以为分类别统筹协调提供某种参考。但需要强调的是，跨学科是以有学科为前提的。一个学生在学习学科之前，其认识世界的方式往往也是综合的，但这种综合是前学科水平的综合，比较初级和混沌，并不是真正的跨学科综合。只有当一个孩子开始学习学科时，跨学科综合学习才有基础，也才更有意义。也有研究者把跨学科综合学习分成跨学科(以某一学科为主融入其他学科)、多学科(两门及以上学科并列拼合)和超学科(以综合性课题带出不同学科)三种类型。这种分类在理性上是成立的，但在学校教育教学实践中边界并不清晰，不是很好把握。对于中小学教师而言，从内容领域来进行类别划分，相对而言要好操作一点。从内容领域归口来看，大体上可以分为文科综合类的跨学科、理科综合类的跨学科和文理综合类的跨学科。以此分类制订统筹协调表格工具(如表 2-1-1 所示)，据以进行统筹协调，是一个可能的策略选项。

表 2-1-1　学校层面统筹协调示例表

年级	科目	学期	单元	课时	跨学科主题类别			实施形式	
					文科综合类	理科综合类	文理综合类	自主教学	协同教学
六	语文	六上	5	10	人类飞行梦想			√	
	数学	六上	2	8		校园测绘与绿化		√	
	科学	六上	3	5			防疫与演练		√
	……								
……									
备注									

　　在学校层面，可以集思广益，总结出一个或几个大的跨学科主题，然后在学科教学、综合实践活动、校本课程、班团队会活动等班级课程实施层面，分解和细化为若干中主题、小主题，这样就可以形成学校各个年级相互配合、各有侧重的跨学科主题，做到既有整体的结构，又有分项的落实。比如，如果在学校层面选择学校防疫与演练跨学科主题学习活动，那么，在年级或班级学科教学、综合实践活动、社团活动、校本课程实施层面，就可以分解成观看视频、戴口罩、做清洗、测体温、搞筛查、分垃圾、疫情报告与处置等更为细小的主题学习活动，从而形成学校防疫防灾教学大单元的整体结构和主题组合。

　　此外，在分年段或年级层面以及分科目或学科层面统筹协调，策略上大同小异，思路也是差不多的。

2. 推进策略之二是任务化

　　跨学科主题学习为什么要任务化？教学对于学生的功能主要有两个，一是学会，二是会学。就学会而言，讲授教学是可以胜任的。但就会学而言，讲授就力不从心了。教师讲跨学科的知识，学生听跨学科的知识，学生是可以学会的。但是，这是接受性学习，学生学会的是跨学科结论或专家结论，而很难形成跨学科思维或专家思维。这就需要改变讲授教学的形态，通过主题学习任务推动学生的学科实践和跨学科实践，把学科和跨学科的核心知识嵌套在学习任务当中，帮助学生自主学习和合作学习完成任务所需要的核心知识，既学会专家结论，更发展专家思维，从单一的学会功能转向在学会的同时又会学的双重功能，实现学会与会学的功能叠加。

跨学科主题学习任务或项目是一个改变内容呈现方式和学生学习方式的课程与教学载体。跨学科主题学习任务是指在规定学习时间内完成某种设定跨学科主题要求的作品、作业、方案、设计、项目等事项。学生完成其中某个事项，需要学习或运用两门或以上学科的核心知识。跨学科主题学习任务可以是由一个核心任务和若干分项任务所构成的学习任务群。在我看来，新的课程方案和课程标准所倡导的任务型、项目化、主题式、问题驱动等教学形态，本质上是同一件事情，目的就是要让学生的学习方式更具主动性和探究性，学习内容更具情境性和应用性。重点是通过任务、项目、主题和问题，落实学科实践，即把学科和跨学科的核心知识和学生学习活动叠加在一起，成为一个有机整体，促进学生做中学、用中学、创中学，不断优化知识结构，培育核心素养。通俗地讲，原来通过讲授教学要求学生学习的核心知识，现在通过项目化、主题式、任务型教学学习这些核心知识，核心知识本身没有改变，改变的主要是两个方面，一是知识呈现的方式，从直接呈现学科知识转向嵌套于任务、项目之中而进行知识重构。二是教和学的方式，从教师讲学生听，转向通过完成任务和项目以及为解决问题而主动探索知识、发现知识、运用知识，即用即学，即学即用。在学会的同时更加会学，更好地体现面向未来、探索未知的学习本质。

任务化的要义是让跨学科主题学习"学什么""怎么学"的问题能够落实，使教师对教学过程有确信感，便于操作。为此，跨学科主题学习任务要实现两个综合。

其一，综合学习内容。即以学习任务为内容聚合机制，突破分科教学的学科壁垒，基于问题解决需要，结合学生年龄特点和不同学科性质，合并、重构跨学科知识技能的结构，整合运用多种思想方法、探究方式和价值观念等，嵌套跨学科知识图谱，形成综合内容组织和学习活动单位，开发基于跨学科核心素养的大观念、大主题和大任务的主题学习内容，使其"少而精"。

其二，综合学习方式。即以学习任务为动机激发机制，转变教师讲、学生听的习惯性教学形态，探索任务型、项目化、主题式和问题解决等综合教学方式，更多地体现做中学、悟中学、用中学、创中学，在学习方式层面落实育人方式改革。"跨学科学习是一种融知识综合与问题解决于一体的深度学习方式，是素养时代课程整合的重要实施途径。"①

　　跨学科主题学习任务是一种综合学习任务，这个综合学习任务也需要分解成若干构成要素才能变得可操作，不分项，不分步，是不可操作的。但分了不合，容易碎片化，造成知识相互割裂。所以分化和融合，要交替运行，可以是先合后分、先分后合、边分边合等多种选择，但它们共同指向综合学习任务的完成，特别是综合性品质和核心素养的培育。

　　当前，教师要站在培养有理想、有本领、有担当的时代新人高度，选取两门及以上学科的节点性大观念、综合性主题和主干知识内容，进行问题式或项目式学习任务设计，根据问题解决和探究学习过程的需要，重塑学科知识和技能结构，引导学生自主、合作、探究学习，改善学生的学习体验，促进深度学习，提高综合运用多种学科知识分析问题和解决问题的能力，发展学生的跨学科核心素养。

3. 推进策略之三是跨学科主题学习与学科主题学习交融互渗

　　由于在每门科目课程中都有跨学科主题学习活动安排，那么，它就与学科主题学习活动一起构成一门学科课程的整体结构，共同支撑学生综合素质的培养。每门学科课程是在课时确定的情况下，学习活动结构既包括学科主题学习活动，也包括跨学科主题学习活动，两种学习活动可以穿插安排，使它们能交融互渗，彼此支撑和促进。一方面，"以领域活动或任务为载体发展学生学科核心素养的同时，也有可能内在地承载着多个跨学科核心素养的培养。两者之间不应是简单的抽象和具体的关系，更应该理解为是一种相互交融的关系，应该结合具体的情境、领域、任务或活动具体分析"②。另一方面，跨学科主题学习不是对学科主题学习的否定，而是需要以学科核心知识概念为依托，开展综合化程度更高的深度学习，避免跨学科主题学习流于"跨而拼凑""跨而不精"等浅层学习层面。任务化不是不要学科知识，而恰恰是任务当中包含了要学要教的学科核心知识，只不过是通过学生完成任务，而不是教师直接讲授，从而改变学生的学习方式，更好地实现会学的功能。当然，跨学科主题学习在很大程度上是解决广度的问题，而学科主题学习则是要解决深度的问题，两者要结合起来，相互依托，交融互生，形成相互促进的关系，共同实现协同育人功能。

<hr />

①　安桂清. 论义务教育课程的综合性与实践性[J]. 全球教育展望，2022，51（5）：14—26.

②　杨向东. 关于核心素养若干概念和命题的辨析[J]. 华东师范大学学报（教育科学版），2020，38(10)：48—59.

跨学科主题学习作为课程板块，除了与学科主题学习交融互渗，还需要考虑跨学科的协同组团式教学安排，不同科目的任课教师可以分工合作，协同教学或统筹协调，避免跨学科主题学习的简单重复、雷同或结构性缺失。

（三）跨学科主题学习的单元设计思路

每门学科不少于10%的课时用于跨学科主题学习，这是一个整体性的要求。事实上，学科教学没有办法每一节课都去跨学科，只能按照一个一个的单元来进行规划和设计。需要注意的是跨学科主题学习单元要更多地定位为学习活动单元，而不是传统意义上的学习内容单元，它更强调把学科和跨学科的核心知识与学生的探究学习整合在一起，落实更利于培育核心素养的学科实践和跨学科实践。

一门学科里面，跨学科主题学习活动到底是几个单元比较好？虽然课程标准里面有一些建议，但是在实际操作当中，重要的是把握不少于10%这个要求。也就是说，可以等于10%，也可以大于10%，学校和教师是有一定弹性空间的。还有，具体的教学工作没有那么精确，能够保证底线10%的课时就可以了。不同的教师，不同的任教科目，在不同的学段，跨学科主题学习的表现形态是可以有差异的。到底是一个单元达到10%的课时，还是两个单元达到10%的课时，完全可以视具体实际情况而定。一般来讲，一门学科，一个学期，设计大几个或十来个单元就不错了。那么，十来个单元的10%，基本上一个单元就能够解决问题了。一个学期，多数的学科按照教材的设计，总共大几个单元，跨学科主题学习活动安排一到两个单元，是比较可行的选择。

跨学科主题学习单元的设计，可能因为主题性质和类型的不同而存在差异，但主题单元设计的技术和思路却基本相同，主要有六个步骤：确立学习主题—明晰学习目标—提出评价要求—安排学习任务—展开学习过程—促进学习小结。

1. 确立学习主题

跨学科主题学习既可以直接选用课程标准或教材设计的主题，也可以创设更加符合具体学情的主题。无论是选用还是创设主题，都要结合学生经验、社会生活、学科基础等情况进行综合考虑，确认主题的性质、类别、层次等，便于以主题为中心，梳理主导学科和相关学科的核心知识图谱和问题链条，列出学习资源清单。

课程标准给出的跨学科学习主题，更多是一种范例，教师可以直接选用。但如果教师觉得课程标准的规定离实际的教学有距离，完全可以因时因地制宜，创设更加符合实际的跨学科学习主题。不管是选用还是创设，都会涉及跨学科的大主题。所谓大主题，就是要整体确认这个主题的性质、类别、所属层次，要把这些属性分析清楚，要有个定位，然后要明确主导学科跟关联学科，因为多数教师是有学科背景的，那么以任教科目为主导学科，然后其他相关的学科作为辅助，这样比较好操作一点，也符合跨学科的基本要求。教师采用这种策略，比较好上手，等做到一定程度、有了更多经验以后，再考虑其他策略也不迟。

跨学科主题要拟定主导学科和关联学科的核心知识，这个核心知识图谱教师要理出来，然后形成问题链条，开列资源清单，考虑跨学科学习活动设计。比如，哪些主题是容易跨学科的综合性主题，像环境问题、粮食问题、能源问题、和平问题、发展问题等社会类的学习主题是比较容易跨学科的。这些主题涉及人文领域、社会领域，甚至涵盖一部分自然科学领域。还有一些跨学科的主题可以更贴近学生生活实际。比如校园观察，这些是学校生活类的学习主题，也比较容易跨学科，容易跟学生的实际经验联系更紧密。

有不少主题是随着年级提高，跨学科的性质越来越强。像粮食问题，到了小学高年级和初中阶段，就开始有一种历史视野和国际视野，学生会关注从温饱到小康再到社会主义现代化强国的发展道路问题，会发现粮食问题是一个非常大的社会问题、人类问题，也是科学技术需要不断突破的问题，可以带动许多学科核心知识的综合学习。像校园观察、自然笔记等主题，涉及好多学科，而且年级越高跨学科性质越强。语文教师可以带学生做校园观察，做自然笔记，以语文为主导进行跨学科学习，在培养观察写作能力的同时获取生物学、环境科学等科学核心知识。科学教师也可以带领学生做这些事情，以科学为主导进行跨学科学习，在获取科学核心知识的同时培养观察和科学阅读与写作能力。

2. 明晰学习目标

跨学科综合学习需要有一个上位的指导思想，即这些主题到底要让学生拥有哪些跨学科的品质或素养，需要明确总结出来，转化为具体的学习目标。教师围绕跨学科主题学习内容，以学生为主体，以知识与技能、过程与方法、情感态度与价值观"三维"目标整合的形式，明确表述目标要求，即通过哪些途径、任务或方式，获得哪些综合性的学习经历与体验、核心知识和思想方法，建立怎样的情感态度和价值观等综合素质。

像芬兰就在国家层面确立了一到九年级学生需要培育的七大跨学科核心素养，一是学会思考和学习，二是文化素养、交往和自我表达，三是自我照料与日常生活管理，四是多元识读能力，五是信息通信技术能力，六是工作生活与创业能力，七是社会参与和构建可持续未来。它叫作跨学科素养，也叫作跨学科关键能力，用来指导各门学科怎么来渗透跨学科的目标。关于学段目标建设，芬兰课程方案的做法也比较有创意。他们把1～9年级按三个学段分别制定学段目标，第一学段(1～2年级)的目标是"成为一名学生"，第二学段(3～6 年级)的目标是"成为一名学习者"，第三学段(7～9 年级)的目标是成为社会一员。而且学段目标进一步细化，1～2 年级旨在完成学前到学校教育的过渡和适应，教学围绕"成为一名学生"主题，收获作为一名学生与一位学习者的积极体验，在学习过程中感受学习的成功与乐趣。该年段各项跨学科素养以鼓励学生参与学习、自我表达、尝试合作为主。在完成学前教育到基础教育过渡的基础上，3～6 年级致力培养学生"成为一名学习者"。跨学科素养要求学生认识并发展个人学习技能与习惯，学会接纳与自我表达，明确个人权利与责任，实现有建设性的团队交流。7～9 年级更关注学生"成为社会一员"，强调成人的社会身份认同，引导学生对自己、学习、他人、环境负责。学生通过丰富知识、增强技能来明确发展方向，准备未来生活。总结跨学科核心素养和学段目标，用以指导跨学科主题确立和学习活动开展，这个思路可以作为参考和借鉴。

就是说，语文教师、数学教师在关注语文素养、数学素养的同时，还要关注跨学科素养。这样在设定跨学科主题学习的时候，要在培养学科素养的同时，还要培养跨学科素养。跨学科素养培育是学校层面和所有科任教师都要关心的课题。

就跨学科主题学习的目标而言，美国 2010 年语文课程标准的思路也有借鉴意义。这个标准全称为《英语语言艺术及历史、社会、科学和技术科目中的读写素养州共同核心课程标准》，跨学科的思路表现得非常充分。基本意思就是，在语文中学语文，同时学习其他科目知识内容，这是一个方面的标准，并且要在历史、社会、科学、技术科目中来提高学生的阅读素养和写作素养，这是另一方面的标准。这个思路值得我们重视。

3. 提出评价要求

跨学科主题学习的评价要尽量前置，紧随学习目标，以便发挥评价的导向作用。评价要求与目标要求相一致，但却不必面面俱到，主要运用表现性评价等方式，有所选择地重点评价学生学科和跨学科核心知识的综合学习和综合运用表现，指向学生的跨学科核心素养。

由于跨学科主题学习评价在具体实际教学中存在不同目的和需要，所以评价任务的设计和评价要求的重点就可能存在很大差异，因而并没有什么统一的评价任务可以成为万验灵药。也就是说，教师想要哪方面的证据，用于判断哪方面的跨学科学习进展、问题和经验，就会选择或设计相应的评价工具、手段、方式和方法等获取信息，对学生相应跨学科学习领域的变化进行价值判断。比如，学习目标中有良好学习体验等多条目标表述，但教师结合自己对于学生学习进展的把握，非常想了解学生自己的跨学科主题学习体验是否良好，那么教师完全可以重点设计这方面的评价任务：可以是自陈报告，如"举例说明你在跨学科主题单元学习中的具体感受"；也可以是一个简单的评价问卷，如"你在本单元学习过程中的学习感受：A. 非常好　B. 一般　C. 非常不好"。

在很多情况下，考虑到课时等原因，跨学科主题学习的评价完全可以与学习过程同步进行，不做单独的评价任务，学习任务与评价任务融为一体，评价通过师生互动限时完成，更好地实现教、学、评一致性。

4. 安排学习任务

教师运用主题任务化的策略，规划设计满足跨学科主题学习特定要求的作品、作业、方案、设计、项目等事项和具体完成的条件，形成核心任务和若干分项任务。以飞行主题为例，可明确"自然飞行"为中心主题，设计"自然飞行探究学习"的核心任务，以及若干分项任务，比如：(1)制作 PPT，列举至少三个自然飞行物，说明它们是如何飞行的。(2)运用资料图片或动画，演示说明三种不同鸟类的飞行模式或飞行原理，或记录展示鸟类飞行的运动轨迹。(3)对比分析鸟类与人造飞行器的飞行特点。

跨学科主题学习任务也可以是跨学科跨领域的观念主题学习任务，这对综合教学能力的要求更高，也更有教学价值。如美国普渡大学卡拉·乔恩生(Carla Johnson)教授领衔的 STEM 研究团队，按照横向领域把学习主题分为原因与结果(cause and effect)、创新与进步(innovation and progress)、表征世界(represent world)、可持续系统(sustainable systems)、人类经验优化(optimizing the human experience)等五大观念，再按纵向水平从低到高，设计出纵横勾连的学习任务群，把大观念、学习主题、项目任务、核心概念等融为一个个整合性的学习活动单元，从而实现知识学习与问题解决的有机统一(如表 2-1-2 所示)。

表 2-1-2　跨学科的观念主题与学习任务示例表

年级	主题				
	原因与结果	创新与进步	表征世界	可持续系统	人类经验优化
1	议题：声波的影响 任务：建造光波与声波展示模型	议题：充满声音的 STEM 任务：设计制作并有组织地演奏一种乐器	议题：变化的模样与世界 任务：设计窗盒花园并跟踪观察	议题：栖息地 任务：设计特定濒危物种的拯救方案	议题：地球上的水 任务：设计花园灌溉系统
2—8	……	……	……	……	……

年级	主题				
	原因与结果	创新与进步	表征世界	可持续系统	人类经验优化
9	议题：地球的形成 任务：制作多媒体作品展示地球的形成历史	议题：侵蚀和风化管理 任务：研究侵蚀、风化和沉积的发生机理并制订一份简要政策建议	议题：地球模型及其运用 任务：选择和分析有关碳循环的全球问题，并制订解决方案	议题：地球上重要的系统 任务：制作视频，描述地表系统内的一个变化及其利弊	议题：人类对自然的影响 任务：开发一个技术创新的模型，减少人类活动对自然系统的影响

以原因与结果观念主题为例，围绕下沉与上浮议题，探究学习原因与结果之间的关系。在低幼阶段，教师创设情境设计学习任务，要求学生观察给定物品，设想分别投入小水池后，它们是会下沉还是会浮在水面，一边观察，一边猜想，一边验证，建立上浮与下沉的直观经验和初步的分类意识。到小学中高年级则要求学生自主、合作设计使得物品按照人的要求在小水池中上浮或下沉，建立上浮与下沉的因果关联，并作记录与改进。到初中阶段则要求学生通过合作学习，运用给定材料，设计并制作浮在水面的最大载重容器，从而完成容器设计与制作项目，同时掌握浮力定律。这样的学习任务更有利于学生核心素养的发展和提高。

5. 展开学习过程

教师把主题任务纳入学习环节和流程，在规定时间范围内依序推进，将问题链条、知识图谱、资源清单等学习支持条件穿插其中，并根据需要开展自主学习、小组交流讨论和汇报展示等活动。教师要善于从主干学科核心知识和思想方法出发，运用问题链条，构筑学习支架，驱动学生进行跨学科主题学习。还是以飞行主题为例，基于道德与法治学科的问题链条，包括飞行活动与机场噪声，风筝、火箭的早期使用，飞艇与喷气式飞机的社会价值，以及与飞行有关的职业等；基于数学学科的问题链条，包括飞机平稳降落角度、机场模型和机票价格等；基于科学的问题链条，包括鸟类飞行模式，航空动力机制，昆虫飞行、太空飞行和不明飞行物的飞行速度等；基于语文学科的问题链条，包括嫦娥、冯如、莱特兄弟等人物；基于艺术科目的问题链条，包括中国风筝、达·芬奇的飞行机械设计草图、飞行电影等。

在这一过程中，教师需要适时提出并引导学生思考与飞行相关的问题，结合设定的课时和资源清单，按照由浅入深、由易到难的顺序，创设便于学生学习的教学问题，形成新的结构化的教学问题链条。教师可以设计持续3周共6课时的飞行主题学习单元的教学问题：(1)哪些东西会飞(不仅包括动物或一些人工制品，而且包括飞逝的时间等)？(2)自然界的飞行物是怎样飞的，它们为什么要飞？(3)飞行给人类造成了什么影响？(4)未来的飞行会是什么样的？这些教学问题可以帮助教师规定飞行主题单元的学习内容与学习顺序。

6. 促进学习小结

学习小结是学生跨学科知识结构化的重要环节和路径。教师需要提供学习小结的支架，比如，从主题内容与形式、思想方法、学习体验、人际交流、情意观念、精神境界、综合素质等方面，采用书面小结或口头小结，个人小结或小组小结等形式，帮助学生学会小结反思，不断提升学生跨学科主题学习的能力和水平。

促进学习小结主要是帮助学生学会反思，是学生跨学科知识结构化的重要环节和路径。其实，学习小结是学科主题学习和跨学科主题学习活动都需要的学习环节，甚至每一节课都要设计学习小结环节。学生必须自己学会进行学习小结，教师不能代替，而是要创造条件，提供支架，从主题内容与形式、思想方法、学习体验、人际交流、情意观念、精神境界、综合素质等维度，采用书面小结或者口头小结、个人小结或者小组小结等形式，帮助学生学会小结反思，不断提升学生的跨学科主题学习的能力和水平。学习小结是要有一定结构的，但是这个结构到底是什么，不同的学科和科任教师甚至不同发展阶段的学生，结论也是不一样的，但都要打开思路不断寻找和优化小结的方法与技能结构，提高学习反思和改进的能力。

二、学校跨学科主题学习整体设计与安排

为增强跨学科主题学习活动实施的整体性、系统性和协同性，在学校层面，主要呈现两种路向：一是立足学科、基于学科立场，加强学科主题学习和跨学科主题学习的交融互渗，并进行学生基础学习、拓展学习的连接，以及贯通不同学段或年级的整体安排；二是着眼于学生发展核心素养，从学校育人目标出发，整体设计基于主题、领域的跨学科主题课程或活动，进行统筹安排和实施。此部分所列两个案例分别体现了学校层面，基于学科和基于主题、领域的跨学科主题学习设计与实施。

指向创造力培养的"E＋"英语跨学科主题学习设计与实施

王 静 田亚娟 刘 珂

（一）指向创造力培养的"E＋"英语课程整体设计

《义务教育课程方案(2022 年版)》(下文简称《方案》)和《义务教育英语课程标准(2022 年版)》(下文简称《课标》)均强调：围绕立德树人的根本任务，强化课程"培根铸魂、启智增慧"的育人作用，使学生有理想、有本领、有担当，培养德智体美劳全面发展的社会主义建设者和接班人。新课程倡导"大主题""大单元"等设计思路和技术，通过情境化、项目化、问题驱动的学习任务等，将学科知识嵌入其中，促进学生为解决问题完成自主、合作、探究的学习过程，发展问题解决能力和创新能力。学校坚持"文化强校"的发展思路，围绕"为创造者的幸福人生奠基"的办学理念，打造了学校"实验文化"的顶层文化体系，并构建了一脉相承的"验问"课程体系，提出了"培养文化底蕴丰厚，具有发问精神和实验精神的长久创造者"的育人目标。

"E＋"英语课程在学校"验问"课程引领下，努力凸显学科特色，聚焦"发问精神"和"实验精神"，探寻基于英语学科特色的"发问"和"实验"的新模型和新路径，致力于学生高阶思维能力以及创造力的培养(见图 2-2-1)。创新作为人才培养的重要路径和重要目标也是推动教育变革的重要逻辑起点。"E＋"英语课程主要围绕"思—问—验—创—用—评"的路径展开，依据英语学科核心素养以及学校素质结构体系，从 CREATE(创造)的每一个字母中深挖其素养内涵，形成"E＋"英语课程的六大目标维度和综合素养表现，即 Co-operating(合作)、Responding(反馈)、Experiencing(体验)、Appreciating(鉴赏)、Thinking(思考)、Evaluating(评价)，并结合《课标》学段目标要求，对每一项综合素养表现进行学段目标分层细化实施(见表 2-2-1)。努力实现 Eloquent (雄辩的)、Earnest(真诚的)、Enjoyable(愉悦的)、Energetic(精力充沛的)的学生"E＋"画像，不仅培养学生善于雄辩和认真钻研的关键能力，更使学生养成精力充沛和健康身心的必备品格。

指向创造力培养的英语"E+"课程核心定位

发问精神　　　　　　　　　　　　　　实验精神
Enquiring询问、查询 ──────────→　Experimenting 实验
　　　　　　　　　　　　　　　　　　Experiencing 体验
　　　　　　　　　　　　　　　　　　Expounding 论证

CREATE目标
Co-operating　（合作）
Responding　　（反馈）
Experiencing　（体验）
Appreciating　（鉴赏）
Thinking　　　（思考）
Evaluating　　（评价）

Eloquent 雄辩的　　Earnest 真诚的　　Enjoyable 愉悦的　Energetic 精力充沛的
学生画像（成效）

图 2-2-1　指向创造力培养的英语"E＋"课程建构思路

表 2-2-1　"E＋"英语学段目标维度及综合表现

英语"E＋"课程学段目标(2.0 版)			
目标	低年级(预备级——一级)	中年级(一级—二级)	高年级(二级＋)
C学会合作	能够在教师的指导下，尝试与他人合作，在分享和交流中感受学习的快乐，养成良好的学习习惯，敢于在合作中展示自我。	能够在学习活动中尝试与他人合作，共同完成学习任务，在合作中体会学习的乐趣，乐于参与、主动寻求帮助等；并能在学习过程中积极思考、协商，发现并尝试解决问题。	能够在学习活动中尝试与他人合作，共同完成学习任务；明确分工，增强学习过程，在合作中克服学习困难，掌握适合自身的学习方法；能在学习过程中积极思考，主动探究，发现并使用多种策略和方法解决问题。
R学会反馈	能够在教师的指导下，在适当的语言材料学习中简单表达自己的喜好和情感，并能够就日常话题进行简单的交流等。	能够在教师的指导下，围绕相关主题，积极运用所学语言与他人进行交流，并对他人的问题能够进行正确、得体的回应，语意连贯，逻辑清晰。	能够根据问题、关键词、图片图表等提示，运用所学语言与他人进行交流和分享，并能够尝试创造性地表达不同的态度、观点及意图等。

续表

目标	低年级(预备级——一级)	中年级(一级—二级)	高年级(二级＋)
E 学会体验	能够在教师的帮助下,借助图片、图像、肢体的帮助,初步在体验中加深感悟,在实践中获得问题解决的方法。	能够在教师的帮助下,借助相关支架,在学习体验中初步总结学习方法和规律,在实践中提炼、总结问题解决的多种方法。	能够在真实有意义的语境中,通过参与、体验、合作、探究总结学习方法和规律,并积极选择、调整、寻求有效的问题解决策略和方法。
A 学会鉴赏	能够感受学习英语的快乐,感受语音和语调的韵律美;学会欣赏同伴,乐于创意表现,对中西文化差异感兴趣。	能够有感知真善美的愿望,明白自己的身份,热爱祖国文化;感受英语歌曲的节奏,具有国家认同感,对中华优秀传统文化感到骄傲等。	能够感受语言学习的独特美,体会地道的语言美;在合作探究中学会理解、欣赏、尊重同伴的想法和建议;乐于用英语表达中华民族的传统文化,理解并尊重中西方文化的差异,感悟其中的人生哲理等。
T 学会思考	能够在教师的指导下,根据图片、信息、内容、提示词等,发挥想象力,尝试提出自己感兴趣的问题,初步具有问题意识,并能够从不同视角思考。	能够在教师的指导、图片、关键信息、提示词的引导下,提出有针对性的问题,具有问题意识,独立思考并说明理由,敢于批判质疑,能够从多角度发表简要观点。	能够聚焦主题提出关键问题,有解决问题的兴趣和热情;能够独立思考、判断并根据学习内容提出自己的质疑;勇于探究,善问善思,能多角度分析问题。
E 学会评价	能从不同角度观察周边的人与事,初步形成自己的想法,能够明辨是非,尝试用已学语言对人或事作出简要评价。	能借助已知和经验乐于表达自己的看法,从不同角度辩证地看待问题,并初步对不同观点作出客观、正确的评价。	能结合自身学习和生活经验,在恰当的语境中提出不同的见解和看法;正确看待事物,作出理性、客观的评价,并能评价语篇内容和作者观点,作出正确价值判断,并简单说明理由。

基于学校育人目标和英语课程目标，我们建构和完善了指向创造力培养的英语"E＋"课程体系，即"E＋"基础课程、"E＋"拓展课程和"E＋"实验课程。《方案》强调在充分发挥各学科独特育人功能的基础上，要充分发挥学科间综合育人功能，开展跨学科主题教育教学实践活动，提高学生综合分析问题和解决问题的能力，明确要求各门课程都应设置不少于 10% 课时的跨学科主题学习。"E＋"基础课程侧重落实国家课程即义务教育教科书《英语(一年级起点)》教材的相关内容(含 5% 的基于本学科主题单元的跨学科主题学习)，属于必修内容，是对"发问"和"实验"精神、英语学习习惯的培养，夯实语言基础，奠定创造之基。"E＋"拓展课程侧重基于国家课程的延展内容，是对国家课程的有益延伸和补充，满足学生学习和运用英语的迫切需求，在夯实语言基础上培养综合学习能力。包括基于教材单元的主题绘本、主题说唱、剧本编演等微课程，分别指向学科和兴趣，最大限度满足学生个性需求和选择空间，为他们更深层次的思考、发问和探究搭建平台，巩固创造之源。"E＋"实验课程侧重指向学生创造力培养的综合性、实践性的探索课程(含 5% 超越学科的跨学科主题学习)，通过"自主、自由、自律、自发、自评"的课程内容，培养学生的创新素养，分为必修、必选和选修三个部分。

节日和节气课程属于"E＋"实验课程的必修内容，在传统节日和节气中探究、体验、创新中华优秀传统文化的习俗活动，坚定文化自信；动态专题演讲、动态小专题项目等属于必选内容，随着时代发展和学期学习主题"时令"定制，培养学生解决实际生活问题的能力；影视评析、美食博主、"E＋"剧社等属于选修内容，在课后服务时段满足学生个性化发展需求。"E＋"实验课程旨在跨学科主题实践活动中侧重指向实践意识、创新意识和"求真求实""责任担当"的创造品格的培养，成就创造之美。

(二)"E＋"英语跨学科主题：中国传统节日实验课程设计

《方案》强调"变革育人方式，突出实践"，加强课程与生产劳动、社会实践的结合，充分发挥实践的独特育人功能，倡导"做中学""用中学""创中学"。《课标》强调：学生通过英语课程的学习，能够加深对中华文化的理解和认同，坚定文化自信；强调引导学生通过实践与探究，综合运用英语和其他课程所学知识解决问题，拓展并加深学生对自我、社会和自然的认知和体验。

英语"E＋"课程体系将中国传统节日作为必修的主题实验课程。传统节日文化主要体现在以下几个方面：节日由来、饮食服装、风俗习惯、庆祝活动、特色文化等，其本身就承载多个学科内容，具有跨学科性。节日诸多方面内容不仅作为中国传统节日文化实践课程的框架设置、资源包整理和活动方案的撰写依据，更是为联结多学科开展跨学科主题活动提供支撑。学校各学科围绕核心素养以及学校办学理念的要求进一步重组、整合和创新设置，落实10％课时的跨学科主题学习，使之与学校特色课程融为一体，各学科联动，构建以英语学科为主的着眼于"自信讲好中国故事"的传统节日文化的实验课，作为对国家课程、地方课程及校本课程的有益补充，完善了学校的课程结构，丰富了课程内容。

该课程主要立足于用语言做事情，体现语言的实践性和创新性，用英语自信地弘扬中国传统节日文化。该课程重点是对中国传统节日文化的认知层面的深入理解、行动层面的实践创新及品格层面的文化自信。依据《课标》"文化意识"的相关素养表现，以及学校各学段素养目标，开发适合低、中、高段学生年龄特点和生活实际的节日文化实践课程活动方案。通过课堂实践研究，研发中国传统节日文化的一到六年级全覆盖式资源包，在小学学生的不同阶段，进行较为系统的传统节日文化学习和实践活动。依据学生年龄特点、话题学习内容及生活实际，系统化学习、感受、体验和实践。在小学的不同阶段，学生力图体验和实践同一个节日的不同方面，经过较为系统的学习和实践，进一步增强学生对我国传统节日的认同感，努力用英语传播和弘扬我们的传统文化，促进语言学习的双向交流(见图2-2-2)。

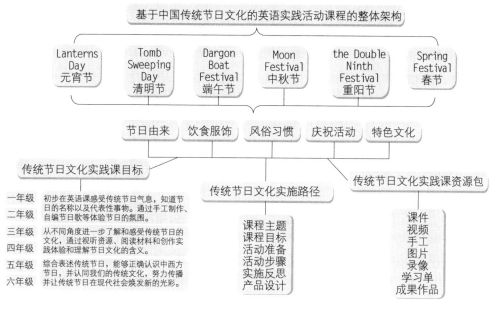

图 2-2-2　中国传统节日实验课程整体架构

（三）课程实施重点

在课程实施上，中国传统节日课程倡导整合实施和综合性教学。从跨学科主题学习的内容、任务、方式等方面加强整体性、综合性设计。例如，依托德雷克（Drake）等学者提出的 KDB 模式，即"知（Know）—行（Do）—为（Be）"的设计框架，强调在课程内容设计和实施中要有行动或操作的过程。例如，依托焦点讨论法（ORID）模式，即客观层面问题（Objective）—反应层面问题（Reflective）—阐释层面问题（Interpretive）—决定层面问题（Decisions），梳理问题链，强调感受和体验，主动关联生活并作出相应决策和开展相关行动。

1. 丰富跨学科主题学习内容

在跨学科主题学习开展的过程中，提升活动设计的综合性、实践性和开放性，才能更好地提升学生对传统文化的感受力和理解力。只有更好地综合多学科知识方法，创新实践活动内容，增强体验感和获得感，才能使学生在参与实践活动的过程中有更深刻的感受，进而更好地理解节日文化。

节日文化本身就具有跨学科性，涉及多学科知识内容。因此，在整合内容和设计活动方面，学生就会自觉关联其他学科知识内容和方法。例如，在制定和规划端午节主题学习中，课程核心组自觉地与道法、科学、艺术等学科形成研究共同体，创设多个内容文本和设计方案，为满足不同学生学习兴趣和需求提供支持，为学生深入体验感兴趣的实践活动提供支架，在"体验""探究""合作"学习方面有所突破。比如，在端午节学习中，以多模态小语篇、微视频等为载体，在自主学习内化后，教师为学生提供"探艾草""送香囊""编彩绳"等体验活动，学生独立或合作选择至少一项体验活动，在不同实践活动中，教师给予语言支持、学科知识提示、步骤规则等，确保实践活动顺利推进。选择"送香囊"的实践活动，需要思考香囊制作完送给谁（To Whom），为什么送（Why），香囊填充物的选取"干花、干茶、艾草等"（What），为什么填充这些物品（Why）等。该实践活动任务不仅需要用英语清晰表达，还需要用科学和艺术学科知识解决香囊填充物是否搭配合理及香囊制作的问题等。在实践活动任务的设计中，教师深入学习其他学科知识，共同探讨如何平衡语言学习与多学科知识学习，使语言能力和跨学科综合能力同步发展。为了使学生能够有较好的体验和感悟，在实践中逐步形成了年段"规则意识""合作公约""目标前置"等习惯，小步骤循环操练语言，并在实践活动中的不同阶段均给出语言结构框架、范例指导和语言文化"补给站"，助力学生提升语言表达能力，在体验活动中，真实表达和评价，坚定文化自信（见表 2-2-2）。

表 2-2-2 1～6 年级"端午节"跨学科主题学习框架

Duanwu Festival (Dragon Boat Festival or Double 5th Festival)				
年级	主题	语言	跨学科实践活动	实施时间
一年级	我眼中的端午	I like / I have/ I want…	简单了解端午内容和词汇，画出眼中的端午节。（美术）	下册 5、6 月份实践课
二年级	试编彩绳过端午	I have 5 ropes. Red，yellow，green，pink and black. Look，I can make a beautiful Five colored rope.	体验习俗，用喜欢的五个颜色编五彩绳，理解带来好运的寓意。（美术，劳动）	下册 5、6 月份实践课
三年级	学包粽子迎端午	I can make Zongzi. We need rice，and bamboo leaves … First，Next，Then …（How to make Zongzi）I like … ，I think …	结合食物话题展开，了解端午饮食，尝试包粽子，感受节日气息，理解粽子的寓意。（劳动）	下册 5、6 月份实践课
四年级	体验龙舟享端午	Dragon boat races，drummer，director，rower，play the drum，row the boats with whole energy，win the race … I think it is… because …	以"小组"为单位，制作龙舟，分角色表演，展开小组比赛。深入体验，谈感受。（劳动，美术）	下册 5、6 月份实践课
五年级	制作香囊话端午	Hang mugwort on the doors，wear sachets，dried flowers，tea，make a special sachet. In my opinion，… 's sachet is … because …	深入学习端午的习俗，通过制作香囊来感受体验传统节日带给人们生活的影响。（劳动，科学）	下册二单元融合
六年级	全景端午知多少	Time，Food，Origin，History，Legend，Customs，Celebrations，Opinions…	通过"导图"较为全面地进行端午演讲活动，推选优秀宣讲员。（语文）	下册三单元融合

　　在端午节主题实践活动中，不同年级通过"学包粽子""制作香囊""体验龙舟"等活动，感受端午文化，教师融入多学科知识和方法，为中国传统节日的课堂教学探索新的模式。比如，春节主题实践活动又丰富了"一起逛庙会""创意春节文创""英文对联你来对"等丰富多彩的跨学科主题实践活动。再比如，中秋主题实践活动内容更加综合(见表 2-2-3)，学生在动手做(编、画、绘等)、动脑猜、动嘴说、动口唱等实践活动中感受中国传统节日文化的博大精深和意义价值。

表 2-2-3　1～6 年级中秋节跨学科主题学习框架

Moon Festival (Mid-autumn Day)				
年级	主题	语言	跨学科创新实践	实施时间
一年级	我眼中的中秋	I like/I have/I want … 知道不同的表达：Moon Festival, Mid-autumn Day, Mid-autumn Festival	简单了解中秋，想象画出"圆月中的故事"。（美术）	每个学期9月底或者10月初，中秋节前后。
二年级	中秋活动知多少	eat moon-cake（吃月饼）；enjoy the moon（赏月）；Worship moon（拜月）；put the sky lights（放天灯）；plant the Mid-autumn（树中秋）	通过视频等方式，简单了解中秋的庆祝活动，通过"编歌谣"的方式进行演唱。（音乐）	
三年级	认识月饼尝尝鲜	I can make moon cakes. First, next, then, finally. Fillings：bean paste, five kernel, egg yolk…	通过认识不同口味的月饼，不同地域的月饼，尝试制作月饼，并送给亲朋，表达关爱。（劳动）	
四年级	中秋圆月寄相思	The Festival is held with full moon at night. 15th day of the 8th lunar month. The moon is round and full, stands for reunion…	体验更多的中秋活动，小组探讨"圆月"的寓意，并探究月圆的成因。（科学）	
五年级	讲述故事传文化	Ten suns were in the sky. Houyi shot 9 suns … Chang'e ate the medince and flied to the moon. People got some food ready to pray to Chang'e for a good life.	借助"嫦娥"故事，深入理解中秋的历史，用英语讲中国故事，传承精髓。（语文，道法）	
六年级	全景中秋知多少	Time，Food，Origin，History，Legend，Customs，Celebrations，Opinions…	通过录制短视频，较为全面地介绍自己的中秋节，投票评选最具特色的短视频宣讲片。（语文，信息）	

2. 创设跨学科主题学习任务

基于传统节日文化的跨学科主题学习立足于用语言做事情，体现语言的综合性和实践性。在制定方案、确定任务和资源、完成实践活动的过程中，依据《课标》要求，从习俗、饮食、服饰、传说、祝福语、庆祝活动、创意文创等方面，综合多学科知识和方法，进行 1～6 年级全覆盖的实践任务探索，旨在提升学生动手操作能力和实践创新能力。

　　1～6 年级全覆盖跨学科主题任务设计主要经过了如下研究过程。首先，课程课题组成员集中研讨，结合《课标》、教材内容、学生情况(访谈调研)及其他学科有关该话题的内容和要求，确定该年级"春节"节日的主题。其次，针对确定的主题，梳理该年级的语言知识和内容，初步商定开展主题实践活动的内容和活动的方式，以及该实践活动"产品"需要哪些学科知识或思想方法。再次，撰写和制定活动方案，经过两次修改后，分工搜集资源、制作课件等。接着，针对 1～6 年级的方案撰写和资源包建设进行横向比较，考虑渐进性，避免重复性。在 1～6 年级抽取一个班进行试讲，再次梳理问题，并进行修改和调整。之后，在教研组活动中，分别由小组代表进行整体方案介绍和资源包的使用。向组内教师进行整体介绍，推广实施。最后，经过实施再次收集问题，进一步改进，形成相对完善的跨学科主题实践任务框架(见表 2-2-4)、实施方案以及资源包等。

表 2-2-4 "春节"实践活动的框架

Spring Festival(Chinese New Year)				
年级	主题	语言	内容形式	跨学科	实施时间
一年级	我眼中的春节	I like / I have/ I want…	简单了解词汇，画出眼中春节图(画春节)。	美术	下册开学第一课
二年级	春节拜大年	Happy Chinese New Year. You too. /The same to you. /Here is … for you. Thank you.	了解春节，主动拜大年；赠送礼物，表达祝愿(制作祝福卡)。	美术	上册六单元融合
三年级	春节美食荟萃	In my family, we eat/ have… In my hometown, People like to eat. First，Next，Then … (how to make)	结合食物话题展开深入了解各家各地春节饮食(以短视频等多种方式制作并介绍美食)。	劳动	下册开学第一课
四年级	春节逛庙会	In Temple Fair, I see/ hear/buy… I like … best，because …	以"逛庙会"展开讨论，通过分享感受节日文化(小组展演)。	语文	下册开学第一课

续表

年级	主题	语言	内容形式	跨学科	实施时间
五年级	横跨年前年后	Before Spring Festival, I... In Spring Festival I... After that（in Lantern's Day）I ...	以春节前后为线索，梳理习俗和做的事情，展示交流（演讲）。	道法	下册二单元融合
六年级	全景春节知多少	Food，Origin，Legend，Customs，Clothes...	通过"导图"较为全面地进行春节介绍，向他人讲中国故事（小导游介绍）。	语文道法	下册开学第一课

中国传统节日承载了多学科知识和内容，在实践活动任务设计的过程中，依据《课标》要求，指向学段目标，融合其他学科知识设计活动，不仅提升教师综合其他学科知识设计课堂活动的能力，更提升学生在实践活动中利用其他学科知识解决问题的能力。例如，三年级发布设计制作家乡春节美食，通过拍摄短视频的方式，促使学生在学完春节美食后，自觉探寻自家年夜饭，并查询资料制作美食，还需要掌握拍摄技巧和录制技能，自觉联动劳动、信息等学科知识，不仅提升动手操作能力，还体验实践活动带来的成就感。

3. 创新跨学科主题学习方式

在传统文化跨学科主题课程实施中，主要采用"主题式""项目式"等综合教学方式，并积极探索线上线下混合模式等，体现以学生为中心的做中学、用中学和创中学，在学习方式层面积极落实育人方式改革，促进学生核心素养发展。

(1)主题式学习

跨学科主题学习是以"主题"为引领，以主线"任务"贯穿的综合方式，因此主题的确定是跨学科主题学习的关键要素。例如，在开展"中秋节"主题实践活动中，五年级确定主题为"圆圆的月亮寄相思"，通过在主题引领下设计"我的月亮寄相思"的创意作品，围绕"为什么月亮在八月十五又圆又大""为什么月亮寄相思""如何在中秋通过月亮表达思念或情感"等问题展开讨论和交流。此外，聚焦主题，关联其他学科知识内容和方法，通过道法、科学、艺术等知识方法解决问题，个体或小组展示"我的月亮寄相思"，可以画思念的人或物，可以是一块亲手制作的月饼，还可以是一段团聚的短视频，围绕主题表达对亲人或朋友的想念和感恩。

(2)项目式学习

项目式是跨学科主题学习的主要方式之一，"项目式学习"是一种教学实践方式，是通过做项目来开展教与学的活动，使学习者能够针对现实世界中的真实问题，利用所学知识和技能，开展合作探究，尝试解决问题，完成项目产品。以六年级 Make a Spring Festival Gift 制作春节文创为例，围绕如何过一个有意义的春节延展到如何制作一个有意义的春节文创，确定项目驱动问题和可视产品。首先，学生填写课前调查单，思考准备春节礼物时需要考虑哪些方面，如礼物的来源途径、对赠送对象的了解等；其次，按步骤要求完成新年礼物初稿，撰写介绍；最后，修改并进一步完善作品，并为定稿作品录制视频。在实践活动的过程中，学生有表达自己声音的机会，能够参与项目的各个环节，同时也能够依据自己的判断来解决问题或作出决定。学生收获成就感，锻炼自主学习能力，同时通过合作学习的体验，取长补短，锻炼合作学习能力，培养积极的学习感受。

（3）线上线下混合式学习

以学生线上自学、线下解疑、课上展示三部曲的方式进行自主学习，促使节日主题课程常态化推进，使学生随时可学，为学生自主选择提供更多样的学习资源，满足学生个性学习需求。节日微课是一个有效的方式，能培养和发展学生的自主学习能力，满足不同层次的学生的学习需要。

微课研发主要经历了如下阶段，以三年级"春节美食荟萃"为例，整个微课只有6分钟，包含了几个主要步骤：首先，用呈现活动猜节日的方式，导入春节话题。接下来学生学习有关食物的名称和寓意，并用两道选择题来进行巩固检测。接下来学生通过观看一个补充视频来学习食物 shrimps 和它的寓意。之后过渡到微课内容，进行实践活动任务布置、讲解以及示范。其次，教师设计出完整的教学过程后进行试讲，再次修改、调整。教学设计确定后，教师为微课的制作做准备，在制作微课视频前，先来撰写脚本，确定微课视频的授课方式，是讲授式、问答式还是启发式等，教师达成一致意见，进入视频的制作阶段。再次，视频的制作主要利用 ppt 的排练计时导出功能，以及相应的软件，最终使视频和音频进行无缝隙匹配，形成最终的资源包。资源准备完备后，利用校本教研时间将微课进行整体介绍并尝试推广。最后，在寒假前，教师将微课及资源上传到学校"学习通"平台"传统节日文化"模块，并在模块中建立"任务发布""答疑交流"和"任务上传"板块，相关路径推送给三年级学生。学生利用寒假的时间来完成任务，学生的实践作品在规定时间段上传到学校学习通平台"任务上传"板块，并开启互评和答疑模式。在寒假结束后，学生利用开学第一课的时间进行分享、交流，评选出优秀作品在全校进行展示。

学生在家利用微课学习后，要对自己的学习情况进行评价。除了对自己的学习情况进行评价外，学生在完成作业后，也需要对作品进行自评。此外，在课上交流期间，学生之间完成互评，最终由班级评选出各种奖项。传统节日文化课程"线上线下翻转"方式不仅为该课程有效推进提供多种选择，更为提升教师专业素养和信息素养提供契机，最重要的是为学生自主学习和自主交流提供保障，实现节日文化的多重学习和自由共享。

4. 明确跨学科主题学习评价

学习评价是检验学习目标达成与否和引领学生对学习进行反思与改进的主要手段，在跨学科学习中对评价的设计要明确评价的主体、评价的内容及与之相匹配的评价方法和评价工具。

(1)评价主体及评价内容

在跨学科主题学习中，教师和学生都可以作为评价的主体进行评价。教师作为评价的主体，借助特定的评价工具对学生的过程性学习表现与最终学习成果展开评价，确定评价内容与评价方法，并对学生进行评价。学生作为评价主体主要分为两个部分，一是学生自评，二是学生互评，充分发挥学生的主体作用。两种评价方式相结合，帮助学生了解学习所得，及时发现自己的学习困难，并进行弥补和改进，促进自主学习。

(2)评价方法和工具

在跨学科主题学习中评价多以终结性评价和过程性评价相结合的方式进行，主要面向学生的过程性表现与阶段性成果展开，以对学生学习过程中的非标准化表现与物化成果做出判断。而具体的评价方式也与所评价的内容相对应，在教学过程中，教师引导学生成为评价活动的设计者、参与者和合作者，在互相评价中取长补短，互相学习。以春节项目式学习评价单和视频学习评价单为例(见表2-2-5、表2-2-6)，匹配有针对性的评价工具，这些评价大多以量表或量规的方式呈现，明确了评价指标、等级水平及具体表现。

表 2-2-5 春节项目式学习评价单

My Checking List
□The gift I made contained elements of "Spring Festival" and "Rabbit". 我制作的礼物含有"春节"和"兔子"元素。
□I followed the instructions to complete this worksheet. 我按照说明和要求完成了学习单。
□After finishing this worksheet，I checked and corrected my spelling and grammar. 完成学习单后，我检查并改正了拼写和语法。

表 2-2-6　春节视频学习评价单

My Checking List 观看春节视频后，我能说出以下春节祝福语	
Happy Spring Festival!	☆
Happy Chinese New Year!	☆
You too! / The same to you.	☆
Good luck!	☆
Good fortune!	☆
Good health!	☆
其他	☆

5. 完善跨学科主题学习资源

英语跨学科主题学习是一种能够帮助学生真正理解课程、深入思考问题、创造性地解决问题的学习理念。在英语跨学科主题学习中，教师要有跨学科的意识和素养，充分考虑学生的学习兴趣，通过创设情境、提出问题，引导学生在解决问题的过程中，学会将零散的、分割的、理论化的知识整合起来，建立联结，并挖掘其内涵意义，深入探讨和评价其背后的价值观念，进而有效运用所学知识创造性地解决问题，激发和唤醒学生自主、自愿、自发的学习精神，帮助学生形成自觉有效的学习力。跨学科主题学习的设计需要教师对课程资源进行整合和统筹，同时也需要家、校、社三方协同合作完成，才能够达到跨学科主题学习效果的最优化，促进学生的全面发展。

（四）课程实施成效和反思

在中国传统节日文化系列课程的开发和实施中，主要取得如下四方面成效：第一，语言和文化的双向交互作用在实践中取得一定成效。语言不但是思维和交流的工具，也是文化的载体。学生学习语言的同时，积极探索节日背后的文化知识，在了解背景知识和文化知识的同时，又加深了对语言的记忆和理解，促进学生的语言表达。学生不仅在综合语言表达方面得到提升，对于节日的文化背景、文化知识、历史渊源等有了丰富的认识和理解，语言和文化相互促进。第二，学生的自主学习能力有所发展，民族自豪感有所增强。中国传统节日文化实践活动课的探索和实践，对于提升学生自主学习能力、提高文化意识、促进思维发展，起到了较好的作用。低年级学生借助"图画""手工""拜年"等活动，合作意识、自律意识有所提升；

中高年级学生，在实践任务的驱动下，学会查阅、预习、加工、探究，在开展活动的过程中，不仅掌握学习方法和学习策略，自主、合作学习的探究意识有所提升。第三，促进了教与学方式的变革，教师专业能力有所提升。中国传统节日文化的实践课，改变了教与学的方式。在探索和挖掘节日文化精髓、节日习俗活动的过程中，采用"翻转微课""线上线下混合""学习单""动手实践"等方式，教师成为活动的组织者、引导者、评价者，把课堂还给学生，给学生更多的展示机会，从而自信地表达中国优秀传统节日文化，坚定文化自信。此外，在设计和实施的过程中，教师在查阅文献、重构文本、方案撰写、信息技术、组织实践，特别是跨学科能力等方面都有所提升。第四，推动了学校的英语课程建设，丰富了 10％跨学科主题学习内容。中国传统节日文化系列课程的探索与实施，推动和完善了学校"验问课程"体系下的"E＋"英语课程，特别是丰富了"实验课程"内容，使学科团队对落实 10％跨学科主题学习有了更深的认识，凸显"实践育人"，在"感受、感悟、体验、体会"中提升综合语言能力和文化意识。

在课程开发和实施中也发现一些不足，主要体现在如下两个方面：其一，传统节日的背景知识和语言知识的不平衡，学生语言输出难度较大。其二，跨学科主题实践活动的综合性和情境性有待加强，传统节日文化的传播途径需要创新。针对上述研究中发现的问题，明确进一步改进方向。其一，多学科并举，处理好语言和文化的关系，提升综合表达能力。基于课标、学情和教材，进一步挖掘教材话题内容和知识体系，进一步做学科整合，梳理各学科传统节日文化要点和体系，综合使用其他学科知识方法解决问题，增加多学科体验，提升综合语言表达能力。其二，创新实践活动方式，推进传统文化系列课程建设和活动推广。借助已有实践课程成果带动传统节日文化系列课程的发展，在已有传统节日文化英语实践活动课程的基础上，继续推进节日系列传统文化的传播途径，例如，"我是文化小使者""听我来讲中秋节""重阳走进敬老院"等活动通过微信公众平台，双语文化节展演等方式传播和推广。

参考文献：

[1]《义务教育英语课程标准（2022 年版）》[M].北京：北京师范大学出版社，2022.

[2]吴刚平，安桂清，周文叶.新方案 新课标 新征程：《义务教育课程方案和课程标准(2022 年版)》研读[M].上海：华东师范大学出版社，2022.

[3]周斐芳.英语普及下中国民俗文化的缺失调查[J].新余学院学报，2012,

17(1).

[4]吴莎.中西方节日文化融入高职公共英语教学的探索与实践[J].科技信息，2010(3).

[5]王红球.中西方"节日文化"在英语教学中的拓展策略[J].英语教师，2008(8).

[6]文敏琳，张慕凝.Festivals in China and America[J].海外英语，2012(16).

博见世界　奠基未来

——"博物馆＋"跨学科主题课程的开发与实施

李　青　邓志蓉　邢冬梅　刘黎黎

在适应社会发展的漫长历程中，博物馆逐渐成了多功能的文化复合体，其作为向社会公众进行教育的重要场所，是学生认识和了解世界的窗口。博物馆资源具有实物性、直观性、广博性、情境性、开放性等特点，具有其他课程资源不可比拟的育人价值优势。对博物馆资源进行合理开发和利用，不仅能够有效拓展学生的学习领域，改变学生的学习方式，让学生从课堂走向课外，从被动学习走向主动探究，而且有利于实现培养学生历史人文素养、培育民族精神、增强文化自信等博物馆育人功能，体现认识价值、认知价值、审美价值和德育价值等博物馆教育价值。教育部印发的《义务教育课程方案(2022 年版)》提出课程改革的基本原则应坚持以学生核心素养的培育为导向，加强综合课程建设，开展跨学科主题教学，推进综合性学习。各学科的课程标准(2022 年版)也都专门设立了占 10％课时比例的"跨学科主题学习活动"，要求加强学科间的相互联系，强化课程协同育人功能。学校需要进一步对"博物馆课程"体系进行优化，将学科课程和跨学科整合课程进行一体化设计，实现"博物馆＋"课程形态。学校致力将原有散点式博物馆课程进行深度整合开发，通过跨学科整合、主题化整合的形式寻求"博物馆＋"跨学科主题课程的自我突破与创新发展。立足博物馆的场域和文化资源，将学科知识纵向贯通、横向融合，系统化、结构化设计系列文化主题，推进跨学科主题教学和综合性学习，从而进一步转变学生现有的学习方式，提升学生的核心素养，促进学生全面发展、健康成长，切实落实立德树人的根本任务。

（一）"博物馆＋"跨学科主题课程素养目标

学校教育理念和课程目标决定学校课程文化取向。科学一体化的顶层设计是"博物馆＋"跨学科主题课程的指南针与路线图。

学校基于"一切为学生终身发展奠基"的理念确立了"会做人、会学习、会生活的可持续发展"的育人目标，从"三个维度"对总目标进行诠释，又确立了核心素养要点，从而构成了学校"奠基未来"的核心素养育人体系(图 2-3-1)。

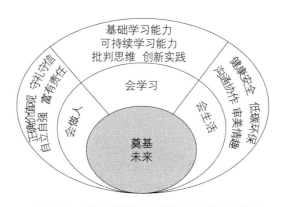

图 2-3-1　学校"奠基未来"核心素养育人体系

　　"博物馆＋"跨学科主题课程的课程目标就是基于"会做人、会学习、会生活"这三会核心素养体系初步确立的：立足于"博见世界"，实现"奠基未来"。

　　"博"不仅指向博物馆广博的资源，即打破学校与社会的资源边界，借助博物馆内容丰富、系统直观、生动鲜活的人文资源、自然资源、科技资源让学生开展体验式、探究式学习，也指向该课程广博的课程主题，通过资源与学校课程的有机整合，设计建筑文化、皇家文化、科举文化等丰富的课程主题；而且指向多样化的学科学习，通过跨学科的整合，在同一主题或同一场域的学习中，获得多样化的学科知识、技能和能力培养。"世界"则指向广阔的视野、丰富的思想、多样的文化等学生适应未来发展的正确价值观、必备品格和关键能力等。

　　"奠基"就是奠定基础。学校是九年一贯制基础教育学校，办基石教育，为国家培养优秀人才，所以，立足时代发展"奠国家之基"；"未来"指向学生将来的发展，他们应具备学生发展的核心素养，即能够适应终身发展和社会发展需要的必备品格和关键能力，所以，基于社会需要"奠未来之基"；学生是学校的主体，承认并尊重学生的差异和发展潜能，学校把全面发展和个性成长统一起来，所以，基于成长需要"奠一生之基"。

　　"博物馆＋"跨学科主题课程要为学生一生的发展和适应未来社会奠定坚实的基础。通过"博物馆＋"跨学科主题课程的学习，学生能够形成正确价值观，成长为具有民族情怀、具备国际视野、富有理想、尊重生命的人；能够具备综合学习能力，有批判性思考和解决问题的能力、创新精神和实践能力；关注自身健康和安全，有环保意识，有良好的沟通与协作能力，有健康的审美情趣，有数字化的基本素养。通过"博物馆＋"跨学科主题课程的学习，学生行走在博物、格物、创物的成长路径中，不断发展核心素养，为未来奠基。

(二)"博物馆+"跨学科主题课程构建思路

"博物馆+"跨学科主题课程是学校"发展课程"的重要组成部分,立足于学校"奠基未来"课程体系的育人文化,在系统梳理学科知识结构的基础上,关注学科横纵贯通,加强学科之间的融合,为学生综合性学习提供支架;依据学科核心知识、技能、素养进行拓展,更加关注学习与生活、实践的联系,凸显学生的学习体验、动手实践能力及思维能力的培养。

1. "博物馆+"跨学科主题课程建构思路

(1)博物—格物—创物,培育学生核心素养

以人为本,遵循学生身心发展规律,关注学生个性化、多样化的学习发展和需求,加强"博物馆+"跨学科主题课程一体化设置。在课程设计中,打破学科壁垒,由浅入深、由表及里,教师引导学生从基本的观看学习,到围绕主题深入探索,到综合所学解决问题、创作乃至设计与创新,课程内容层级设计、阶梯递进,逐步螺旋上升,培养学生适应未来发展的正确价值观、必备品格和关键能力,全面发展学生核心素养。

(2)单一—综合—融合,深化课程融合育人

"博物馆+"跨学科主题课程的建构与实施,强化课程的综合性与实践性,打破单一的课程结构,突破单一学科逻辑,不仅促进学科内容与社会教育资源的整合,更围绕不同场域、不同主题的学习。教师也引导学生逐渐从单一学科角度解决问题到多学科思考同一问题,到形成融会贯通的思路来解决问题,形成对问题的全面认识。"博物馆+"跨学科主题课程切实地发挥了以博物馆资源为载体的育人功能,丰富了学生的学习方式,为学生的学习提供了特色经历和体验,为学生打开了一扇能整体认识世界的窗口,为学校开启了一种文化落地的新形式,满足了学生"研究性、实践性和创新性"的发展需求,充分发挥了"博物馆+"跨学科课程的育人价值。

(3)迈出—带进—整合,穿越资源时空边界

"博物馆+"跨学科主题课程的建构与实施,聚焦核心素养,在时空上超越教材、课堂和学校的边界,并向学生的家庭生活和社会生活延伸。学生迈出校门,走入博物馆,与科学家沟通;走入文化场域,与大师、专家交流。在不同文化对比中,课程展现了学生体验文化、科学的个性差异,也展现了文化、科学在个体身上的个性化外显。迈出校门深入博物馆学习后,教师又把博物馆部分资源带进来,把博物馆教育资源与学科课程进行综合整合,加强了学科教学内容与社会、自然的联系,课程也逐渐从学科教育转向融合、实践教育,课程育人价值得到更好落实。

2. "博物馆+"跨学科主题课程基本模型

"博物馆+"跨学科主题课程由"博物馆+学科发展""博物馆+场域拓展"和"博

物馆＋文化传承"三大部分整体架构，并通过"价值引领""边界穿越""实践评价""文化重构"四大支持系统运行实践(图 2-3-2)，开展跨学科主题课程，促进学生全面发展。

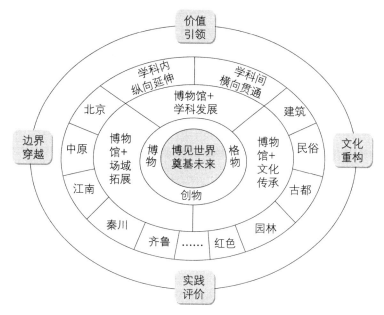

图 2-3-2 "博物馆＋"跨学科主题课程模型

"博物馆＋学科发展"重在通过学科学段贯通、交叉融合的共同设计，突出学科知识的深度和宽度；"博物馆＋场域拓展"旨在打破地域教育资源的边界，引领学生开展丰富的体验、探究；"博物馆＋文化传承"突出学生对中华优秀传统文化传承主题课程学习的自主性与创造性，突出研究主题的专与精，深入对比分析多元文化，积淀人文底蕴。

"博物馆＋"中的"＋"内涵丰富，它不只是学科知识在博物馆中的简单整合与应用，以及建立各种学习平台开阔学生视野，还应该以学生核心素养培育为导向开展跨学科实践，博物—格物—创物课程价值观与教育的深度融合。每一种"＋"都是原有教育层次和水平的升级和质的飞跃；"＋"还指向无限可能，随着教育改革的深化和供给方式的更新而不断变化，呈现新的跨学科主题课程发展生态。

该课程将通过四大支持系统运行实践。"价值引领"重在充分挖掘中华传统文化育人价值，突出学生对文化的感悟能力；"边界穿越"旨在进一步穿越学科、场域、时空的边界，突破学生学习的融合实践；"文化重构"突出文化主题的传承与发展，以优秀传统文化、革命文化、社会主义先进文化、改革开放成果和党的二十大精神，激发学生的研究体验；"实践评价"突出多维实践与体验，鼓励学生创新表达，引领学生发展方向。

"博物馆＋"跨学科主题课程的课程形态、课程结构、课程内容等要进行多样化的设计，避免"侧重于活动的误区"，以满足学生多学科、多角度的综合性学习需要，实现"研究性、实践性和创新性"的发展。"研究性"包含研究方法、研究能力、研究体验三方面的内容，提倡在研究性学习中提升学生科学思维；"实践性"包含突破学习空间的边界实践、突破学习方式的操作实践、突破学习内容的融合实践三方面内容，打破时间、空间及教材内容的局限；"创新性"突出文化感悟能力、个性发展需求、思维系统培养三个亮点。

（三）"博物馆＋"跨学科主题课程内容结构

在"博物馆＋"跨学科主题课程的开发与实践探索中，学校立足学生核心素养的培育，进行三大部分课程整体架构，开展跨学科主题课程，促进学生全面发展。

1. "博物馆＋学科发展"， 关注学科深度拓展与融合

"博物馆＋"课程的开发应基于博物馆所提供的物理情境、社会情境等真实情境，学生与环境、环境与学科产生交互反应，在此过程中建构起学生的核心素养。

（1）学科内纵向深度延伸，指向贯通融合

"博物馆＋学科发展"是在系统梳理基础课程与相关博物馆资源的结合点的基础上，链接相关课程开展研究性学习问题研究；同时结合不同学段学生知识储备、身心发展规律，通过了解、体验、实践、探究等方式引导学生关注学习与生活的联系，建立学科大概念体系，凸显学生的学习体验、动手实践能力以及核心素养的培养。学科内纵向深度延伸见表 2-3-1。

表 2-3-1 "学科内纵向深度延伸"博物馆＋课程设计

主题	核心概念	学科	学段	学习方式
生态文明	生命观念 生态智慧 生态责任 生态行动	语文 生物 地理 物理 道德与法治	小学低段 小学中段 小学高段 初中学段	参观了解 活动体验 合作探究 汇报展示
走进中轴线	科学思维 数学建模 科学探究 态度责任	数学 科学 信息技术 劳动	初中学段	参观了解 活动体验 对比研究 汇报展示

续表

主题	核心概念	学科	学段	学习方式
满庭芳·国色	文化自信 政治认同 家国情怀 艺术鉴赏	语文 历史 音乐 美术	小学低段 小学中段 小学高段 初中学段	参观了解 活动体验 课题研究 汇报展示
丝绸之路	文化自信 时空观念 区域认知 人地协调观	历史 地理 道德与法治	小学中段 小学高段 初中学段	参观了解 活动体验 建构体系 汇报展示

（2）学科间横向贯通联结，指向问题解决

学校寻求博物馆资源与核心素养结合点，学科专家、教师收集与研究课题相关的资源，采用先集中再分散的形式确定课程融合主题，通过丰富具体的活动，将理解引向深处，指向学生的人文底蕴、实践创新素养的培育。"博物馆＋"课程中学科融合及具体安排见表2-3-2。

表 2-3-2 "博物馆＋"课程学科融合研究表

时间	博物馆	主题	学科
初一上	首都博物馆	品读方言	语文、英语、历史、道法
	北京市规划展览馆	母亲河的变迁	历史、数学
	北京天文馆	叩问苍穹	地理、数学、科学
	中国文字博物馆	文字演变	语文、数学、英语、地理、历史、道法、音乐、美术
	殷墟博物馆	甲骨文发现及研究	语文、数学、英语、地理、历史、道法、音乐、美术
初一下	中国国家博物馆	青铜文化	语文、英语、历史、地理、道法、音乐、美术
	自然博物馆	动物多样性与进化	生物、科学
	军事博物馆	百年风云	科技、历史、道法
	南京博物院	跨时空的艺术	语文、数学、英语、地理、历史、道法、音乐、美术

续表

时间	博物馆	主题	学科
初二上	抗日战争纪念馆	听红色故事 诵抗战经典	语文、历史、道法
	圆明园遗址	万园之园 遗址考古	语文、生物、历史、地理、道法、美术
	电影博物馆	童心探影	语文、道法、音乐、美术
	陕西历史博物馆	盛世壁藏	语文、数学、英语、物理、地理、历史、道法、美术
	兵马俑博物馆	寻秦记	语文、数学、英语、物理、地理、历史、道法、美术
初二下	中国地质博物馆	有趣的石头	生物、地理、科学
	中国科技馆	我的航天梦	物理、数学、科学、科技、历史
	三孔	儒家文化探寻	语文、数学、物理、地理、历史、道法、音乐、美术
初三上	国家博物馆	复兴之路	语文、英语、历史、道法
	中国地质博物馆	石油与化石	化学、科学、生物
初三下	首都博物馆	北京的那些非遗传承	语文、英语、历史、道法
	中国科技馆	科技对话未来	物理、化学

以博物馆为主体开展专题研学，由各学科教师、学科专家、博物馆工作人员集体研讨，确定参观博物馆研学主题，把握各学科的融合点，从不同角度对这一主题进行诠释和研究，将学生理解引向深入，提升学生综合应用各学科知识解决实际问题的能力，增强学生的文化自觉和文化自信。

2. "博物馆＋场域拓展"，引领学习方式变革与创新

教育时间、空间的打开与贯通，教育资源的拓展与连接，让"博物馆＋"跨学科主题课程的张力得以延伸。为了满足学生多样化需求的同时，深入认识中国地域文化，学校整体规划了五条文化主线(图 2-3-3)，借助其中丰富的、系统直观的、生动鲜活的博物馆资源，体验、感悟特色鲜明的地域文化，在开阔学生视野、丰富学习资源的同时，更加关注学习的系统性、体验式、探究性，变革学习方式，培养学生创新精神与实践能力，促进学生全面而有个性的发展。

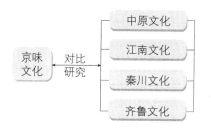

图 2-3-3　五条文化主线的多场域博物馆学习

以"京味文化"博物馆探究为例(表 2-3-3)，系统性构建是博物馆课程探究的魂。为帮助学生更好地理解京味文化，我们系统构建若干门课程，使学生从不同角度感受京味文化的美，寻求内蕴的深意。

表 2-3-3　京味文化博物馆探究课程

实践地点	主题课程	研究内容
规划展览馆 南锣鼓巷	四合院 文化	结合《四世同堂》阅读体验及胡同、四合院实地探访，探究胡同及四合院的相关特点
		北京四合院与北京气候的关系
		我带外教游京城
		北京四合院和现代高楼，探究北京城市建筑特点
故宫博物院	中轴线文化	中轴线建筑独特的建筑风格和特点研究
		用思维空间描述中轴线建筑的变迁
		以故宫为例研究中国古代宫殿建筑的特色
规划展览馆 故宫博物院	建筑文化	发现"规划展览馆"呈现城市文化的科技手段
		探究古建筑(故宫)的防火与防雷措施
	水系文化	北京母亲河的变迁
首都博物馆	京腔京韵	走访京城，品读方言：通过调查地名由来及变迁、解读传说典故、品读京派文学等，了解北京方言体现的北京性情
长安大戏院 梅兰芳大剧院		京剧表演艺术特点探究
		京剧脸谱探秘
		我眼中的京剧——长安大戏院观赏演出的感悟
首都博物馆 南锣鼓巷	小吃文化	北京庙会与西方嘉年华的对比研究(北京庙会与西方嘉年华——中西方节庆仪式的文化对比)
		大碗茶与奶茶——北京与伦敦茶文化对比
		北京小吃特点与人体健康饮食契合性探究

续表

实践地点	主题课程	研究内容
孔庙 国子监 北京牌匾博物馆	科举文化	通过《孔乙己》《范进中举》等阅读实践及国子监(元、明、清三代最高学府)求问,探究古代文人士子的求学路
故宫博物院 天坛 颐和园	礼仪文化	皇家礼仪文化对北京礼仪影响变化之探究
		局气北京人——从北京人礼仪看北京人性格研究
		北京地区典型礼仪文化探查
	饮食文化	皇家饮食营养结构的均衡化探究
	园林文化	颐和园内林木种植设计与布局的合理性探究
		我带外教游京城
		探究颐和园十七孔桥的建筑结构与方位
		探究颐和园长廊连接各建筑的位置特点
	建筑文化	匠心营造——探访古建博物馆
		紫禁之巅——故宫建筑的智慧
		受命于天——皇家祭坛建筑掠影
		探究天坛公园的四大妙音(回音壁、对话石、三音石、天心石)的声学原理
		故宫建筑里的云纹研究

体验式学习让学生对博物馆蕴含的文化有了新的认识。学生走进中国戏曲博物馆,了解京剧的行当,拼京剧脸谱,体验什么是"耍花枪";走进宋庆龄青少年科技文化交流中心"粹空间",开展非物质文化遗产深度探寻活动,包含了编织、茶艺、刺绣、京剧、礼射、木器制作、钱币、青花瓷、书法、陶艺、线装书制作、雅乐、印染、造纸术、中医15个专项,学生可根据自己的喜好随意选择课程,开展深度体验活动。探究式学习是博物馆探究的重头戏。在天坛、故宫等地,学生通过课题引导,探究相应的建筑、图案纹样设计背后的原理,体会其中蕴含的语文、数学、英语、物理、地理、历史、生物、音乐、美术等学科知识,将理论与实际相结合,使知识从感性认识上升到理性认识,提升了思辨力及课题探究等方面的能力。

3. "博物馆＋文化传承", 聚焦传统文化发展与传承

中国传统文化精髓的传承,对于青少年的教育尤为重要,是我们义不容辞的责任。为了加深学生的知识底蕴,继承和弘扬中国传统文化,学校以"文化传承"为载体,设计古都文化、建筑文化、科举文化、民俗文化、红色文化等系列跨学科学习主题(图 2-3-4),指导学生根据自身兴趣爱好,自主设计实践活动,打破学科间壁

垒，培养跨学科思维，关注学生真实的学习体验和个性化创意表达。

图 2-3-4 "文化传承"博物馆＋跨学科主题课程

　　建筑文化跨学科主题课程带领学生从殷墟到故宫，从圆明园到苏州园林，感受古代建筑的演化，在建筑的变迁中可以看见历史、科学的发展进程（图 2-3-5）。2019 届初三(2)班学生徐泽惠在建筑文化探究的过程中，选择对比分析首都博物馆与苏州博物馆两大博物馆建筑设计中的文化差异、展陈设计，所撰写的论文获得北京市金鹏科技论坛一等奖。

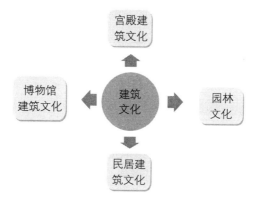

图 2-3-5 "建筑文化"博物馆＋跨学科主题课程

　　民俗文化探究跨学科主题课程是以民俗习惯的演变为研究对象，深入了解语言文字、节日习俗、服饰文化、饮食文化、非物质文化遗产传承等方面，从而理解国家、历史的发展变迁，感悟新旧文化的更替与融通，更好地建立文化自信，立于当下传承历史、发展文明（图 2-3-6）。史毛馨同学利用周末走到吹糖人艺人身边，了解他们的生活现状，完成"北京市南锣鼓巷吹糖人艺人调查"，揭示了吹糖人技艺面临的危机，并提出保护的对策与建议；张振羽同学在"寻根溯源"中国姓氏文化的探索中，谈到"因为对家族的责任感，我努力完成了《时代更替，家族兴衰——对河南安阳宗张村张氏家族史调查研究》这篇调查报告"，实现了个人研究性学习的突破。

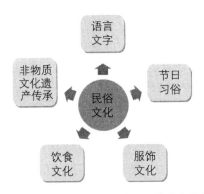

图 2-3-6 "民俗文化"博物馆＋跨学科主题课程

（四）"博物馆＋"跨学科主题课程实施路径

1. 发现式学习——延展主动发展的"宽度"

借助综合类博物馆资源和实践活动，融合多学科的跨学科主题学习。学生在实践体验中发现问题，调用多学科文化积淀解决问题，实现学生"宽"向发展目标。该学习路径主要在初一年级实施，指向学生的人文底蕴、实践创新等素养的形成。

2. 研究式学习——挖掘学科认知的"深度"

以学科课程的内容为基础，整合专业类博物馆资源及其他课程的相关知识和方法实施的跨学科主题学习。学生提出自己的学科研究性问题，通过实践论证的学习过程，验证自己的科学猜想，在这一过程中获得对学科知识的深度认知。该学习路径主要在初二年级实施，指向学生科学精神即理性思维、批判质疑、勇于探究素养的形成。

3. 体验感悟式学习——引领价值体认的"厚度"

借助不同场域博物馆资源，结合游学考察，实施以中华优秀传统文化为特色的跨学科主题学习。学生们对比体验不同地域的中华文化，加深有积极意义的价值体验，加强知行合一，学思结合。初一年级侧重点是引领学生体验祖国辽阔的疆域，感受先贤们的聪明智慧，感悟中华传统文化的魅力和底蕴。初二年级更侧重于引导学生理解中华文化的广博精深和包容并蓄，树立文化自信和增强国家认同感。该学习路径依据场域实施，首先从首都典型博物馆＋京味文化开始，指向学生的人文底蕴、责任担当和健康生活等素养的形成。

4. 项目式学习——搭建学习过程的"梯度"

在博物馆＋项目式学习中，强化博物馆课程协同育人功能。学生对同一项目下的多个具体内容按照不同分类进行自主研究，使之形成比较完整的研究方法和信息链条，从而在主题学习中梳理思维脉络，把握精髓，发现项目式学习所蕴含的价值追求。该学习路径主要面向初一、初二年级有专长发展的学生，初一年级侧重初步掌握研究方法，初二年级侧重提升研究方法，指向学生学会学习、人文底蕴和实践创新等素养的形成。

5. "云"学习——体验网络学习的"多维度"

借助"云设备"的跨学科主题学习，倡导"用中学"，强化学习的探究互动。引导学生利用"云游博物馆"展开自主研究性学习，在学习过程中不仅能够丰富学生学习资源，还能够实现更多的活动式体验，提升网络操作水平，在学习中有更多收获。该学习路径指向学生的健康生活、学会学习和实践创新等素养的形成。

"博物馆＋"跨学科主题学习打破学科边界，加强课程融合与联动，凸显课程培根铸魂，启智增慧的作用。学生的人文底蕴、科学精神、责任担当与实践创新等核心素养在学习中不断生长，学生的自主发展和健康生活也得到彰显。

（五）"博物馆＋"跨学科主题课程评价方式

评价是课程的标尺，"博物馆＋"跨学科主题课程在学校原有三级课程体系中对博物馆资源进行系统的专项课程研发，更加关注学生素养培育的可测量性。在课程评价中，我们关注课程设计和实施的价值评价、学生学习过程的表现评价和素养发展评价，突出评价的激励性和导向性，形成了"博物馆＋"跨学科主题课程的评价体系。同时，借助课程评价调整，引领教师专业发展方向，引导教师由被动发展转变为主动发展。

1. 综合性评价指向学生素养的培育

教学评价的主体多元化，内容多维化，方法多样化，促进了学生的全面发展。除此之外，根据主题和所涉及的学科，评价侧重的能力和素养不同，这样能更好发挥评价的导向作用，助力学生核心素养的形成(图 2-3-7)。

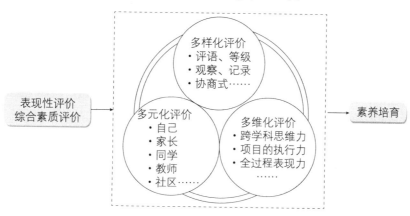

图 2-3-7 "博物馆＋"跨学科主题课程的评价框架

我们不仅引导教师增强评价意识，并且在学生的《"博物馆＋"学习手册》的设计上突出了评价的地位(图 2-3-8)。

四、小组评价

评价准则	评价等级标准				
	非常好	很好	比较好	好	再努力
积极参与　主题选择					
遵守行为　道德规范					
小组合作　收集资料					
制订计划　有效实施					
学习知识　收获快乐					

总结分析，综合评价					
自我评价					
知识与收获	♥♥♥♥♥	♥♥♥♥	♥♥♥	♥♥	♥
我的成绩					
能力与锻炼	♥♥♥♥♥	♥♥♥♥	♥♥♥	♥♥	♥
我的成绩					
思想与提高	♥♥♥♥♥	♥♥♥♥	♥♥♥	♥♥	♥
我的成绩					

图 2-3-8　课程活动手册中的小组评价与自我评价

在"博物馆＋"跨学科主题课程中，我们将学生的能力划分为史料分析能力、动手能力和协作能力等多个维度，并对每方面的能力提出了基础性与发展性两个阶段的指标，既照顾了学生的差异性，又为学生指明了努力的方向(见表 2-3-4)。

合理赋值与权重分配突出了整个评价对过程性学习的关注，保证了学生综合素质的体现。以自己、同伴、教师为评价主体，实现了评价主体多元化。这样，从课程实施的各个阶段、各个方面、各个视角上去评价学生的学习成果，让我们更加全面地了解了学生的学习状况，同时有效激励了学生的学习积极性，为学生进一步改进学习方法、调整学习状态奠定了良好的基础。

表 2-3-4 "走进三孔"跨学科主题学习评价表

维度	基础性指标	发展性指标
史料分析能力	(1)运用各种图形、表格、图片表现历史事物发展脉络。 (2)通过文字、文物、历史作品、建筑等直观事物感受历史。 (3)查阅、分析历史文献，围绕历史问题和研究主题收集整理各类历史材料。	(1)在时间结构中叙述历史事件，包括起因、兴起、发展和变化。 (2)对历史事物的实质和内涵等进行对比和筛选探究。 (3)从研究历史问题的过程中提高对中国历史的认同感，提高对文物的观察、分析和鉴赏能力。
动手能力	拍摄图片或视频，并撰写研究报告。	设计内容丰富的电子文稿并完成制作。
协作能力	既能独立工作又能与人合作，共同推进研究进展。	在合作的基础上对研究活动作出积极、富有建设性的贡献。
情感态度和价值观	了解中华优秀传统文化，增强对传统文化的认同，增强人文情怀。	继承、弘扬优秀传统文化，使古老的儒学为今天的个人成长服务。

2. 过程性评价指向学生素养的发展

过程性评价关注学生在学习中真实的进步，重视学生在"博物馆＋"跨学科主题学习过程中的典型表现，用多种方式呈现学生的学习效果和态度，这样的评价既指向学生核心素养的发展，也推动了学习方式和教学方式的转变，是师生共同发展的基础，是"减负提质"的保障。因此，强调过程性评价，关注学生实际获得，提升了课程评价的真实价值和长效价值(图 2-3-9)。

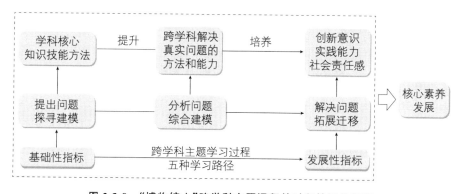

图 2-3-9 "博物馆＋"跨学科主题课程的过程性评价框架

"博物馆＋"跨学科主题课程既有对研究性学习的过程性评价，也有对个性化展示成果的终结性评价；既有对个人完成情况的评价，也有对小组合作学习的评价，优秀作品还给予平台进行展示交流(见表 2-3-5、图 2-3-10)。

表 2-3-5 《我的"宇宙翱翔"计划——"走进北京天文馆"》评价方式

维度	基础性指标(良好)	发展性指标(优秀)
网络查找资源	能借助网络、地图查找目的地。	能根据网络查找所需要的资料，并能合理设计前往不同展馆的线路。
馆内学习能力	能够根据博物馆内的提示合理安排自己的参观线路，并完成 3 个学习任务。	能够根据学习任务合理安排参观线路，完成 3 个学习任务，并能用照相机、笔记本等随时记录学习过程。
深入学习及表达能力	能够用语言、文字综合表达学习主题。	能用新颖、有趣、有逻辑的语言、文字、图表等方式综合表达学习主题。
展示能力	能够表达自己的收获及体验。	能够合理表达自己的收获及体验，并能够质疑和答辩。
协作能力	既能独立工作又能与同学合作	在合作的基础上对博物馆学习作出积极、富有建设性的贡献。

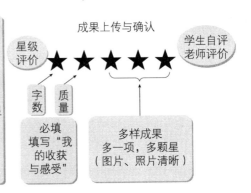

图 2-3-10 "走进北京天文馆"课程实施评价

课程评价还促使我们对"博物馆＋"跨学科主题课程的整个过程、影响课程品质的各方面有了更加深入的反思，并发现了课程发展中的一些问题，如相关科学理论研究不足、课题组成员缺乏体系建构的系统性和科学性等。针对这些问题，我们专门为教师设置了教学理论提升计划，通过专家渗透、校本培训、课程模块研发等方法开阔学科视域、加强定向交流、增强教师的课程研究能力，为我们"博物馆＋"跨学科主题课程的持续发展提供了不竭的动力。

（六）"博物馆＋"跨学科主题课程成效及反思

1. "博物馆＋"跨学科主题课程成效

（1）拓展平台，使学生核心素养进一步落实

"博物馆＋"跨学科主题课程的学习融合多学科核心知识和思维模式，打破学科壁垒，注重培养学生在真实情境下综合应用多学科相关知识解决问题的能力，通过不同主题活动，发展学生的跨学科核心素养。

学校"博物馆＋"跨学科主题课程实施以来，学生走进多家博物馆，综合学习多个领域的知识，深入了解中华文化，完成多个项目式学习，撰写多篇研究学习小论文。学生还充分发挥想象力和创造力，把传统文化与现代日常生活、科技有机结合起来，设计出富有文化内涵的文化创意产品。学校某学生在第七届北京青少年"模拟政协"中提交了关于"建立中轴线文化宣传博物馆"的模拟提案，得到认可，该学生受邀作为北京市两名中学生代表之一，观摩了2022年3月北京市政协召开的"推进建设'博物馆之城'，助力全国文化中心建设"议政会情况通报会。在这样的学习中，学生的高阶思维能力、动手实践能力得以全面培养，健康的审美情趣、整体的价值观与综合的科学素养得以进一步提升，为未来成为全面发展的人奠定基础。

（2）教学相长，使教师专业能力进一步发展

在"博物馆＋"跨学科主题课程的教学过程中，在学校整体课程体系的基础上，各学科教师要基于学科价值和学生需求，开发"博物馆＋"跨学科课程等精品课程，创设《课程纲要》《学生活动手册》《课程指导手册》，以及与之配套的实施及展示方案。教师不仅要挖掘场馆资源，为学生提供学习场域的保证，还要处理好所教学科的"部分"与跨学科学习内容的"整体"之间的关系，教师跨学科课程意识不断加强。同时各学科教师要基于学生核心素养的发展进行教学设计，思考学科课程自身整合和跨学科综合整合的策略，教师的角色从课程的执行者转变为决策者和生产者，教师的课程开发水平不断提升。"博物馆＋"跨学科主题课程开展以来，学校教师获得市区级奖励的达百余人次。在学校通过跨学科课程育人，开阔学生视野，奠基学生未来的过程中，教师的专业能力得以进一步发展。

（3）课程立校，使学校办学品质进一步提升

"博物馆＋"跨学科主题课程的建构，立足博物馆的场域和文化资源，聚焦核心素养，打破单一学科的边界，进行多学科的融合，强化了课程的系统性与结构性，进一步优化并完善了学校的课程体系，在丰富多彩的课程文化里培养"会做人，会学习，会生活"的学生，搭建了有利于师生终身发展的平台。学校培养出一支课程加工能力强、综合素养高的教师队伍，培育出阳光健康、全面发展的学子，多维度

促进了学校内涵发展。塑名校形象、树名师团队，促优质教育可持续发展，使学校办学品质进一步提升。学校在博物馆相关领域共获市区级奖项 8 次，曾在首届北京市综合社会实践课程展示会上进行经验介绍，并将"博物馆＋"课程成果固化，正式出版课程成果，辐射并带动合作交流校，受到市区教育同行的肯定。

(4)减负提质，使学校课程改革进一步深化

2022 年新修订的《义务教育课程方案》和各科课程标准，明确指出要以深化教学改革为突破，强化学科实践，推进育人方式变革。跨学科主题学习更是以一个内容模块的形式出现在课程标准中，足见其重要性。学校"博物馆＋"跨学科主题系列课程体系，穿越资源与时空边界，系统设计，契合初中学生的认知特点，精选学习内容，突出学习重点，明确学习要求，帮助学生在主题的引导下，走进不同的场域，收集信息、获取知识、探讨方案，融合多学科知识并综合应用来解决问题。在学习过程中，通过多种方式激发学生学习热情，给予充裕的时间鼓励学生主动学习并交流分享，在愉悦轻松的氛围中达成"做中学""实践中收获真知"，高质量地提升学生的核心素养。通过这样的课程体系的建设为学生解决真实问题提供不同的视角和方法，呈现育人功能实践的新样态，切实帮助学生减负提质，成为学校层面推动课程改革向纵深发展的有效途径。

2. "博物馆＋"跨学科主题课程反思

虽然"博物馆＋"跨学科主题课程以学生为本，以博物馆资源为载体，顶层设计融合多学科内容建构了课程体系，但在实施中有几个方面仍可以进一步改进。

(1)学生对跨学科课程重视程度不够

走进博物馆进行跨学科主题课程学习虽然带动了多数学生的学习积极性，但仍有部分学生对此课程教学的意义认识不足，在学习中存在懈怠的表现，给教师的活动组织带来一定挑战。

(2)教师跨学科课程教学深度不够

通过"博物馆＋"跨学科主题课程的建构与实施，学校教师跨学科教学意识逐步加强。但在教学实施中，需要融合多学科知识的内容、思维方式、实践技能，也要考虑学科本位和其他学科地位之间的平衡，这对单一学科教师是一项不小的挑战，这样的高要求导致部分教师的教学深度不足。

(3)不同学科教师间联动强度不够

跨学科课程教学不仅需要单学科教师自主学习，也需要不同学科教师间加强交流，有更多机会"碰撞"，才能广泛且科学地把握同一知识背后不同学科内容的支撑。但由于教师日常工作繁忙，不同学科教师间存在联动强度不够，同一教学内容

衔接欠佳的情况。

　　针对上述问题，学校在"博物馆＋"跨学科主题课程评价的建构上将继续优化，同时探讨将如何调动学生的主体资源，希望通过评价的优化与资源的开发促进学生对此课程的重视。面对教师的问题，学校尝试提供更多的平台助力教师跨学科自主学习，并推动跨学科集体备课的研讨，加强学科思维的融合及不同学科教师之间的联动。

参考文献：

[1]宋歌，王祖浩.国际科学教育中的跨学科素养：背景、定位与研究进展[J].全球教育展望，2019，48(10).

[2]姚乔君.跨学科教学：从知识契合到学科整合[J].教育研究与评论(中学教育教学)，2020(12).

模块三
跨学科主题学习
课例精选

文科综合类跨学科主题学习设计与实施

体现文科属性的跨学科主题学习，呈现出以一个人文类学科为主体并融合相关、相近或跨领域学科，围绕领域中具有内在关联的相近或相关学科主题或内容，具有人文属性的主题统领多学科的跨学科主题学习等不同形态，体现学生综合性学习和认识世界的不同方式。此部分三个案例分别体现特定学科主导、融合相关学科知识拓展学科认知、丰富学科育人价值，以人文教育价值为基本取向、整合多个相关或文化事实，以人文议题及其核心概念为基础、立足生活实际和社会实践开展跨学科主题学习的实施样态。

课例一 用英文讲述中国民族音乐
Chinese Folk Music Told in English

彭莉媛

本案例是基于"英语学科"的跨学科主题学习案例，适用于初中学段。此次跨学科主题学习的任务是：制作中国民族音乐英文宣传手册，用英文讲述中国民族音乐故事。其特点是以英语学科为主要学科，融合音乐学科中中国民族音乐的体裁、形式和审美特征等相关知识，美术学科中用色彩表达情感的相关知识，以及历史学科中中国民乐创作的历史背景知识。该案例由 3 个课时构成：课时 1"了解音乐类型(听音乐之声)"，课时 2"介绍代表人物(识音乐之家)"，课时 3"讲述音乐故事(品音乐之魂)"。

扫码观看
课例视频

一、主题选择及学习者分析

（一）主题选择的背景

习近平总书记指出，要"讲好中国故事、传播好中国声音，向世界展现真实、立体、全面的中国"。音乐作为中华文化宝库的重要组成部分，承载着中华民族深厚的文化底蕴，承担着让中国文化"走出去"的重任。因此，用英文讲好中国民族音乐故事是树立当代中国良好形象、提高国家文化软实力和中华文化影响力的重要战略任务，也是提升青少年全球胜任力和艺术审美能力的重要途径。

《义务教育英语课程标准(2022年版)》指出，义务教育英语课程体现工具性和人文性的统一，具有基础性、实践性和综合性特征。要设立跨学科主题学习活动，加强学科间相互关联，带动课程综合化实施，强化实践性要求。要开展英语综合实践活动，提升学生运用所学语言和跨学科知识创造性解决问题的能力。引导学生结合个人生活经验和社会生活需要，围绕特定主题，由真实的问题或任务驱动，综合运用其他相关课程的知识自主开展项目学习。

我校遵循"国际化、现代化、高品质"的办学定位，秉持的教育理念是让学生成长，让人成为人，让自己成为自己，让世界因我更美好。在这样的教育理念引导下，学校从兴趣培养出发，助力学生走出个性化发展之路；同时，还开设多元化的拓展课程、实践项目和丰富多彩的活动，以特色化课程创新帮助学生打造个性化优势。新课标出台后，学校更是鼓励围绕育人目标开展跨学科主题学习活动。学校举办"北中好声音——中国民乐专场"，邀请国际友好学校的学生云参观此次活动，学生们需要用英文向国际友人介绍此次音乐活动。因此，在这样的背景和任务驱动下，我们创设用英文讲述中国民族音乐故事的跨学科主题学习活动。

(二)主题覆盖的核心知识

1. 活动目的

本次跨学科主题学习活动旨在通过辨识中国乐器、谈论音乐类型来了解中国民族音乐文化，并用所学英语表达对中国音乐的喜爱，以提升学生的语言能力；通过对比中西音乐、了解与音乐有关的人物来提升学生认识不同文化、认同中华优秀传统文化的文化意识；通过阅读文本，理解音乐之美、品味音乐之魂，深度挖掘音乐背后的故事，感受音乐传递的精神，用具有逻辑性的方式来讲述中国音乐，提升学生的思维品质；通过制作宣传手册，介绍"北中好声音——中国民乐专场"，以及"合作学习"和"自评互评"来提升学生的学习能力。

2. 跨学科核心知识

本主题学习活动以英语为主导学科，其核心知识包括相关的民族音乐英语词汇和短语、选择疑问句和感叹句、一般过去时、英文拓展阅读、用英文介绍中国民乐故事等。同时，以音乐、美术和历史为关联学科，相关核心知识包括了解民族器乐曲、经典作品创作历史背景及用构图和色彩表达情感等。

同时，本主题学习活动体现英语核心素养下六要素整合的学习活动观，如表3-1-1所示。

表 3-1-1 六要素整合的学习活动观

英语核心素养下六要素整合的学习活动观	
主题语境	人与社会"音乐"
语篇类型	对话和说明文
语言技能	"听说""阅读""综合任务"
文化知识	中国民族音乐
语言知识	语调(exclamation，alternative，question tags)； 词汇(modern，classical，pop，opera，rock，musician，composer，pipa，flute，spirit)； 语法：感叹句、选择疑问句； 语篇：表达个人对音乐的喜好；民族音乐代表人物介绍；音乐故事
学习策略	1. 元认知策略：课后进行自我评价和反思 2. 认知策略：思考文章主题意义和跨学科综合运用

(三)学习者分析

1. 总体情况

本节课的授课对象为初一学生。学生英语基础较好，学习态度比较认真，具有较高的学习积极性。学生有很强的探索精神，喜欢小组合作探究，大部分学生能用流利的英语自信地表达自己的观点。

2. 学习经验

(1)知识储备

学生在模块 10 的学习中，已经掌握了 Wh-引导的疑问句，为选择疑问句的学习奠定了基础。学生已经掌握了部分与音乐相关的词汇和现在完成时句型。在音乐课上也了解了常见的乐器和音乐类型。

(2)学科能力

学生听、说、读、看、写等综合能力较好。通过前期学习，已经具备在阅读中获取大意和细节信息的能力，有较强的语言能力、学习能力和思维品质。学生有较高的人文素养，对音乐学科，尤其是音乐鉴赏和演奏很感兴趣，能够利用所学知识，将语言融入生活，从音乐中感悟文化，学英语走向世界。

3. 需求分析

(1)主题认知

教师课前就中国民族音乐了解情况做了调查问卷，根据问卷可知，93.5％的学生对音乐话题感兴趣，了解或能够演奏至少一种音乐类型和乐器。但他们对中西方音乐对比和中国民族音乐的特点，只有碎片化的信息，缺乏全面深入的了解。

(2)语言知识

根据问卷可知，62.5％的学生对中国民族音乐的主题词储备不足，87.5％的学生认为他们尚不能流畅地用英文讲述中国民族音乐故事。

(3)跨学科知识

根据问卷可知，57％的同学认为他们对中国民族音乐话题涉及的音乐、历史知识有大概的了解，但是利用跨学科知识解决实际问题的能力还需提升。

(4)发展需求

根据问卷可知，55.1％的学生想从事与语言、人文、艺术等相关的职业。学生对主题意义挖掘及内化反思等方面有较高需求。

4. 发展路径

(1)主题认知

教师整合教材，补充与主题相关的阅读、视频等多模态资源，并利用实物展示、视频等方式，丰富学生对中国民族音乐的认知，帮助学生深挖中国民族音乐之魂。

(2)语言知识

教师引导学生课前预习、课中讨论、课后拓展，以丰富学生主题词储备。学生通过同伴对话、创编对话、小组讨论、小组展示等方式操练语言，进行英文话题交流。

(3)跨学科知识

教师引导学生通过听音识曲、乐器展示、制作中国民族音乐宣传手册等方式，将英语与音乐学科融合起来，使学生综合运用相关学科知识，讲好中国民族音乐故事，挖掘音乐中蕴含的中国魂。

(4)发展需求

教师通过真实任务驱动、主题演讲、教学评一体化等方式激发学生思考，加深其对主题意义的理解，使中国民族文化内化于心，达到学科育人的目的。

5. 可能存在的困难

学生对于中国民族乐器不够熟悉，不了解民族音乐创作的历史背景。音乐之魂的理解需要学生有较强的艺术修养和音乐鉴赏能力，部分学生可能因为对创作背景不了解，对音乐传达出的不同情感难以区分。

二、主题学习/活动整体设计

（一）设计理念与思路

1. 跨学科主题学习设计逻辑

"用英文讲述中国民族音乐"这一跨学科主题学习是一次综合实践学习，英语、音乐、美术和历史学科互相补充、有机融合。此次跨学科主题学习要用英语，融合音乐、美术和历史学科知识，来讲好中国民族音乐的故事。这一跨学科主题学习活动需要充分考虑：如何突破学科壁垒，如何链接社会问题，如何体现学习成果。在教学上，英语跨学科主题学习要以英语学科为依托，以活动为中心，以问题为导向，让学生在活动中解决实际问题，进而提升学生的核心素养。

（1）链接的社会问题

用英文讲述中国的民族乐器、音乐作品及代表人物，以及音乐中蕴含的中国魂。

（2）依托的英语学科知识

音乐相关的英语词汇、选择疑问句和感叹句及一般过去时。

（3）关联学科知识

音乐学科中中国民族乐器和音乐类型的相关知识，历史学科中民族音乐创作的历史背景，美术学科中用色彩表达情感的知识。

（4）如何跨学科

阅读英文文本，学习英文表达；结合音乐知识，鉴赏和展示相关音乐片段；用美术学科中色彩表达情感的知识介绍音乐曲目；结合历史知识，了解并讲述音乐创作背景，感悟音乐传达的中国精神。

（5）跨学科成果

中国民族音乐英文宣传手册。

2. 跨学科主题学习核心理念

（1）基于单元话题融合跨学科教学

本次跨学科主题学习活动打破了学科和单元的界限，基于 Music 这一话题，融合音乐、历史和美术学科知识，从整体教学设计出发，帮助学生建构对多学科的整体认识，从而为解决真实情境中的复杂问题提供思维路径和行动指南，充分发挥不同学科协同育人的作用，推动核心素养的落实。

（2）基于核心素养预设学习目标

"用英文讲述中国民族音乐故事"这一主题学习以英语学科为依托，在活动中提升学生的语言能力。音乐之声、音乐之家和音乐之魂的主题学习蕴含着"对中外文化的理解和对优秀文化的鉴赏"，体现了文化意识。设计的教学活动以提升学生的综合素养为目标，在理解、分析、比较、推断、评价的过程中，学生的思维品质和学习能力得以提升。

（3）依据英语学习活动观组织教学活动

英语学习活动观提倡设计基于学习目标和语用情境的学习理解、应用实践、迁移创新的"学思用创"的活动。在《义务教育英语课程标准（2022年版）》与英语学习活动观的指导下，本次英语跨学科主题学习活动设计了融合多学科的层层递进又互相关联的教学活动，设计了基于语篇的学习理解类活动、深入语篇的应用实践类活动和超越语篇的迁移创新类活动。

（4）依据教学评一体化设计多元评价

本次英语跨学科主题学习活动遵循多元评价原则，评价内容、评价方式和评价主体都是多元的。在内容方面，除了英语学科方面的语言理解、语言技能和语言应用外，也兼顾其他学科的理解和掌握情况；在评价方式方面，注重过程性评价，结合教学环节及时给出评价；在评价主体方面，学生自评、学生互评和教师评价相结合。

3. 跨学科主题学习具体思路

（1）教材分析

本单元主题内容选自外研版教材七年级下册第十二模块 Western Music，属于"人与社会"主题范畴中的"文学、艺术与体育"主题群，子主题内容为跨文化沟通与交流，语言与文化；中外音乐等艺术形式中的文化价值和作品赏析，优秀的艺术家及其艺术成就。教师整合了教材中的听力和对话语篇，适当补充了中国民间音乐家的故事和中国民族音乐故事等阅读材料，融合了音乐、历史和美术学科知识，梳理出单元大主题为"用英文讲述中国民族音乐"；三个单元小主题为"了解音乐类型（听音乐之声）""介绍代表人物（识音乐之家）""讲述音乐故事（品音乐之魂）"。本单元由3个课时构成。

第1课时：了解音乐类型（听音乐之声）。教材内容是四则听力对话。*It's so beautiful*！通过大明、玲玲、托尼和贝蒂交流各自对音乐的喜好这一对话，呈现了有关音乐种类的名词及描述性的形容词，教师补充中国民族乐器的图片和音频资料，以及《赛马》用二胡和钢琴共同演奏的画面，帮助学生了解中西音乐特点。同时，教师组织学生通过创编对话，表达对不同类型音乐的感受，并运用感叹句来表达喜爱；运用选择疑问句或反义疑问句来发起对话。教师引导学生了解不同风格的音乐，从中体会中西文化的差异。

第2课时：介绍代表人物(识音乐之家)。本课时内容是教师补充的一则关于"音乐家阿炳"的阅读材料。材料内容由《二泉映月》这首二胡曲子引入，讲述了我国知名民间艺人阿炳传奇的一生。他双目失明，但从未放弃过对音乐的热爱与追求。他在音乐上取得了巨大的成就，永不言弃的精神也激励着我们。通过阅读，学生需要回答问题并完成思维导图，梳理阿炳的生平、音乐和影响。教师通过对文段的分析，帮助学生掌握介绍人物的写作方法。课后教师会补充《黄河大合唱》的作曲家冼星海的故事，帮助学生进一步了解音乐家的故事。

第3课时：讲述音乐故事(品音乐之魂)。本课时内容 *Timeless Spiritual Songs* 是教师补充的一则关于"中国民乐故事"的阅读材料。本文主要介绍了中国民族音乐的起源，以及四首中华民族乐器代表作：琵琶曲《十面埋伏》、二胡曲《二泉映月》、古筝曲《高山流水》、唢呐曲《百鸟朝凤》。通过阅读，学生不仅能够更好地理解不同的音乐风格，而且能够了解音乐创作背后的故事以及传递的中国精神。教师组织学生小组合作，用故事配画的形式介绍每首代表作的演奏乐器、创作背景、传达的中国情感，帮助学生用英文讲好中国故事。

(2)单元任务

学校举办"北中好声音——中国民乐专场"，想邀请国际友好学校的学生参观此次活动，学生需要用英文向国际友人介绍此次音乐活动。在这样的背景和任务驱动下，创设了英语与音乐、美术、历史学科融合的，"用英文讲述中国民族音乐故事"的跨学科主题学习活动。学生需要制作此次活动的英文宣传手册，宣传手册至少包含三部分：第一部分介绍北中好声音节目单，即介绍中国民族乐器；第二部分介绍中国民族音乐代表人物；第三部分介绍中国民族音乐代表作的创作故事和蕴含的中国精神。

(3)设计思路

用英文讲述中国民族音乐（Chinese Folk Music Told in English）		
单元任务：北京中学举办"北中好声音——中国民乐专场"，请你制作英文宣传手册，向国际友好学校的学生介绍该活动。		

□ 单元主题意义	了解音乐类型 （听音乐之声）	介绍代表人物 （识音乐之家）	讲述音乐故事 （品音乐之魂）
□ 核心问题链	What are the types of Chinese folk music?	What can you learn from Chinese musician' life?	What are the spirits behind Chinese music?
□ 语篇输入	课时1 了解音乐类型	课时2 介绍代表人物	课时3 讲述音乐故事
□ 活动流程	谈论音乐种类和喜好 对比中西方音乐 了解中国民族音乐	感受《二泉映月》的音乐风格 了解阿炳的生平和成就 讨论音乐家取得成就的原因	读《高山流水》《十面埋伏》《二泉映月》《百鸟朝凤》相关文章，探讨其表达的感情，制作海报，并讲述中国传统音乐故事。
□ 任务输出	制作节目单 （音乐类型和乐器名称）	简介中国民间音乐家 （中国民间音乐家）	制作民乐代表作海报 （从至少三方面展开）
□ 单元任务达成	宣传手册 part 1 （Music types and programs）	宣传手册 part 2 （The representative musicians）	宣传手册 part 3 （Musical stories and spirits）
□ 跨学科意义	音乐，了解中国民族音乐	历史，介绍中国音乐代表人物	音乐与历史，感悟音乐之魂

图 3-1-1　用英文讲述中国民族音乐

（二）学习目标

目标一：识别乐器及音乐类型；运用感叹句和选择疑问句来谈论自己喜欢的音乐；对比中西音乐特点，了解并用英文描述不同风格的音乐。

目标二：了解有代表性的音乐家；梳理并概括信息，完成表格；总结文章结构，学会用英语从多方面介绍人物。

目标三：了解中国民乐的代表作品及风格；通过阅读和讨论，感悟中国民族音乐传达的中国精神；结合音乐、美术和历史知识，用画图和讲述的方式，用英文介绍中国民族音乐代表作。

目标四：设计并完成中国民族音乐英文宣传手册《Chinese Folk Music》的制作，用英文讲述中国民族音乐，提升审美旨趣和文化自信。

（三）学习重点、难点

重点：了解中国民乐的代表作品及风格；通过阅读和讨论，感悟中国民族音乐传达的中国精神；结合音乐、美术和历史知识，用画图和讲述的方式，用英文介绍中国民族音乐代表作。

难点：设计并完成中国民族音乐英文宣传手册《Chinese Folk Music》的制作，用英文讲述中国民族音乐，提升审美旨趣和文化自信。

(四)学习评价

1. 评价的理念和思路

教学评一体化：通过学生自评表、同伴互评表、小组展示评价量表等方式落实教学评一体化。在评价过程中，评估学习过程中呈现的思维过程和思维成果(如学生介绍中国民乐代表作的表现等)，以期评价学生的真实获得，提升学生的思辨能力。

2. 评价方法

(1)小组展示评价量表 (用于课时 3"民乐代表作"展示环节)

表 3-1-2　小组展示评价量表

Group Name	Correct Content (5)	Proper Drawing (5)	Clear Presentation (5)	Good Cooperation (5)	Total Score (25)
My group					
Group____					
Group____					
Group____					
Group____					
What can I do to improve?					

(2)学生自评表 (用于本节课后学生自我评价)

表 3-1-3　学生自评表

	Score (1~5)
1. I know the basic information of Chinese folk music.	
2. I learn at least 5 new words about Chinese folk music.	
3. I know some great musicians and their life story.	
4. I can introduce some representative works of Chinese folk music.	
5. I can make a brochure of "Chinese folk music".	

(3)同伴互评表 (用于本节课后学生同伴互评)

表 3-1-4　同伴互评表

	Score (1~5)
1. My partner can tell the basic information of Chinese folk music.	
2. My partner recognizes some words about Chinese folk music.	
3. My partner can introduce some great musicians and their life story.	
4. My partner can introduce some representative works of Chinese folk music.	
5. My partner can make a brochure of "Chinese folk music".	

(五)资源支持/活动指导

1. 资源支持

(1)小组围坐；黑板、PPT、翻页笔

(2)音视频等多模态资源；直播教室和直播设备

2. 活动支持

(1)跨学科主题学习活动前

教师通过调查问卷了解学生对此话题的了解情况、对主题词的掌握情况，以及学习需求等。学生根据话题和教师的指导提前搜索资料，对该话题有一定了解。

(2)跨学科主题学习活动中

教师通过音频、图片、视频等多模态资源加强学生对主题的认知；通过阅读资料的拓展和问题链的引导提升学生阅读能力和思维品质。学生通过对话、阅读、讨论、制作宣传手册等活动提升语言能力、思维品质、文化意识和学习能力，提升解决问题的能力。

(3)跨学科主题学习活动后

教师组织学生进行成果汇报和学习过程评价；学生通过课后自评和小组互评评估学习过程中的思维提升及真实获得。

三、具体学习任务/活动

第1课时

(一)学习目标

目标一：了解"北中好声音——中国民乐专场"活动，引出中国民族音乐这一核心话题，并明确单元任务，即制作英文宣传手册《Chinese Folk Music》。

目标二：观看学生演奏乐器的视频，识别乐器及音乐种类；听对话，获取并梳理信息，能够用与音乐相关的词汇介绍乐器和风格。

目标三：创编对话，小组交流，能够运用感叹句和选择疑问句，谈论自己喜欢的音乐和对不同音乐的态度。

目标四：观看二胡与钢琴共同演奏的曲目《赛马》，对比中西音乐的特点，了解更多中国民族音乐，加深对中国民族音乐的喜爱。

(二)学习重点、难点

重点：创编对话，小组交流，能够运用感叹句和选择疑问句，谈论自己喜欢的音乐和对不同音乐的态度。

难点：观看二胡与钢琴共同演奏的曲目《赛马》，对比中西音乐的特点，加深对中国民族乐器的认知、对中国民族音乐的喜爱。

（三）学情分析

学习经验：七年级学生掌握了部分与音乐相关的词汇，在七下模块 10 学习了"Wh-"引导的疑问句，为介绍音乐类型和风格奠定了基础。学生具备从音视频等多模态语篇中获取大意和细节信息的能力，有很强的口语表达能力。

生活经验：根据问卷调查，大部分学生对音乐很感兴趣，对乐器有一定了解，很多学生学过并且能够演奏至少一种乐器。

可能存在的问题：学生对乐器和音乐风格没有系统的了解，认识不够深入和广泛；有些学生积累不够，不能很好地用英语表达自己对音乐的态度。

（四）课后任务

基础类：至少选择 5 种中国民族乐器，制作中国民族乐器英文名录。

提高类：

Option1 至少选择 5 种中国民族乐器和 5 种西方乐器，制作中西乐器英文名录。

Option2 制作英文节目单。

（五）教学过程

学习目标一：了解"北中好声音——中国民乐专场"活动，引出中国民族音乐这一核心话题，并明确单元任务，即制作英文宣传手册《Chinese Folk Music》。			
实践意图	学生活动	教师组织	效果评价
通过展示"北中好声音——中国民乐专场"活动海报，引起学生兴趣。介绍本单元话题和本单元任务。 感知与注意	1. 观看活动图片，回应教师提出的问题，明确本次实践活动的任务。 预设学生表达： S1：The pictures show the activity："The Voice of Beijing Academy". S2：I know it's like a concert. Many classmates sing songs and play instruments. S3：I want to learn more and introduce China's traditional music to foreigners.	1. 教师展示"北中好声音——中国民乐专场"活动画面，引发学生对"中国民族音乐"的关注，并告知学生本次实践活动的任务。 提问参考： —What do these pictures show? —How much do you know about traditional Chinese music? —Do you want to introduce traditional Chinese music to foreigners?	教师观察学生了解"音乐"这一单元话题的情况，是否对"中国民族音乐"有所认知，是否明确单元大任务为制作中国民族音乐英文宣传手册。

学习目标二：观看学生演奏乐器的视频，识别乐器及音乐种类；听对话，获取并梳理信息，能够用与音乐相关的词汇介绍乐器和风格。

实践意图	学生活动	教师组织	效果评价
通过观看学生演奏乐器的视频，识别乐器及音乐种类，提升音乐知识和英文词汇。 获取与梳理	2. 学生观看同学演奏乐器的视频。识别乐器，并且说出更多音乐类型。 预设学生表达： S1：Piano，Erhu，guitar，violin. S2：Pop music，rock music，Jazz，and traditional Western music. S3：I still know Blues，R&B，Beijing Opera，rap and so on.	2. 播放学生录制的四段演奏乐器的视频，提出与乐器和音乐风格相关的问题，组织学生学习乐器名称和音乐类型英文词汇。 提问参考： —What are the instruments? —What types of music are they playing? —What other types of music do you know?	教师观察学生能否根据视频回答乐器名称和音乐类型，根据学生的表现进行指导。
听对话，获取梳理信息，能够用与音乐相关的词汇介绍乐器和风格。 描述与阐释	3. 学生听对话，获取与梳理 Tony 和父母及同学谈论关于音乐喜好的内容。总结归纳表达音乐喜好的句型。 预设学生表达： S1：They are sharing the music they like and don't like. S2：No，she doesn't. Because she thinks it's too noisy and fast. S3：Answer T/F questions. S4：A：Do you like … or…？ B：I love … but I don't like … A：It's …，isn't it? What's your favorite music? B：I am a fan of … The sound is … What a beautiful…	3. 教师播放课文听力，组织学生听后判断、听后回答、听后完成表格，并从中梳理关于音乐喜好的表达。 提问参考： —What are they talking about? —Does Daming like rock music? Why? —Listen and check the true sentences. —How would you talk about your favorite music?	教师根据学生回答问题的情况，了解学生听后获取和梳理信息的能力及是否能够用选择疑问句和感叹句表达对音乐的赏析和态度，教师根据学生表现进行指导。

续表

学习目标三：创编对话，小组交流，能够运用感叹句和选择疑问句，谈论自己喜欢的音乐和对不同音乐的态度。

实践意图	学生活动	教师组织	效果评价
讨论各自喜欢的音乐类型及原因，进行语言内化和输出，同时提升逻辑性思维。 描述与阐释	4. 创编同伴对话，表达自己喜欢的音乐风格及原因，并进行展示。 预设表达： A：My favorite music is… It's so beautiful! I like it because… What (a/an)… I also like… The sound is very… isn't it? Do you like… or…? B：I am a fan of… but I don't like… It's so… and much too…	4. 教师组织学生进行小组讨论，分享喜欢的音乐类型及原因，并反馈。 提问参考： —Work in groups to talk about the music you like and don't like with reasons.	教师观察学生在语境中运用核心语言进行问答和交流的情况，根据学生的表现进行指导和反馈。

学习目标四：观看二胡与钢琴共同演奏的曲目《赛马》，对比中西音乐的特点，了解更多中国民族音乐，加深对中国民族音乐的喜爱。

实践意图	学生活动	教师组织	效果评价
比较中西方音乐的异同；引导学生了解、保护和传承中国民族音乐。 内化与运用	5. 观看《赛马》，回答问题并讨论，分享他们对于不同乐器和不同国家音乐风格的看法。谈论中国民族音乐，思考如何保护和传承中国民族音乐。 预设表达： S1：Erhu and Piano. S2：Chinese musical instruments are simple in structure; while western instruments are complex. S3：Music is an international language. We should respect different kinds of music. S4：Chinese folk, Chinese opera, pop music. S5：I like Chinese folk, because I think it's powerful.	5. 播放本校师生用二胡与钢琴共同演奏的曲目《赛马》，让学生回答问题并讨论，分享他们对于不同音乐的理解。教师展示更多中国民族乐器和经典曲目，组织学生介绍和谈论喜爱的中国音乐。 提问参考： —What are the instruments? —What are the difference between Chinese and Western musical instruments? —How do we understand the difference between them? —What are the following traditional Chinese music? —What's your favorite type of Chinese music?	教师观察学生对《赛马》这一曲目的理解，判断学生能否正确认识中西方音乐的特点，对中国民族音乐是否有正确的态度，从而给予学生引导和反馈。

第 2 课时

(一)学习目标

目标一：获取与梳理关于阿炳和《二泉映月》的基本信息，完成表格。概括与整合信息，正确理解题目 *Sad and Beautiful* 找到细节信息，完成思维导图。

目标二：探讨《二泉映月》的音乐特点及其所表达的精神，描述与阐释人物成长故事，感悟音乐对人的影响。

目标三：分析文章结构，总结介绍音乐家的方法，内化并运用此结构介绍更多中国音乐家。

(二)学习重点、难点

重点：探讨《二泉映月》的音乐特点及其所表达的精神，描述与阐释人物成长故事，感悟音乐对人的影响。

难点：分析文章结构，总结介绍音乐家的方法，内化并运用此结构介绍更多中国音乐家。

(三)学情分析

学习经验：通过课时 1 的学习，学生掌握了部分与音乐相关的词汇，为本课的学习奠定了语言基础。学生在七下模块 7～9 已经学习了一般过去时，能够很好地掌握文章内容。

生活经验：根据问卷调查，大部分学生对音乐家的故事感兴趣，对音乐风格的代表作有一定了解。

可能存在的问题：部分同学对《二泉映月》创作的历史背景不熟悉，不清楚人物介绍类的写作结构。

(四)课后任务

基础类：根据课上所学和教师给出的资料，写一篇文章介绍冼星海。

提高类：

Option1 根据课上所学和教师给出的资料，介绍冼星海及其代表作《黄河大合唱》传达的中国精神。

Option2 自己查阅资料，介绍你喜欢的中国音乐家。

（五）教学过程

学习目标一：获取与梳理关于阿炳和《二泉映月》的基本信息，完成表格。概括与整合信息，正确理解题目 Sad and Beautiful，找到细节信息，完成思维导图。

实践意图	学生活动	教师组织	效果评价
通过播放乐器演奏视频引起学生注意，激活已有信息。引入本课话题《二泉映月》，通过表格激发学生阅读兴趣。 感知与注意	1. 观看视频，回答视频里出现的乐器名称；欣赏《二泉映月》片段，了解其基本信息。阅读前，完成 What I know，What I want to know 的信息填写。 预设学生表达： S1：Erhu，Pipa，Guzheng and Flute. They are all Chinese musical instruments. S2：Erhu，"Erquanyingyue"，Abing. S3：I have already know the basic information of "Erquanyingyue". I want to know the life story of Abing and how did he create the masterpiece.	1. 教师播放一段民乐演奏视频，提问学生视频里出现的中国乐器；教师播放一段《二泉映月》的音频，提问学生其基本信息；教师组织学生完成表格中的前两栏。 提问参考： —What musical instruments can you see in the video? —Guess the name of the instrument, the masterpiece, and the player. —Before reading, complete the first two columns of the KWL chart.	教师观察学生了解"音乐"这一单元话题的情况，是否对"中国民族音乐"有所认知，是否明确单元大任务为制作中国民族音乐英文宣传手册。
获取与梳理阿炳的生平事迹以及代表作品；分析其作品凄美的原因；锻炼学生获取大意和细节信息的能力，提升学生的阅读能力和思维品质。 获取与梳理 分析与判断	2. 学生快速阅读文本，回答概括性问题；学生细读文本，完成思维导图。 预设学生表达： S1：The passage talks about Chinese musician Abing and its work "Erquanyingyue". S2：Sad, beautiful and moved. S3：We can understand "sad" from three aspects：the music itself, Abing's life and the loss of the music pieces. We can understand "beautiful" from three aspects：the music itself, Abing's spirit and the Abing's contribution.	2. 教师组织学生阅读文本，并回答基本问题；教师引导学生关注文章细节信息，完成思维导图。 提问参考： —What does the passage talk about? —How does the writer feel about this piece of music? —Think about what is sad and what is beautiful? And complete the mind-map.	教师根据学生回答问题的情况判断学生对文章理解的程度；在分析作品凄美的原因时，引导学生通过阅读和分析判断找到答案，给学生引导和支持。

续表

学习目标二：探讨《二泉映月》的音乐特点及其所表达的精神，描述与阐释人物成长故事，感悟音乐对人的影响。

实践意图	学生活动	教师组织	效果评价
复述文本，描述和阐释音乐家阿炳的故事。提升学生语言表达能力。 描述与阐释	3. 学生再读文本内容，复述阿炳的人生经历及音乐成就。 预设学生表达： S1：Abing was born in… At the age of 17, he was known for his musical ability. However, after his father died, his life grew worse…	3. 教师组织学生复述阿炳的人生经历以及音乐创作上的成就。 提问参考： —Can you retell the life story and musical achievements of Abing.	教师通过学生复述的情况，判断其对文章的理解和掌握，并从复述的方法和逻辑性上给予指导。
同伴讨论中国经典音乐曲目的内涵影响力，提升文化意识；学习著名音乐家不屈不挠的精神，提升学生的综合素质。 内化与运用	4. 学生小组讨论，思考《二泉映月》为什么能够感动世界？音乐有什么作用？阿炳有什么精神值得学习？ 预设学生表达： S1：Its sad beauty not only paints a picture of Abing's own life but also makes people recall their deepest wounds from their own sad and painful experiences. S2：A good piece of music is one that you can relate to. Music can comfort you and relax you. S3：Abing was very poor. His father died. Abing was blind. We should be tough and strong, and try to overcome difficulties. We should persist in what you love.	4. 教师组织学生进行小组讨论，深度思考阿炳的《二泉映月》为什么能够感动世界及阿炳有什么精神值得我们学习。 提问参考： —Why can Abing's music touch people's heart and move people all over the world even till today? —What's the function of music? —What are the difficulties Abing had? What can you learn from Abing?	教师根据学生讨论和分享的情况判断学生是否能体会音乐家的精神，以及中国经典民乐的影响力。

续表

学习目标三：分析文章结构，总结介绍音乐家的方法，内化并运用此结构介绍更多中国音乐家。

实践意图	学生活动	教师组织	效果评价
归纳概括文本，提炼出结构化知识。 迁移运用所学知识，举一反三，解决新情境下的问题。 内化与运用 想象与创造	5.学生总结归纳出文章写作结构，并用结构化的知识呈现。 6.学生运用所学知识，完成冼星海的任务介绍。	5.教师组织学生分析文章结构，以及从哪些方面进行音乐家的介绍，帮助学生梳理结构化的知识并反馈。 6.教师给出冼星海的一些信息，布置作业，让学生完成文段表达。	教师观察学生回答问题的情况，根据学生的表现给予指导和反馈。 教师批阅作业，给出反馈。

第3课时

（一）学习目标

目标一：听音识器，听音辨曲，听音悟情，能够鉴赏音乐，并用相关英文词汇表达出来，提升音乐鉴赏能力和理解能力。

目标二：阅读文本，总结概括中国民族音乐类型；获取与梳理文章内容，完成中国民族音乐代表作的信息表。

目标三：合作探究，综合运用跨学科知识，以海报的形式用英文介绍中国民族音乐四大名曲，并感悟中国精神及讲好中国音乐故事的重大意义。

目标四：小组分工合作，结合所学内容，讨论中国民族音乐宣传手册的要素，确定宣传手册的基本框架，为课后制作中国民族音乐宣传手册做好准备。

（二）学习重点、难点

重点：合作探究，综合运用跨学科知识，以海报的形式用英文介绍中国民族音乐四大名曲，并感悟中国精神以及讲好中国音乐故事的重大意义。

难点：小组分工合作，结合所学内容，讨论中国民族音乐宣传手册的要素，确定宣传手册的基本框架，并制作中国民族音乐宣传手册。

（三）学情分析

学习经验：通过课时1、2的学习，学生熟练掌握了与音乐相关的词汇，了解了著名音乐家的故事，在语言上和主题意义理解上为本课的学习奠定了基础。

生活经验：大部分学生能够理解中国民族音乐中蕴含的中国精神，对代表作有一定了解。

可能存在的问题：部分同学对几种典型的中国民族乐器及代表作不够熟悉，不能很好地结合美术和历史知识讲述音乐故事。

（四）课后任务

基础类：以小组为单位，完成中国民族音乐宣传手册。

提高类：以小组为单位，完成中国民族音乐宣传手册，并将其上传至作业平台，供同学们互评、完善、优化。

（五）教学过程

学习目标一：听音识器，听音辨曲，听音悟情，能够鉴赏音乐，并用相关英文词汇表达出来，提升音乐鉴赏能力和理解能力。

实践意图	学生活动	教师组织	效果评价
综合运用音乐和英语知识，学会识别与描述音乐。引起学生兴趣与本课话题。 感知与注意 描述与阐释	1. 头脑风暴，说出音乐类型。 预设学生表达： S1：I know pop music, country music, rock music… 2. 学生欣赏一段民族乐器演奏的歌曲，识别其中的乐器，并思考中国民族乐器有哪些。 预设学生表达： S1：Erhu, Guzheng, Flute, Pipa. S2：Suona, drum. 3. 学生听5段不同乐器演奏的代表曲目，思考这些是什么乐器，什么曲目，以及代表什么情感。 预设学生表达： S1：Guzheng, Pipa, Erhu, Suona and Chinese drum. S2：I feel quiet and peaceful. I feel tense and nervous. I feel sad but beautiful. I feel happy and it sounds like birds. I feel powerful and grand.	1. 教师提问：你所知道的音乐类型有哪些，并指出今日话题是"classical Chinese music"。 提问参考： —What types of music do you know? 2. 教师播放一段民乐演奏的音频，让学生思考其中出现了哪些中国民族乐器？并引导学生说出更多乐器的名称。 提问参考： —What musical instruments can you see in the video? —Can you list more Chinese musical instruments? 3. 教师播放5段不同中国民族乐器演奏的代表曲目（音频），组织学生听音识器，听音辨曲，听音悟情。 提问参考： —What are the Chinese musical instruments? —How do you feel when you listen?	教师观察学生识别乐器、曲目和描述感受的情况，判断学生对本单元话题的掌握情况。

续表

学习目标二：阅读文本，总结概括中国民族音乐类型；获取与梳理文章内容，完成中国民族音乐代表作的信息表。

实践意图	学生活动	教师组织	效果评价
获取与梳理文本信息，了解文章主要内容，以及民族音乐发展的历史背景知识。 **获取与梳理** 梳理、概括、总结出文中代表作品的信息，加深对作品的了解，提升思维品质。 **总结与概括** 深度思考，提升学生文化意识和思维品质。 **分析与判断**	4. 学生快速阅读文本，并回答问题。 预设学生表达： S1：The passage is mainly about classical Chinese music. S2：*High Mountains and Running Water* *Ambush from All Sides* *Moon Reflected on the Second Spring* *Hundreds of Birds Worshipping the Phoenix*	4. 教师组织学生快速阅读文本，并回答问题。 提问参考： —What's the passage mainly about? —How many pieces of music are mentioned in the passage? What are they?	教师通过学生回答问题的情况，判断其对文章的理解和掌握，并从中国民族音乐的历史背景上给予指导。
	5. 学生细致阅读文本，完成信息表的梳理。	5. 教师组织学生细致阅读文本，并完成四种乐器及四首代表作的信息表。	教师根据学生完成表格的情况，发现问题，及时提供帮助。
	6. 学生回归文章标题，讨论并解读对文章标题的理解及传播中国民族音乐的重要意义。 预设学生表达： —The spirits in the songs still have influence on today and it will never disappear, so it's timeless. —Because we Chinese still need the spirts in the songs. And we want to spread Chinese songs.	6. 教师组织学生深度思考对文章标题的理解及传播中国民族音乐的重要意义。 提问参考： —How do we understand the title "timeless spiritual songs"? —Why do we need to spread classical Chinese music and how do we do it?	教师根据学生小组讨论的情况及对问题的理解，及时提供帮助。

续表

教学目标三：合作探究，综合运用跨学科知识，以海报的形式用英文介绍中国民族音乐四大名曲，并感悟中国精神及讲好中国音乐故事的重大意义。

实践意图	学生活动	教师组织	效果评价
通过小组汇报展示，提升学生表达与阐释的能力；通过组间互评，互相借鉴，加强学生审辩力，进一步加深学生对中国民族音乐的理解。 描述与阐释 分析与判断	7. 学生鉴赏五首曲目并认领本组曲目。以小组合作的方式，综合运用英语、音乐、历史和美术知识，制作"中国经典曲目"宣传页（乐器、曲目名称、简笔画、故事内容、精神等）并用英文依次进行介绍和展示；同时，学生需要完成互评表。	7. 教师组织学生分组进行综合性学习。首先组织学生鉴赏五首音乐曲目（2首来自课内；3首是课外的经典曲目）。由每组认领一首曲目，用海报的形式将本首曲目展示出来。展示内容包括乐器、名称、故事简笔画（用色彩鲜明的简笔画将本曲目讲述的故事画出来）和传递的精神等。小组讨论完成后，上台展示，用英文介绍音乐曲目及故事。	教师观察学生对中国民族音乐故事的介绍情况，根据学生的表现给予及时指导。同时，观察小组合作情况，给予鼓励和反馈。

教学目标四：小组分工合作，结合所学内容，讨论中国民族音乐宣传手册的要素，确定宣传手册的基本框架，为课后制作中国民族音乐宣传手册做好准备。

实践意图	学生活动	教师组织	效果评价
学生回顾所学知识，讨论并确定本组宣传手册核心要素，确定手册基本框架，学会自主探究，合作互助，提升学习能力。 内化与应用	8. 学生基于所学内容，进行头脑风暴，讨论确定本组宣传手册中需要包含的核心要素，并做好分工。 学生预设答案： The sound of music Chinese musicians The soul of music 9. 按照小组分工情况，完成宣传手册制作。	8. 教师组织学生回顾所学内容，讨论并确定中国民族音乐宣传手册的基本框架并做好分工。 语言支持： Guzheng, Pipa, Erhu, Suona and Chinese drum 9. 小结与作业布置，以小组为单位完成宣传手册。	教师巡视学生讨论情况，学生能够有条理地在组内发言，能够在合作互助中确定宣传手册框架。

四、设计的主要特色/亮点及思考

（一）案例的亮点或特色

1. 跨学科单元主题教学

此次跨学科主题学习的任务为：制作中国民族音乐英文宣传手册，用英文讲述中国民族音乐故事。英语学科为主要学科，融合音乐学科中民族乐器和音乐类型的相关知识，美术学科中用色彩表达情感的相关知识，以及历史学科中中国民乐创作的历史背景知识。形成以英语学科为核心，多学科融合的主题教学模式。

2. 涵养家国情怀

本案例设计试图通过跨学科主题实践活动，基于英语课程开展中华优秀民族文化教学。希望在学习中国民族乐器、中国音乐家、中国民乐代表作的过程中，学生能够了解多元文化，提升中国文化认同感。本案例还充分考虑了艺术（音乐和美术）课程的德育功能，促进文化的交流与传播。

3. 多模态语篇教学

本案例多次使用乐器演奏和代表曲目演奏的音视频资源、图片等资源。教师补充了拓展阅读材料，并基于语篇—深入语篇—超越语篇，设置有梯度的问题链，引领学生思考。

4. 培养学生核心素养

以学生为主体，设计创编对话、小组讨论、小组互评等活动，并设计层层递进的学习理解、应用实践、迁移创新的活动，发挥学生主体作用，讲求真实获得，切实提升学生的语言能力、思维品质、文化意识和学习能力。

5. 创设真实情境

以完成"英语宣传册"为单元大任务，以写中英文乐器名录、介绍音乐家、介绍代表曲目为课时作业，以更好地听音乐之声、识音乐之家、品音乐之魂，并探究和内化主题意义。

6. 教学评一体化

通过学生自评表、同伴互评表、小组展示评价量表等方式落实教学评一体化。在评价过程中，评估文中呈现的思维过程（如课时 2 介绍音乐家的写作手法）和思维成果（如学生对音乐的喜好、音乐体现的中国精神等），以期评价学生的真实获得，提升学生的思辨能力。

（二）讨论的问题或反思

反思一：基础层作业和提高层作业要多，考虑学生实际，多与实践性和生活化内容相结合。

反思二：细磨课堂，多思考学生真实获得，多利用"可视化"工具进行评价和反馈。

反思三：跨学科主题学习结束后，还要给学生充足的时间内化和收集成果。

反思四：课时内容偏多，可根据学生实际情况尤其是实际英语水平进行删减。

反思五：课时内容偏难，有前期积累的学生能产出很好的作品，前期积累不够的学生需要更多支撑，因此要设置坡度任务，让最大范围内的学生学有所获。

参考文献：

[1]陈则航，林益敏，邵浩博．高中英语教材中的思辨能力培养模式探究：以阅读教学为例［J］．英语学习，2023(3).

[2]王蔷．抓住重点难点，破解外语教育改革中的关键问题——教育部外指委基础教育外语教学典型案例专题［J］．英语学习(教师版)，2023(3).

[3]王蔷，钱小芳，吴昊．指向英语学科核心素养的英语学习活动观——内涵、架构、优势、学理基础及实践初效［J］．中小学外语教学，2021(7).

[4]张冬晨．初中音乐课程的德育功能及其实现策略[J]．中国音乐教育，2023(3).

[5]郑萍萍．基于核心素养发展要求，探索小学英语跨学科学习活动策略［J］．校园英语，2022(34).

[6]周超．初中英语学科核心素养初探［D］．温州大学，2017.

课例二 文明的见证

——中国古代科技之光

郭志滨 王 丹 杜欣月 李 璐

"中国古代科技之光"学习主题是学校"博悟之旅"课程中具有一定代表性的跨学科综合性学习主题。该主题内容由反映我国古代科学技术的典型代表文物共计 4 组作为载体展开跨学科的综合性学习。每一个课时的学习都引导学生在探究与实践、猜想与验证、分析与思辨中展开，在学习的过程中用核心问题和实践体验活动作为学生

扫码观看
课例视频

自我建构认知的桥梁，在不断调用多学科所学知识的基础上，获得解决问题的方法，形成批判思维的意识，进而形成坚定的文化自信。学生的核心素养与核心价值观在自主探究中，在跨学科的综合性学习中，得到不断的发展。

一、主题选择依据及学习者分析

（一）主题选择背景

新一轮义务教育课程修订的突出亮点就是跨学科学习。跨学科主题学习可以丰富学校的课程形式，引领育人方式的变革，最终促进学生综合素养的发展。我校开发的"博悟之旅"校本课程，依托中华五千年文明，课程设计上把语文、数学、道德与法治、科技、劳技、音乐等多学科知识领域和经验整合起来，挖掘其背后蕴含的中华优秀传统文化精髓，践行习近平总书记提出的"两个结合"，把马克思主义基本原理同中国具体实际、同中华优秀传统文化相结合，引导学生通过综合化、情景化、生活化等学习方法，发展学生综合素养，形成正确的价值观念。

1. 跨学科主题学习，为发展学生核心素养提供载体

《中国学生发展核心素养》指出，学生应具备能够适应终身发展和社会发展需要的必备品格和关键能力。核心素养的培育与发展不是单一某个学科能够完成的，它需要多学科的深度融合，才能够为学生的核心素养发展提供可能。而以中华优秀传统文化为代表的古代科技则是能够多维度培育和发展学生核心素养的有效载体。中国的每一项古代科学技术发明都是多学科融汇而成的祖先智慧，其自身就是多学科知识的融合体。因此，学生在探究其内涵的过程中就会在无形中将所学的知识与技能进行充分调用。这个学习与探究的过程恰恰就是学生核心素养发展的过程。

生活本身是不分学科的，古人遗留下来的宝贵财富也不是单一学科就能够"读懂"的。因此，我们将学习主题锁定在最能体现和承载跨学科学习的教学主题上。

2. 跨学科主题学习，突出培养学生国家认同与文化自信

核心素养和核心价值观的培育是我们积极回应"培育什么样的人"的具体行动。当今的学生不仅要有解决问题的能力，更应该具有高度的国家认同感，对自己民族的、传统的文化有深刻的认识，进而形成发自内心的文化自信。加强中华优秀传统文化教育则是夯实学生社会主义核心价值观的有效举措。同时，诚如《完善中华优秀传统文化教育指导纲要》(下文简称《纲要》)指出，以弘扬爱国主义精神为核心……增强国家认同，培养爱国情感，树立民族自信，形成为实现中华民族伟大复兴的中国梦而不懈努力的共同理想追求。"文明的见证——科技之光"主题内容，无论其涉及的文物本身，还是探究活动中带给学生的情感体验都能够很好地激发学生对中华文化的认同感和自信心，可谓是与《纲要》要求相辅相成。

(二)主题覆盖的核心知识

1. 主题来源

"中国古代科技之光"主题，选自校本课程"博悟之旅"。该课程是对国家课程的拓展和延伸，旨在让学生了解博物馆文物及背后的故事，调用和综合使用学生掌握的学习知识和学习方法，思考对当下生活的影响，遵循学思—知行—博悟—厚德的理念，提升学生理解分析、批判思维、劳动意识、创新意识等深度学习的能力。课程最终指向实践和解决问题，培养国家认同感，提升学生文化素养、文化自信，最终达到育人的目的。

2. 主题覆盖的核心知识/概念

本主题在实施内容上以古代科技之光为中心，依托道德与法治学科五年级《古代科技 耀我中华》的相关内容，链接语文、数学、道德与法治、美术、科学、劳动、综合实践等学科知识与技能，以"匠人治玉""彩陶密码""薄如蝉翼""以符调兵"四个教学内容为载体，分别从古代治玉技术、古代制陶技术、古代丝织技术、古代合符技术，展现我国骄人的古代科技成就，引导学生感悟中华优秀传统文化，坚定文化自信与政治认同。

在实践路径上，以年鉴时段理论为导引，遵循历史时间线索，借助年代尺，进行线上找点，突出古代科技的重要成就，主题内容点面结合，面上选点，寻求突破，多元结合，互动共进。

基于此，"年鉴时段理论"作为理论指导，支撑本主题侧重培育和发展学生的两大核心素养，即"文化自信"与"政治认同"。

文化自信：指学生认同中华文化，对中华文化的生命力有坚定信心。通过多学科联动式学习，热爱中华文化，继承和弘扬中华优秀传统文化、革命文化、社会主义先进文化，关注和参与当代文化生活，初步了解和借鉴人类文明优秀成果，具有比较开阔的文化视野和一定的文化底蕴。

政治认同：指具备热爱伟大祖国、中华民族、中华文化、中国共产党、中国特色社会主义的情感，以及为中华民族伟大复兴而奋斗的志向，能够自觉践行和弘扬社会主义核心价值观，其主要表现为政治方向、价值取向、家国情怀。

年鉴时段理论：布罗代尔的"时段理论"，将时间分为"短时段""中时段""长时段"，所谓"长时段"主要指历史上在几个世纪中长期不变和变化极慢的现象，如生态环境、思想传统等。借助"长时段"的观点，研究长时段的历史现象，从根本上把握历史发展的总体规律。

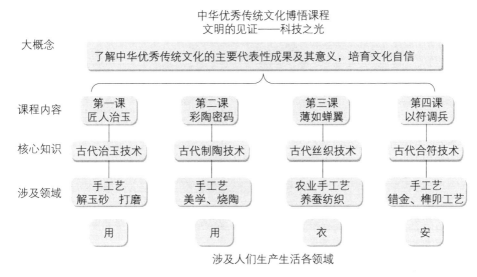

图 3-2-1　科技之光主题示意图

3. 主题学习在教学设计上体现的育人方式和创新方法

学生以观察发现、提问探究、猜想推理、循证说明、动手实践、形成结论为学习路径，教师用有效形式推进文化认知，综合交叉各学科知识，进而引导学生从科技文明是古代文明这一重要维度，从激发学生学习兴趣到逐步体验感受中华文化的博大精深，再到最后传承中华优秀传统文化，感悟中华优秀传统文化价值内涵和中华民族的创造精神和科学精神，从小树立并增强文化自信。

4. 主题培养学生核心素养

跨学科主题学习活动依据跨学科核心素养指引，以政治认同、学会学习和人文底蕴等核心素养为线索，形成跨学科核心素养导向的跨学科主题学习单元结构(如图 3-2-2 所示)。

政治认同：了解中国古代科技发明创造，学习科学家精神，认识到我国是有几千年历史的文明古国，古代科技的发展达到世界领先水平，对世界科学技术有突出贡献，有为实现中华民族伟大复兴中国梦而不懈奋斗的信念和行动。

学会学习：学生在学习意识形成、学习方式方法选择、学习进程评估调控等方面的综合表现。具体包括乐学善学、勤于反思、信息意识等基本要点。

人文底蕴：学生在学习、理解、运用人文领域知识和技能等方面所形成的基本能力、情感态度和价值取向。具体包括人文积淀、人文情怀和审美情趣等基本要点。

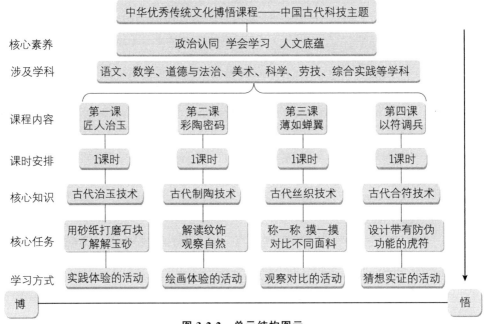

图 3-2-2　单元结构图示

（三）学习者分析

1. 学习兴趣与经验积累

主题的授课对象为小学 4~5 年级学生。通过对学生进行问卷调查与个性化访谈结果发现，在学习兴趣与经验积累方面，该学段学生在多学科，尤其是在校本课程——博悟课程的熏陶与浸润下，心中已埋下喜爱传统文化的种子。他们愿意走进极富文化气息的传统课堂，赏析文物，探寻文物背后的有趣故事，并且掌握了一定的学习方法。学生知道从外表观察到内涵剖析的探究逻辑，但具体的探究方式、探究步骤等还具有较强的随机性、不确定性，尚未构建起系统性的有效学习路径。

2. 知识储备

在知识储备方面，小学 4~5 年级学生在低、中学段多学科的学习过程中，对我国古代科技发展状况有了一定的认知（见表 3-2-1），如知道了我国古代丝织技术、陶瓷制造技术领先世界；知道合符技术的出现对证明身份、传递信息的重要意义；对精美玉器等相关文物具有一定的欣赏水平。

然而，此类知识性储备往往是学生在不同学科、不同年段的学习中分散获得的，其认知深度与认知广度参差不齐，且具有零散性、细碎化的特点，无法就同一内容形成同一水平下的整体化深入认知。由于对相关知识缺乏系统的认知，致使学生很难全面深刻领悟我国古代科技发展背后所蕴含的中华民族悠久的文化底蕴、历史价值、创新精神等。

表 3-2-1 "中国古代科技之光"主题学习内容与各学科关联课程一览表

	语文	数学	道德与法治	美术	科学	劳动	综合实践
治玉技术		统编版五年级下册第三单元——长方体	统编版五年级上册第9课——玉器制造	人教版一年级下册第五课——红山玉龙	人教版一年级上册第三单元——玉器		五年级下学期主题实践活动"纹饰探秘"
制陶技术	统编版三年级下册第6课	统编版二年级下册第二单元——平均分	统编版五年级上册第9课——陶瓷技术	人教版三年级上册第18课——二方连续绘画 人教版五年级上册第3课——对称与均衡；第11课——陶器制作；第20课	人教版二年级下册第四单元——人工产品"陶瓷"	北京版三年级上册第三单元——对称图形	五年级下学期主题实践活动"纹饰探秘"
丝织技术		统编版三年级上册第三单元	统编版五年级上册第9课——丝织技术	人教版五年级上册第3课——织锦纹样	人教版一年级上册第三单元——丝帛	北京版六年级下册第四单元——织物丝绸	
合符技术	统编版一年级下册第17课	统编版三年级上册第七单元	统编版五年级上册第9课——青铜器	人教版五年级下册第20课			

3. 能力水平

在能力水平方面，小学中、高学段学生正处于皮亚杰"认知发展理论"中所描述的具体运算阶段，其认知结构正是由表象图式向运算图式转变的重要时期，而且他们思维活跃，乐于表达，具有一定的自主学习和思辨能力，渴望以更加多元开放的形式展开深度学习，但他们的思维活动需要具体内容的支持，其运用已有信息准确深入地分析问题、创造性地解决问题的能力还有待提升，需要教师在教学中展开深入细致的指导，并在适时适切的情境中提供帮助。

基于以上分析，在主题的实际教学中教师将着力以故事、图片、历史典故、具体事例等为切入点，引导学生在跨学科的大主题学习中观大局、抓本质、明方向、生情感，在感受古人智慧、体会中华文明的同时，将学生思维引向深处，夯实多学科核心素养的培育要求。

二、主题学习/活动整体设计

（一）设计理念与思路

主题四个教学内容分别从古代制玉技术、古代制陶技术、古代丝织技术、古代合符技术的角度展现祖先的智慧。虽然内容各不相同，但学习的方式和路径都采用了博悟课程的学习路径。

1. 设计理念

主题的设计理念是在跨学科主题学习中把思维引向深处，以批判性的思维和实践体验为学习活动主体，在不断探究的过程中感受古人的智慧，体会中华文明，进而萌生民族自豪感，夯实文化自信。因此，主题课程充分利用数字平台中的"活"文物，引导学生对文物进行多角度的观察。多角度的观察可以引发提问，可以促进思考，还可以生成质疑，从而把课堂的话语权以及学习的掌控权还给学生。如在"匠人治玉"一课中，学生通过观察玉琮表面精美细密的纹饰，产生疑问：良渚先民用什么方法雕琢出如此精美的纹饰？使用了哪些工具？解玉砂在这一过程中发挥了怎样的作用？在"彩陶密码"一课中，学生观察陶罐纹饰，发现纹饰都是平均分布在陶罐上的，这是如何做到的？古人有绘制的工具吗？在"薄如蝉翼"一课中，学生观察文物素纱襌衣的衣领，发现它的特点是轻薄，进而启发学生思考：这么薄是如何织成的？这么轻薄怎么穿？谁能穿？轻薄的衣服是否容易破等问题。在"以符调兵"一课中，学生观察虎符的构造，提出虎符的用法与如何确保军队安全的问题。在观察的基础上，学生能够提出有价值的研究问题，而有研究价值的问题才是深度学习的开始。课堂上我们辅以博悟学习的路径，启发学生思考，获得验证、促进反思、获取新知，实现有效学习。

2. 设计思路

主题在学科育人的基础上，加强学科实践、跨学科实践和综合实践活动，让学生在真实世界中解决真实问题，将学生的认知与实践相结合，突出实践育人的设计思路。具体来说，包括以下三个方面。

（1）设计学习任务群，落实实践育人

教师设计学习任务群，丰富学生实践体验，引导学生开展自主探究与合作探究，落实实践育人。在"匠人治玉"一课中，学生通过实验"小石头我打磨"，用牛皮纸和砂纸打磨石头体验制玉过程。在"薄如蝉翼"一课中，学生以小组合作学习的方式开展动手操作活动，在看一看、摸一摸、比一比的科学实验活动后，结合实验结果，学生自主发现并体会到我国古代高超的养蚕缫丝技艺和纺织技艺。活动中，学生产生了不同的疑惑，并且提出自己的问题，再通过共同讨论尝试解决这些问题。一个个实践任务不仅激发学生的学习兴趣，更便于学生建构对中华优秀传统文化的认知，落实实践育人。

(2)明确学习主题目标，指向核心素养提升

教师依据学生发展核心素养制定学习主题目标，将核心素养的培育作为教学的出发点和落脚点。在"以符调兵"一课中，学生结合古代工艺技术，设计具有防伪功能的虎符，通过动手实践，体会虎符的合符思想，感悟祖先的智慧。通过这种科学化、数据化和趣味化的探究类活动，丰富学生的直接经验，促进学生核心素养的提升，为学生提供了一种对文物自主探究的方法。

(3)打破学科边界，跨学科交叉渗透

教师开展跨学科主题教学，强化课程协同育人功能，打破学科边界，跨学科交叉渗透。在"彩陶密码"一课中，学生通过绘画体验的活动，感受早在新石器时期古人就已经有了"平均分"的概念，并利用抽象的几何图形进行绘画，通过结合数学、美术及科学学科的知识、技能和方法，理解并感悟我们的祖先在数学与艺术上的探究萌芽，通过跨学科有机融合，调动学生各学科的知识储备。

(二)学习目标

教师结合主题学习核心内容，关联小学 4～5 年级学生实际发展水平，以语文、数学、美术、道德与法治等多学科核心素养为导向，制定了"中国古代科技之光"主题学习目标，旨在引导学生展开跨学科联动式的深度学习，以获得文化认识与价值情感。

目标一：通过了解古代治玉技术、制陶技术、丝织技术、合符技术，初步感知独领风骚的古代科技成就，领略其背后所蕴含的我国先民的精湛技艺、超凡智慧与匠人精神。

目标二：知道古代中国科技发展领先于世界，懂得其对人类社会发展和世界文明进步产生的深远影响，萌生珍视祖国历史文化之情，强化文化自信，树立民族自豪感，夯实政治认同。

目标三：理解文物是历史与文化的重要见证，学会以"观察发现—提问探究—猜想推理—循证说明—形成结论"为核心要义的博悟课程学习方法，培育推理意识与责任担当意识，提升审美感知、科学思维和创新实践的能力，以更广视域落实多

学科核心素养。

在主题目标的统领下，教师对本主题下"匠人治玉""彩陶密码""薄如蝉翼""以符调兵"四课时的学习目标进行了设定。

（三）学习重点、难点

教师以"中国古代科技之光"主题教学目标为基点，确定"了解我国古代先进的科技成就，领略其背后所蕴含的祖先技艺、超凡智慧与匠人精神，懂得古代科技发展对人类社会发展和世界文明进步产生的深远影响，强化文化自信，树立民族自豪感，夯实政治认同"为学习重点；设定"理解文物是历史与文化的重要见证，学会以'观察发现—提问探究—猜想推理—循证说明—形成结论'为核心要义的博悟课程学习方法，培育推理意识与责任担当意识，提升审美感知、科学思维和创新实践的能力"为学习难点，以期在实际教学中，帮助学生实现大主题下的跨学科深度学习，以更广视域落实多学科核心素养的培育要求。

同时在主题学习重难点的指引下，教师依据实际学习内容，对 4 课时的学习重难点进行了更具针对性的设定。

（四）学习评价

1. 学习评价的理念

评价是检验和提升教学质量的方式和手段，因此，在主题学习中，评价要与目标设定相关联，要能够体现学生在跨学科综合性学习过程中的核心素养的发展情况，以期促进学习目标的有效达成。

2. 评价的原则

坚持素养导向的评价原则：主题的评价围绕主题学习目标展开，基于学习内容，对学生在学习过程中表现出来的深度学习的水平与学习能力发展情况进行测评，关注学生的核心素养发展。

坚持表现性评价的原则：我们更加重视学生学习过程中的表现，即是否能有深度的思考，能够提出有效的问题，能够积极参与探究，能够对信息进行重组再应用等。对于这些方面的情况评定，教师主要通过观察，记录学生的有效发言，与教师和同伴的积极互动，有效处理文字信息等表现情况进行评价。教师关注学生的参与情况，核心素养发展的情况等，不对学生做终结性或阶段性的评定，以表现性、发展性、进步性、成长性为导向进行评价，关注学生的成长与变化及他们的实际获得。

坚持多主体评价的原则：充分发挥教师、学生自身，以及学生之间的相互评价作用，形成多方共同激励的评价机制，将评价融入学生学习的全过程，且尊重学生的自我反思、自我认定，在培养学生尊重同伴的同时，也能够对自己有准确的认知。

3. 评价指标

有效的评价不仅要依托原则的指导、维度的设定，更需要有具体的评价指标。我们针对博悟课程学习中学生对于"博悟学习路径"的掌握情况进行了评价指标的规划。指标设定遵循博悟课程学习的基本路径进行分层设定。其关注或评价的视角指向如何培育学生的核心素养，从问题的提出到信息的处理再到应用论证，考量学生的成长与发展。评价方案的评价者可以是教师，也可以是学习同伴，旨在引导评价者在合理的评价中基于教学实际不断优化教学方案，或在对他人的评价中引发自我觉察(表3-2-2)。

表 3-2-2　基于"博悟之旅"课程学习路径的学习评价指标

评价项目	低年级	中年级	高年级
提出问题	对事物进行认真的观察，并能够充满好奇地提出自己感兴趣的问题。	能够通过观察，主动地发问，并能够将问题进行有效性的筛选。	能够通过观察，主动地发问，且所提出的问题应该具有一定的研究价值。
信息处理	能够通过倾听、阅读、同伴间的交流，获取有效信息，并能与自己的问题建立初步的关联。	根据问题进行猜想，并通过多种途径进行信息的搜集与筛选。	能够灵活运用多种方法进行信息的搜集与筛选，并能将有效信息进行重组与应用。
应用论证	知道信息与问题之间的因果关系等，并能够进行简单的文字描述或语言表达。	能够发现信息与问题之间的关联，试着用自己搜集的信息来解答问题或猜想，并能够基本准确地进行书面表达。	能够根据自己搜集的信息来证实自己的猜想，形成结论，并能够准确地进行书面表达。
价值认同	在学习过程中逐步形成正确的价值认同，初步具有热爱中华优秀传统文化的意识，对中国文化产生兴趣，愿意表达自己的喜爱之情、对中华文明的认同之情。	在体验与实践的过程中，对中华文明与中国文化产生比较浓厚的兴趣，愿意在学习之后继续学习，对祖先充满敬畏之情，具有一定的民族认同感。	能够在体验与实践的学习中，深刻体会中华优秀传统文化的魅力与内涵，愿意将祖国文化讲述给更多人听，具有民族自豪感、拥有文化自信心。

博悟课程的评价更加关注学生的成长与发展，课程的亮点就是探索另一条引领学生从"物"—"晤"—"悟"价值认知与行动自觉的核心价值观学习路径，因此，在学习评价中我们关注学生的发展与变化，通过评价工具表引导学生能够自我评价。为此，课程研发组设计了面向学生自我评价维度的博悟课程学习表格。该评价量表聚焦学生学习过程中的表现，通过不同维度将学生学习的情况用关键词进行表述，便

于学生进行自我评价，一个综合性学习任务完成之后学生可以针对自己的表现进行客观的自我评价，进而发现自己的不足或进步(表 3-2-3)。

表 3-2-3 "博悟之旅"课程学习学生自评表

评价维度	学习表现描述	分值标准				
		敢于表达	大胆质疑	实践体验	信息应用	归纳分享
观察与发现	仔细观察、有所发现、观察信息全面	1分	1分	1分	1分	1分
质疑与提问	基于发现提出问题、问题的科学研究性、提出不同观点	1分	1分	1分	1分	1分
循证与分析	同时期或同类文物、文(字)献记录；与问题建立关联；能够选择准确的物品或文字材料证明自己的观点或猜想	1分	1分	1分	1分	1分
讨论与交流	主动、清晰地表达自己的观点，倾听他人的发言，能从他人发言中获得启发，能够认同他人的观点，如对他人观点持反对意见能说明理由，交流中能尊重他人，平等交流	1分	1分	1分	1分	1分
总结与概括	能够对讨论的话题进行概括，形成自己的观点，能够准确地表达自己的观点，并能够有条理地讲述给大家听	1分	1分	1分	1分	1分

(五)资源支持与活动指导

1. 资源支持

本主题课程主要借助了我校的博悟博学数字教育平台。博悟博学数字教育平台是基于校园智能交互屏幕构建的沉浸式、交互式、体验式课堂模式，实现了让文物"飞"出展柜，"跃"在眼前。学生充分利用数字平台中的"活"文物，对文物进行了自主探究。平台中的文物可以实现 360 度随意转动，自由放大或缩小，纹饰清晰、光泽犹存、活灵活现。师生借助数字化平台的资源，进行多角度的观察，从而引发提问，促进思考，生成质疑，实现把课堂的话语权及学习的掌控权还给学生。师生借助数字化平台的资源，获得了与自身认知水平、接受能力、学习需求相适应的学习内容。

2. 活动指导

文物的工艺技法体现了我国古人高超的智慧和工匠精神，博悟博学数字教育平台为每件文物都单独设置了工艺技法的介绍。教师借助平台中的工艺技法内容，设计了动手画一画、摸一摸、比一比等实践和科学实验活动。教师通过多种实践体验活动，调动学生多种感官参与，提高学生自主发现问题、分析问题和解决问题的能力。教师通过这种科学化、数据化和趣味化的探究类活动，丰富学生的直接经验、激发学生学习兴趣，同时为学生提供了一种对文物自主探究的方法，为学生能够在更广泛的场域下随时学习提供了思维上的"脚手架"。

具体课例：

"匠人治玉"一课，在资源支持方面，借助博悟博学数字教育平台和生活中常见的砂纸、牛皮纸、石块等实物材料(图 3-2-3)，近观文物，动手实操，体验技艺，感悟内涵。

图 3-2-3 数字平台及相关实物材料

本课的核心探究任务——开展课堂实验，探秘治玉技艺，感悟内涵精神。

学生围绕核心问题"解玉砂在玉器制作中发挥了怎样的作用？"展开课堂实验"小石头我打磨"，在分别利用砂纸、牛皮纸打磨石块的过程中，逐步认识解玉砂与增大摩擦力之间的正向关系，在解除最初疑惑的同时，感悟良渚先民的聪明智慧与精湛技艺，自然萌生出强烈的民族自豪感，夯实政治认同核心素养。

"薄如蝉翼"一课，在资源支持方面，借助电子秤、各种材质的纺织品等教具，通过观察对比、数据探究的方式，直观感受中国古代高超的养蚕缫丝技术和精湛的纺织织造技术，感悟我国领先世界的古代工艺技术。

本课的核心探究任务——对比实验 感悟技艺

学生围绕核心问题："薄如蝉翼、轻若烟雾的素纱襌衣的原材料是什么？"学生小组合作，通过手感、厚度、重量三个方面的对比，分析麻、棉、锦、丝四种常见纺织品材料的差异，探究讨论、分析证实，自主发现丝织品的特点，感受我国领先世界的丝织技艺。

"以符调兵"一课，在资源支持方面，通过虎符仿制品教具，揭秘"左右合符以验信"的思想，对话历史。

本课的核心探究任务——设计一枚具有防伪功能的虎符，阐述设计思想。

学生先通过小组合作讨论，探究分析、猜想虎符的技术工艺、防伪结构，并将防伪的关键设计体现在学习单上，再通过观察教具进行证实，感受古人的智慧，感悟古人维护国家安全的古代军事思想。

三、具体学习任务/活动

第1课时　匠人治玉

（一）**教学目标**

(1)知道"玉"的内涵与外延，了解美石为玉的基本释义，知道良渚玉器的制作工艺与加工工序。

(2)通过课堂体验活动，学会自主提出问题，并能够有理有据地合理分析和解决问题，提升深度学习能力。

(3)感受良渚先民的高超技艺与非凡智慧，感悟良渚玉匠精益求精、持之以恒、不畏艰难的匠人精神，体味其在今天的传承与发展，萌生民族自豪感与热爱之情，夯实政治认同。

教学重点：在体验活动中，学会自主提出问题，并能够有理有据地合理分析和解决问题，提升深度学习能力。

教学难点：感受良渚先民的高超技艺与非凡智慧，感悟良渚玉匠的匠人精神，体味其在今天的传承与发展，萌生民族自豪感与热爱之情，夯实政治认同。

（二）**涉及学科**：语文、美术、道德与法治、劳动

（三）**课时安排**：40分钟

（四）**课前准备**：教学课件、课堂学习单、课后活动单、平板电脑；课堂实验所需的石料、砂纸、牛皮纸等材料。

（五）**教学过程**

1. 导入环节

辨一辨：明晰"玉"之释义

观察玛瑙、翡翠等矿石图片，说一说你认为哪些属于玉？

小结：无论是翡翠、玛瑙，还是和田玉、汉白玉，都是大自然中美丽的石头，在古人眼中美石即为玉。今天，让我们去看一看 5000 多年前良渚先民们留存下来的精美玉器。

【设计意图】通过观察交流，了解美石为玉的基本释义，引出学习主题。

2. 新授环节

环节一：初识良渚玉琮

看一看：观文物找特征

以小组为单位，学生借助平板电脑，登录数字化研学平台，360 度零距离观察核心文物——良渚玉琮，完成学习单"我是观察员"中的学习任务。

说一说：形状纹饰有内涵

思考：良渚先民为什么要将玉琮设计成这样的形状？

玉琮上的纹饰让你联想到了什么？古人为什么要雕刻这样的纹饰？

小结：玉琮外方内圆的外形设计是良渚先民宇宙观和自然观的集中体现，玉琮上雕刻的神人面纹则充分彰显了古人对天地的敬畏和对美好生活的向往。

【设计意图】通过小组合作学习，感受玉琮的外形之美与纹饰之美，初步了解玉琮的文化内涵，实现与美术学科的跨学科学习。

环节二：了解治玉技艺

看一看：观图片知过程

思考：你能结合图片说说良渚玉琮的制作过程吗？

在学生交流的基础上教师总结：从一块普通玉料到一件精美玉琮要经历"玉料—制坯—打样—钻孔—打磨—切割切面—琢纹—完成"的制作步骤。

思考：仔细观察，你对其中的哪个步骤还有疑惑？

纤细的绳子却能在坚硬的玉器表面刻画出细密精美的纹饰，古人是怎样做到的？

为什么使用了解玉砂就能够实现用绳子在玉石表面琢纹？它在玉器制作中发挥了什么作用？

小实验：动手实操找答案

以小组为单位开展课堂实验"小石头我打磨"，活动要求如下。

(1)看一看，摸一摸，了解石头的表面。

(2)打磨比较：分别用牛皮纸和砂纸对石头进行打磨，观察石头表面会有什么变化和不同？

(3)想一想，为什么会有不同？你能从中得出什么结论？

学生在动手实操基础上得出结论：使用牛皮纸进行打磨，石头基本没有变化，但使用砂纸打磨时却发现石头表面留下了许多磨痕。之所以会产生这样的不同，主要是因为砂纸表面粗糙，当使用大小相同的力气在石头表面来回摩擦时，摩擦力增大，石头更容易被刻画、被打磨、被加工。

良渚玉匠发现了这一物质间相互摩擦产生作用的重要规律，因此在切刻时，将解玉砂粘在绳子上，之后在玉料表面来回摩擦，因解玉砂的加入使得绳子与玉器之间的摩擦力增大，于是便在玉器表面切割出一条条细密的纹路，这种切割方式被称为线切割。

思考：良渚玉匠还运用了哪些治玉技艺？在今天的生产生活中还能找到这些技艺的身影吗？你从中又感悟到什么？

小结：切割和钻孔是良渚玉匠使用的治玉技艺，这些古老的加工工艺不仅被保留下来，更随着时代的发展被发扬光大。由此不难发现，我们的祖先技艺高超、智慧非凡。

【设计意图】通过参与课堂实验，在亲手打磨、动手实操中感知良渚玉器的加工工艺，实现与劳动学科深入融合的同时，感受良渚先民的高超技艺与非凡智慧，萌生民族自豪感，夯实国家认同核心素养。

环节三：感悟匠人精神

议一议：说感受悟精神

思考：看着良渚玉匠的制玉过程，你有什么想说的？

小结：5000多年前，在没有精密设备、机械模具的情况下，良渚玉匠仅运用木片绳子等简单工具便制作出如此精美的玉器，不仅体现了匠人们的高超技艺、超凡智慧，更彰显了他们精益求精、持之以恒、不畏艰难的匠人精神，这也正是今天所传承和发扬的工匠精神！

【设计意图】通过交流分享，感悟、认同良渚玉匠精益求精、持之以恒、不畏艰难的匠人精神，体味工匠精神在今天的传承与发展。

环节四：神徽纹我探究

课后拓展："我是探索者"

本节课的课后实践任务为全面了解神秘的神徽纹，在探究时建议学生从以下三方面展开：

(1)仔细观察神徽纹的造型，看看它长什么样子。

(2)辨析神徽纹是由哪些图案组成的，大胆想象这些图案有哪些象征意义。

(3)通过了解神徽纹的造型与含义，试着说一说它还体现了良渚玉匠身上的哪些精神品质。

【设计意图】通过完成课后拓展任务，将课堂学习延伸到课下，继续探寻良渚文明的同时，进一步展开深度学习。

第 2 课时　彩陶密码

(一)教学目标

(1)在体验活动中感悟祖先的智慧，从而自觉萌生对祖先的敬佩之情，进而形成民族自豪感。

(2)通过摹写创作的活动体验，培养学生发现问题、分析与思考问题以及解决问题的能力。

(3)知道彩陶上纹饰与古人的生活有着密切的关联，从而认识到人与自然的和谐相处。

教学重点：在摹写创作的体验活动中不断深入地发现问题，并试图通过自己的猜想、分析与思考寻找到问题的答案，从而培养学生分析问题、解决问题的能力。

教学难点：在体验活动中感悟祖先的智慧，从而自觉萌生对祖先的敬佩之情，进而形成民族自豪感。

(二)涉及学科：美术、数学、历史、社会

(三)课时安排：40 分钟

(四)课前准备：关于彩陶的纹饰图案、教学课件、学生进行绘画设计的图纸等

(五)教学过程

1. 猜谜导入

它们是我国最古老的"国粹"；陶瓷艺术中的艺术；出现在新石器时期；年龄最大的已经 6000 多岁了；它是远古先民智慧的结晶……

预设：没错，这就是彩陶！今天就让我们走进彩陶的世界去看看它们能告诉我们什么呢？

2. 新授环节

环节一：出示一组彩陶图片并思考

观察这组彩陶它最吸引你的是什么？又让你联想到了什么？

预设：好像是漩涡，好像是水流，好像是……

补充：这组图案其实与水的样子非常相似，所以考古学家称这样的纹饰为涡纹。其中保存最完整、器型最大的就是这件，它叫"漩涡纹彩陶四系罐"。

过渡：这件彩陶上的纹饰与水有着怎样的关系呢？下面就让我们从一个小活动

中去找找答案吧……

【设计意图】激发学习兴趣，引出学习主题。同时引导学生聚焦文物上的纹饰，培养观察的意识，为后续的学习做好铺垫。

环节二：彩陶纹饰我来画

观察陶罐上的纹饰，其中有几种图案表示水？分别表示水的哪种样子？

预设：波浪线和同心圆，流动的样子、漩涡的样子、水滴滴落在水面的样子……

远古先民在绘制这个陶罐上的纹饰时，并没有用写实的方式记录水的样子，而是用符号的形式，这能告诉我们什么呢？

预设：当时的人们已经观察水了；他们用符号来画水的样子，已经会把看到的东西用符号表示了，这是一种概括的能力……

就请你也利用这两种符号来绘制一幅与水有关的纹饰吧！

学生体验绘画，并进行简单的创作完成自己的绘画并展示自己的作品

比一比：我们的作品与文物上的图案进行对比，你有什么发现？

预设：我们画得不连贯，没有规律，大小不一……

为什么会这样呢？如果请你来重新画，你会如何解决这些问题呢？

预设：引发学生思考彩陶上的纹饰不是简单地绘制出来的，应该是经过设计及艺术加工才绘画而成的……

古人可能已经有了自己追求美的意识，已经不是简单的绘画了……

【设计意图】利用博悟课程摹写感悟的学习方法，引导学生体会彩陶上的涡纹并不是简单地描绘，其中蕴含了古人的创造智慧，也说明古人已经具有了一定的审美意识，而这就是艺术的启蒙。

祖先在绘制彩陶的时候，可能已经有了设计的意识，也有了艺术加工的意识，因此，我们看到的彩陶纹饰大多是这样的……

出示：体现等分观念的彩陶纹饰

看到这些彩陶，你想到了什么？

预设：古人已经会进行等分了；还利用了数学知识……

【设计意图】通过观察与分析发现更多的彩陶纹饰及其背后蕴藏的数学观念，进而体会古人对美的追求和数学萌芽的出现，这都标志着古人正在向文明迈进。

过渡：古人画水，是因为生活离不开水，他们用自己的方式记录着生活，记录着自己看到的事物……古人不仅用这样的方式记录生活，他们还可能记录什么呢？

让我们从更多的纹饰中去找答案吧！

环节三：摹创自然 感悟生活

出示四组不同图案的彩陶，组织学生进行分组讨论：这些纹饰都画的是什么？又能告诉我们什么呢？

学生分组进行讨论汇报：

1组：山纹与太阳纹，体现古人生活的环境，以及人类对太阳的崇拜

2组：鱼纹、网纹、贝纹，反映了古人的渔猎生活

3组：花瓣纹、植物纹、种子纹，反映了古人早期的农业生产

4组：鸟纹……

关于第四组图案，同学们都被难住了，这到底是什么呢？

出示鸟纹变形图并思考：小鸟在哪里呢？

预设：学生观察发现，并谈谈自己的感悟

古人为什么画鸟呢？难道仅仅是为了装饰？有没有其他特殊的意义呢？

播放视频：鸟纹与季节的更替

观看视频并思考：古人为什么要画鸟，鸟纹背后隐藏了古人的哪些智慧？

预设：鸟纹反映了古人已经对季节的交替有了认识，并能够根据季节的变化进行相应的农业生产

透过彩陶上的纹饰，我们可以分析出很多信息，这些信息让我们了解远古先人的生活情况……

【设计意图】在观察分析与讨论中，知道古人能够利用简单的几何符号进行高度的图形概括，在与自然和谐相处的过程中已经认识了一些自然规律与现象，进而深刻感悟到古人的智慧，激发学生民族自豪感和认同感。

3. 总结环节

彩陶中的秘密还有很多，今天我们只是从纹饰的角度进行了分析，其实藏在彩陶里的秘密还有很多。

出示：各种不同的器型，纹饰位置相同的陶器……

彩陶的器型种类多样，分别是做什么用的呢？为什么器型不同，纹饰绘制的位置却都一致呢？纹饰是如何绘制上去的？经过几千年为什么不褪色？……

其实，其中的秘密还有很多，课后大家可以到展览馆中去一探究竟。

【设计意图】激发学生进一步学习的兴趣，将学习从课堂延伸到课外，初步培养其在博物馆学习的意识。

第3课时　薄如蝉翼

(一)教学目标

(1)了解我国古代科学技术创造,知道我国古代科技领先于世界,增加对我国古代科技文化遗产的热爱之情。

(2)学会运用文物进行自主探究,分析文物背后所反映的古人精湛的技艺水平,理解文物是历史的见证,提高学生自主分析问题、解决问题的能力。

(3)感受我国科学技术对人类发展和世界文明进步产生的深远影响,为我国的优秀传统文化而骄傲,建立民族文化认同、树立民族自信心和自豪感。

教学重点:在运用文物自主探究的过程中,分析文物背后所反映的古人精湛的技艺水平,理解文物是历史的见证,提高学生自主分析问题、解决问题的能力。

教学难点:感受我国科学技术对人类发展和世界文明进步产生的深远影响,为我国的优秀传统文化而骄傲,树立民族自信心和自豪感。

(二)涉及学科:道德与法治、语文、科学、劳动

(三)课时安排:40分钟

(四)教学准备:课前调查问卷、丝织品、电子秤、鸡蛋、课件、学习单

(五)教学过程

1. 导入环节

小游戏:我给汉字加偏旁(君、库、由、末)

(1)给"君""库""由""末"四个字分别加上"衣补旁",你还认识吗?

(2)这几个"衣补旁"的汉字都和身上穿的衣服有关,今天的主题文物也是一件衣服。

【设计意图】通过小游戏"我给汉字加偏旁"引入,激发学生的学习兴趣,同时引出本课的主题。

2. 新授环节

环节一:初识探索——看平台赏文物

读一读:文物身份证。

(1)通过文物身份证,你有哪些发现?

(2)读一读文物的名字,你又发现了什么?

(3)名字当中隐含了这件衣服的颜色、材质,甚至还包括重量的信息。

(4)素纱禅衣中的"禅"字可别读成了"禅",虽然两个字近似,区别可大了,"禅"是什么意思?

看一看：观文物找答案（返回数字平台）

小结："禪"字在《说文解字》中表示"衣不重"的意思，可见素纱禪衣是一件很轻、很薄的衣服。

【设计意图】借助数字平台，从外观上仔细观察文物，感受文物特点，初步认识中国古代的丝绸织造技术。

环节二：动手操作——小实验中找特点

(1)这件衣服到底有多轻呢？我们一起来听一听！(听音频)

(2)这件衣服只有49克重，49克有多重？我们一起来称一称！

小活动：感受重量称一称

活动要求：四人一组，借助身边的物品，如笔、本、文具袋等，称一称49克的重量并在手中掂一掂，感受重量。

(3)通过称重你发现了什么？

小结：素纱禪衣是世界上最轻、最薄的衣服之一！

(4)对于如此轻、薄的纱衣，你还有哪些疑问？

预设1：这件衣服是用什么原料做的？

预设2：这件衣服是怎么穿的？

【设计意图】借助小实验的方式，引导学生学会通过科学的方法，自主探究问题、分析问题、解决问题，感悟古代丝绸纺织技术的高超，引发学生对中国古代科学技术发明创造的认同感与自豪感。

小组合作：完成学习单"探究一"

活动要求：四人一组，结合资料包，完成学习单中的"探究一"，认识素纱禪衣的面料。

小结：纱是我国古代丝绸中出现的最早的一种，它质地稀疏、孔眼密布，透空率可高达75％左右。由此可见，"薄如蝉翼，轻若烟雾"的素纱禪衣的原材料是丝。

(5)视频：丝的简介

(6)这件衣服是怎么穿的呢？

小组合作：完成学习单"探究二"

活动要求：结合图片和资料，继续完成学习单中的"探究二"，分析素纱禪衣的用途。

小结：素纱禪衣的具体用途还在不断地研究之中，但普遍认为它是套在锦袍之外的罩衣，若隐若现、柔美飘逸……相信随着科技的发展及更多文物的出土，素纱褝衣的用途之谜一定能有一个完美的解释。

【设计意图】通过小组合作，完成探究学习单，引导学生进一步运用自主探究的方式，分析文物，进一步感受我国独领风骚的古代科学技术创造。

环节三：合作学习——看视频悟技法

出示：素纱褝衣的复制过程

(1)你发现制作这样轻薄的纱衣需要哪两个方面的条件了吗？

小结：素纱褝衣的制作验证了中国古代高超的养蚕缫丝技术和精湛的纺织织造技术。

(2)出示年代尺：我国纺织技术的发展

(3)通过年代尺，你又有哪些发现？

小结：早在距今 7000 多年的河姆渡遗址中，我们就发现了古人的纺织工具；在仰韶文化遗址中，发现了蚕壳；商周时期，又出现了陶纺轮；再到汉代的素纱褝衣，我国的丝织技术不断进步发展。

【设计意图】通过年代尺，引导学生认识到我国古代科技领先于世界，进一步促进学生对我国古代科技文化遗产的热爱之情。

3. 总结环节

(1)出示地图：丝绸的传播

(2)通过地图你发现了什么？

(3)丝绸还发挥了哪些新的作用呢？

总结：同学们，素纱褝衣叙述着我们祖先所创造的伟大文明，它所代表的丝绸今天已经成为中国的象征和标志，在世界的舞台上大放异彩，这也是中国对全世界的贡献！

拓展延伸：演一演

活动要求：(1)以小组为单位，分清角色，进行表演。(2)找准特点，进行推介。(3)分享交流，展示汇报。

【设计意图】通过表演，巩固夯实所学内容，为我国的优秀传统文化而骄傲，建立民族文化认同、树立民族自信心和自豪感。

第 4 课时　以符调兵

(一)教学目标

(1)感受古人的聪明和智慧，激发民族自豪感，珍视祖国历史和文化，培养国家认同感。

（2）通过"虎符小小设计师"的活动，小组合作，培养观察、分析及创新思维的能力。

（3）知道虎符的历史文化及"符合"思想所蕴含的军规军纪的规则意识和国家安全意识，增强个人遵规守法、维护国家安全的意识。

教学重点：了解虎符历史文化及蕴含的规则意识和国家安全意识。

教学难点：感受古人的智慧，激发民族自豪感，增强遵规守法、维护国家安全的意识，培养国家认同感。

（二）**涉及学科**：语文、科学、道德与法治

（三）**课时安排**：40分钟

（四）**教学准备**：学生课前调查不同朝代的符牌；探究学习单、课件

（五）**教学环节**

1. 导入环节

"字词溯源"探"符合"

字词理解：出示含有"符合"的例句。

例句中都提到一个词"符合"，你能不能根据例句，说说你是怎么解释"符合"的。

符合：与存在的样式、形式或标准一致。

思考：现代汉语中"符合"是一个词，然而从古汉语角度看，"符""合"都各自独立承担语义。它们分别是什么意思？我们从文物中找找答案。

出示：龟符、鱼符、虎符。观察名字，解释"符"。

小结：古汉语中，符代表用于各项事务的一种凭证。

【设计意图】通过例句，解析"符合"的含义，追溯其来历、含义，激发学习兴趣，引出学习主题。

2. 新授环节

环节一：小小符牌，作用大

调查活动："符牌大搜索"

课前调查：分享你的发现，"符牌"是什么样子？收藏于哪个博物馆？有什么作用？

教师通过年代尺梳理各朝各代的"符牌"。

关于这些符牌，你有什么想问的吗？

预设：形状、用途、铭文、典故等方面的问题。

了解阳陵虎符

阅读"博物之旅"教材，结合形状、材质、用途等问题，与小组同学讨论，完成学习单。

讨论汇报：虎符为什么是虎的形状？（非常威猛）

虎符的作用？（调兵遣将）

虎符是怎么使用的？（左右合符）

有同学说，用虎作为虎符的原型是因为虎被看作百兽之王，在军事上以虎为尊。

还有同学发现虎符的使用方法：虎符分为左右两半，左半虎符放于大将手中，右半虎符放于君王手中，每遇战事，君王派出亲信使臣，携右半虎符到军营中，与大将手中的左半虎符，进行合符，方能调兵遣将。也是现在我们常说的"符合"一词的来历。

思考："符合"一词的来历。

历史上，有一个"窃符救赵"的典故就源于此。

播放视频：《窃符救赵》。

思考：虎符的作用关系着什么？

出示：秦军规——只认虎符不认将

为什么秦国要制定这条军规，不遵守规定会怎样？

小结：虎符的作用很大，关系着国家安全。必须遵守军纪，军纪严明。如果不遵守军纪，对国家安全造成威胁。

【设计意图】了解各朝各代的"符牌"的发展变化，以虎符为切入点，了解其作用，感受其历史价值及蕴含的军事文化。

环节二：符中探秘，悟智慧

思考：虎符这么重要，因此在使用过程或传递过程中，有哪些注意事项或规定？

预设：制作时，注意安全防伪；使用时，妥善保管。

探究活动："虎符小小设计师"

任务要求：请你做一个古代的小工匠，为君王设计一枚虎符，你会怎样设计虎符的防伪功能？

小组合作，完成学习单。

(1)在设计图中画出关键部分。

(2)阐明设计观点(如何防伪)。

小组汇报学习任务，阐述设计思路。

出示教具，揭秘虎符奥秘。

学生相互评价。观看教具、揭秘奥秘，再次评价。

从结构、材料、工艺、铭文这四个方面，探秘虎符。

谈感受：通过老师揭秘的虎符，你感到古人重视什么？

感受到对信息传递和维护国家安全的重视。

【设计意图】通过"虎符小小设计师"的小组活动，揭秘虎符的工艺，培养学生的探究意识和创新能力，感受先人的智慧，对维护国家安全的重视，激发学生珍视历史文化。

环节三：遵规守纪，护安全

古时候，人们用符牌等方式，维护国家安全，今天国家借助卫星等现代化通信工具来确保国家安全。

我国还研制了量子保密通信技术，于 2016 年成功发射墨子号卫星。量子保密通信技术，被称为现代军队的新虎符，你知道为什么吗？

有同学观察到，最小的配对量子，一一对应传递信息，和虎符的"左右合符"有异曲同工之妙。

可见，从古至今，中国人一直用虎符合符思想，追求信息安全，维护国家安全。

国家安全涉及方方面面。

思考：维护国家安全仅仅靠科技手段，仅仅是人民军队的事情吗？还和谁有关？

交流讨论，维护国家安全和每个人都息息相关。

情景讨论：

看到军事禁区的标识牌，应注意什么？

（我们应做到在军事禁区不拍照、不停留，不随意上传照片）

使用网络发表看法时，应注意什么？

（我们在使用网络时，不发表损害他人、国家利益的言论……）

我国颁布了相关的法律法规《中华人民共和国国家安全法》，设立了全民国家安全教育日，提高每个人的国家安全意识。

维护国家安全，和我们每一位公民息息相关，在生活中遵规守纪，因为维护国家安全是每个人的义务与责任。

总结：用一个词，结束我们今天的学习。

只有做到自觉维护国家安全，才_____ 一名合格小公民的标准。（符合）

【设计意图】从国家层面了解现代化科技、相关法律法规维护国家安全；从个人层面，明确每个人应遵规守纪，国家安全与每个人都息息相关，提升学生社会责任感和国家认同感。

3. 拓展延伸

课后拓展：课后，你可以借助"橡皮泥"等工具，亲自设计、制作一款内部带有"密码"的符牌。可以从材料、铭文、结构上的小细节入手，发挥你的聪明才智吧！形式不限。

【设计意图】总结全课，拓展延伸。

四、设计的主要教学特色与亮点

我们从学生立场出发，重新思考"学习如何发生"这一话题。在问题的引领下，我们在课堂上全面推进博悟课程的教学模型，以期促进学生学习方式的转变，构建了"观察发现—提问探究—猜想推理—循证说明—形成结论"为"程序"的博悟学习路径。基于这样的学习路径，在主题学习中，呈现了如下一些教学特色。

(一)真实场域的学习，发展核心素养

以文物为研究对象的学习，让学生的学习过程回归到真实的场域中。在博悟课程中我们提出让国宝陈列成为孩子们"好奇心的陈列柜"，文化瑰宝成为孩子们学习的"新路径"，让一件件饱含历史文化内涵的国宝展品带领学生从"符号世界"走向"真实世界"，从而让学习真实发生。

我们在博悟学习程序的基础上，创新了博悟课堂模型即"物"—"晤"—"悟"。"物"是博悟学习的逻辑起点，"晤"是博悟学习的中心环节，"悟"是博悟学习的归宿。因此，博悟课程关注学生核心素养，是人的全面发展，而不是学生能够记住多少历史知识或多少文物信息。

(二)开放资源的学习，赋能终身学习

博悟课程最大的优势即拓展丰富的教育资源，课程力求将文物资源转化为教育资源，让每一件文物都能具有育人的价值。教师以同类别不同时期的文物为线索，引导学生在学习与探究中感悟人类文明的发展与进步。开放的学习视野，开放的学习资源，必将指向开放的学习场域，以文物为藏品的博物馆就是一个开放的学习场域。教师要教给学生的不是简单的历史知识，而是如何能够在开放的学习场域中汲取营养，能够在以文物为代表的博物馆里形成终身学习的意识，并能够掌握一定的学习方法。

本主题的每个课时都为学生提供了多元而丰富的学习资源，通过对其研究帮助学生形成一个知识链条，进而促使其能够自主建构对周围世界的认知。

（三）深度对话的学习，夯实文化自信

有效的学习不仅仅体现为学生的行为参与，更体现为学生的思维参与，因此，以博悟课堂模型为主导的学习，课程都以实践—体验—对话为学习特征，关注学生的深度思维。学习活动的设计，不仅是让学生身体动起来，更重要的是引发学生的思考，能通过对话与思考来解决学习中遇到的真实问题。从砂纸磨石头的活动中体会工匠精神，从彩陶纹饰绘画的创作中发现艺术与数学的启蒙，从素纱襌衣的称重对比中发现技术的发展，从符牌的防伪设计中感悟古人的智慧……在一个个活动中，学生领悟到的不仅是文物背后的考古价值，还有对国家民族的高度认同与文化自信。

课例三　花为媒·看发展·传乡情

刘　婧　王贝贝　魏雅平　王志强　贺凯强

扫码观看
课例视频

　　"行走的思政课"是将各学科与综合实践活动相整合，以研学实践为重要方式、以区域资源为保障依托、以课程思政为核心目标追求的综合实践课程，其本质是一种大思政课。"花为媒·看发展·传乡情"主题课程是在此背景下，依托世界花卉大观园教育资源开发的大思政课视域下的跨学科主题学习案例。案例体现"概念为本、项目引领"的特点，以"新发展理念"为大概念引领，小学5～6年级、初中7～9年级、高一年级贯通一体化设计。

　　本案例是小学道德与法治、科学、语文、综合实践活动等学科在"新发展理念"统摄下主动协商、共同形成的跨学科主题学习项目，适用对象为小学5～6年级学生，需要8～10课时，可将道德与法治10％跨学科主题学习课时与综合实践活动、班团队会等课时统筹安排。

一、主题选择及学习者分析

（一）主题选择的背景

　　跨学科主题"花为媒·看发展·传乡情"是基于对现实政策、课程标准的分析，依托地域特色资源确定的。该主题以"新发展理念"为大概念引领。

1. 社会发展的现实问题

　　贯彻新发展理念是新时代我国发展壮大的必由之路。"新发展理念"是习近平新时代中国特色社会主义思想的重要内容，是确保我国经济社会持续健康发展的科学理念。

　　"新发展理念"具体表现为创新、协调、绿色、开放、共享的新发展理念，创新发展注重解决发展动力问题，协调发展注重解决发展不平衡问题，绿色发展注重解决人与自然和谐问题，开放发展注重解决发展内外联动问题，共享发展注重解决社会公平正义问题，坚持新发展理念是关系我国发展全局的一场深刻变革。长期以来，北京市丰台区坚持完整、准确、全面贯彻新发展理念，牢牢把握高质量发展这个首要任务，积极推进中国式现代化丰台实践。

2. 核心素养的方向指引

"花为媒·看发展·传乡情"主题案例的开发与实施以中国学生发展核心素养为导向。基于实践基地特点，在设计中侧重学生"人文情怀""勇于探究""自我管理""社会责任""国家认同""实践创新"等素养或要点的培养与提升(如图 3-3-1 所示)。

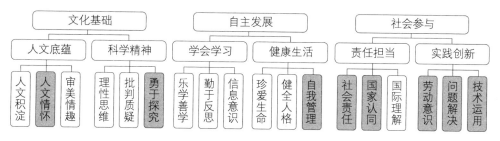

图 3-3-1　本案例体现的核心素养示意图

"人文情怀"是指具有以人为本的意识，尊重、维护人的尊严和价值；能关切人的生存、发展和幸福等。学生在实践中认识到为人民谋幸福、为民族谋复兴是新发展理念的"根"和"魂"，领悟和理解以人民为中心的发展思想。

"勇于探究"是指具有好奇心和想象力；能不畏困难，有坚持不懈的探索精神；能大胆尝试，积极寻求有效的问题解决方法等。

"自我管理"是指能正确认识与评估自我，依据自身个性和潜质选择适合的发展方向，合理分配和使用时间与精力，具有达成目标的持续行动力等。本案例将项目学习的理念应用到活动设计中，引导学生自我管理、主动探究、解决问题，在育人的同时发展学生的关键能力。

"社会责任"包括热心公益和志愿服务，敬业奉献，具有团队意识和互助精神；能主动作为，履职尽责，对自我和他人负责；热爱并尊重自然，具有绿色生活方式和可持续发展理念及行动等。"国家认同"强调了解国情历史，认同国民身份，能自觉捍卫国家主权、尊严和利益；了解中国共产党的历史和光荣传统，具有热爱党、拥护党的意识和行动；理解、接受并自觉践行社会主义核心价值观，具有中国特色社会主义共同理想，有为实现中华民族伟大复兴中国梦而不懈奋斗的信念和行动。学生在行走世界花卉大观园的过程中，能够感受和了解丰台自改革开放以来的发展，能够认同新发展理念，对祖国未来充满信心。

"实践创新"主要是学生在日常活动、问题解决、适应挑战等方面所形成的实践能力、创新意识和行为表现，具体包括劳动意识、问题解决、技术应用等基本要点。世界花卉大观园基地科技特色和劳动特色鲜明，为学生"实践创新"素养的提升提供了有利的条件。

3. 大思政课的建设需要

教育部等十部门印发的《全面推进"大思政课"建设的工作方案》指出：全面推进"大思政课"建设，要坚持以习近平新时代中国特色社会主义思想为指导，聚焦立德树人根本任务，推动用党的创新理论铸魂育人，不断增强针对性、提高有效性，实现入脑入心……各地各校加强以习近平新时代中国特色社会主义思想为核心内容的课程群建设，形成必修课加选修课的课程体系。可见，包含"新发展理念"的习近平新时代中国特色社会主义思想是"大思政课"的重要教学内容。

习近平总书记指出："'大思政课'我们要善用之，一定要跟现实结合起来。""大思政课"的逻辑起点是现实社会生活元素对思想政治理论课的注入、渗透和支撑，而社会教育资源能否转化为思政课课程资源是枢纽环节。[①] "行走的思政课"强调用好区域资源，这是思政课程资源由单一走向多元、由封闭走向开放的必由之路。本案例中区域资源的开发与利用，一方面使不同层次的学生都能不断提高核心素养，同时关注学生的长期性发展，激发学生的创造智慧；另一方面引导学生由小而大、由表及里，深刻认识人类社会的发展规律，由"爱乡"到"爱国"，帮助学生树立家国观念，切实践行"立德树人"的目标，最终实现教育的本真。

4. 课标、教材的内在要求

关于跨学科概念——新发展理念：从 3～4 年级"感受身边的变化，了解家乡的发展，对祖国未来充满信心；初步树立生态文明意识，领悟'绿水青山就是金山银山'的道理"。5～6 年级"了解改革开放以来我国所取得的伟大成就，明确中国特色社会主义道路是指引中国发展繁荣的正确道路，理解只有走中国特色社会主义道路才能够实现中华民族伟大复兴"，到 7～9 年级"了解我国以国内大循环为主体、国内国际双循环相互促进的新发展格局，推动高质量发展，知道统筹推进经济建设、政治建设、文化建设、社会建设、生态文明建设的'五位一体'总体布局"，再到"高中阐释以人民为中心的发展思想和创新、协调、绿色、开放、共享的新发展理念"，在对《义务教育道德与法治课程标准(2022 年版)》《普通高中思想政治课程标准(2017 年版 2020 年修订)》的梳理中可以看出，学生对于"新发展理念"这一大概念的理解贯穿道德与法治/思想政治这一学科的始终。小学生对于新发展理念的理解多为对某一侧面的具体感知与认同。在道德与法治教材中多是以"家乡发展"作为载体加以呈现。到了中学，学生会从更加理性、系统的角度认识和阐释新发展理念。教

---

① 董雅华：《善用"大思政课"促进教育资源转化：意涵、问题与进路》，载《思想理论教育》，2022(4)。

材内容载体也从家乡的视角走向了世界舞台中的中国。可见，引导学生以"家乡或祖国的发展"为切口逐步深化对"新发展理念"这一概念的理解，是有据可依的(如表 3-3-1 所示)。

表 3-3-1　课标、教材内容梳理

课标		教材(载体)	
1—2 年级	亲近自然，感受自然的美，保护动物，爱护一草一木，保护自然环境。 了解家乡的风景名胜和主要物产，关注家乡的发展变化。	2 年级上册	13 我爱家乡山和水
			14 家乡物产养育我
			15 可亲可敬的家乡人
			16 家乡新变化
3—4 年级	感受身边的变化，了解家乡的发展，对祖国未来充满信心。 初步树立生态文明意识，领悟"绿水青山就是金山银山"的道理。	3 年级下册	7 请到我的家乡来
		4 年级下册	9 生活离不开他们
			第四单元　感受家乡文化 关心家乡发展
5—6 年级	了解改革开放以来我国所取得的伟大成就，明确中国特色社会主义道路是指引中国发展繁荣的正确道路，理解只有走中国特色社会主义道路才能够实现中华民族伟大复兴。	5 年级下册	12 富起来到强起来
		6 年级下册	1 地球——我们的家园
			8 科技发展 造福人类
7—9 年级	了解我国以国内大循环为主体、国内国际双循环相互促进的新发展格局，推动高质量发展，知道统筹推进经济建设、政治建设、文化建设、社会建设、生态文明建设的"五位一体"总体布局。	8 年级上册	9 树立总体国家安全观
			10 建设美好祖国
		9 年级上册	1 踏上强国之路
			2 创新改变生活
		9 年级下册	1 我们共同的世界
高中	阐释以人民为中心的发展思想和创新、协调、绿色、开放、共享的新发展理念。	必修二 经济与社会模块	第二单元 经济发展与社会进步
《习近平新时代中国特色社会主义思想学生读本》(小学高年级)：块头大不等于强			

在科学、综合实践、地理等学科中，"新发展理念"同样是非常重要的内容。如《义务教育科学课程标准(2022 年版)》指出 5～6 年级"愿意采取行动保护环境、节约资源"。《义务教育生物学课程标准(2022 年版)》强调"乐于探索自然界的奥秘，关注生物科学和生物技术的新进展及其对个人和社会发展的促进作用；理解科学、技

术、社会、环境的相互关系，参与社会性科学议题的讨论。初步形成生态文明观念；认识人与自然的关系等，初步形成科学的自然观和世界观。积极参与环境保护实践，立志成为美丽中国的建设者"。《中小学综合实践活动课程指导纲要》强调"学生能从个体生活、社会生活及与大自然的接触中获得丰富的实践经验，形成并逐步提升对自然、社会和自我之内在联系的整体认识"。《义务教育地理课程标准(2022年版)》指出："举例说明家乡环境及生产发展给当地居民生活带来的影响和变化，并尝试用绿色发展理念，对家乡的发展规划提出合理建议，增强热爱家乡、建设家乡的意识。"《义务教育劳动课程标准(2022年版)》中关于现代服务业劳动的阐述中涉及"家乡旅行路线设计项目""家乡特产营销项目"等。

5. 区域资源的天然优势

(1)丰台区地域资源概述

丰台区充分梳理区域内博物馆、纪念馆等区域资源的特色，深入挖掘丰台区教育资源的思政要素与价值内涵，并研发出五大思政教育主题，即"百年党史·传承基因""铁血卢沟·爱国情怀""人文丰台·爱我家乡""航天梦想·奉献创新""劳动教育·创造幸福"。同时围绕五大主题确定了丰台区首批19家"新时代学校思想政治理论课改革创新资源单位"，并研制出丰台区"全要素、贯通式、实践性"思政课程9条精华路线，为各学校按线路、分专题进行思政教育实践奠定了基础。其中北京世界花卉大观园正是19家"新时代学校思想政治理论课改革创新资源单位"之一。

(2)北京世界花卉大观园简介

北京世界花卉大观园坐落于丰台区花乡草桥村，这里曾经是一个破败不堪的村落。2003年至2005年，村民依托科技创新手段，本着国际现代园林建设理念，建成了以展示农业科技、花卉为主的大型植物园，呈现出不一样的家乡风貌。可以说，世界花卉大观园是丰台花木产业发展的重要标志，是丰台区利用花卉改变生活、以科技创新带动经济发展、打造品牌影响力的一个缩影。这就为学生由点及面研究家乡发展变化，体悟"新发展理念"内涵提供了很好的抓手。

聚焦"新发展理念""家乡(祖国)的发展"，研究制定资源分析之筛等分析工具(如图3-3-2所示)，对资源进行分析和梳理。

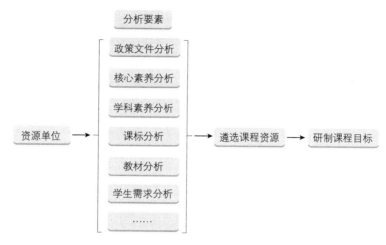

图 3-3-2　资源分析之筛

运用资源分析之筛等工具，按照政策文件、学生发展核心素养、学科核心素养、课程标准、学情、教材等要求，对场馆资源进行筛选、梳理，最终转化为促进学生发展的课程资源。

基于以上对于政策、课标及基地资源的分析，本课程确定了"花为媒·看发展·传乡情"的跨学科主题(如图 3-3-3 所示)。

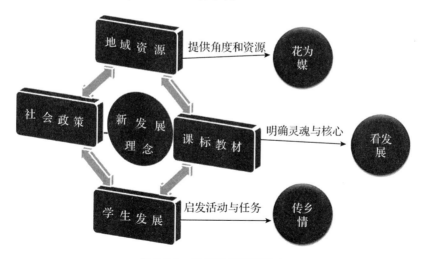

图 3-3-3　跨学科主题的确立

"花为媒"体现了对地域资源特色的挖掘。"花"可以是科学学科中的"花卉植物"，可以是道德与法治课视野下的"花木产业经济"，可以是语文学科中的"花文化"，也可以是劳动教育视域下的"花乡人"，它为学生的学习提供了特色角度和物质媒介。

"看发展"体现了社会政策、课标教材梳理下的大概念。"看"是观察，是研判，也是研究，体现了对学生学习深度的要求。

"传乡情"源于学生生活，回应育人导向。"传"是传承，也是传播，暗含着本课程"代言"的项目任务。立足世界花卉大观园，引导学生以花卉产业为切口，关注家乡的变化，以小见大、由浅入深地理解以"新发展理念"为核心的概念。

依据这一思路，团队循序渐进、螺旋上升地设置学习目标和活动内容。

(二)引领主题的大概念

林恩·埃里克森和洛伊斯·兰宁在《以概念为本的课程与教学》一书中从"知识的结构"和"过程的结构"两个方面来讨论"概念"(图 3-3-4、图 3-3-5)。

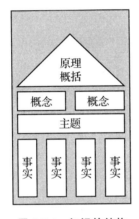
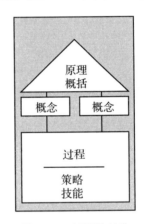

图 3-3-4 知识的结构   图 3-3-5 过程的结构

知识的结构和过程的结构展现出某种概念性系统，该系统将那些内容(知识)主导的学科、过程主导的学科或者两者交叉的学科组织起来。知识的结构展示了主题和事实、从主题和事实中抽取的概念，以及概括和原理等各个层次要素的关系。当学生可以使用事实来支持概念性理解的时候，我们可以说他们拥有了对内容学科的更深层次的理解。过程的结构显示了在过程驱动的学科(如语言类、艺术类)中，过程、策略和技能与概念、概括和原理之间的关系。

以此为参考，结合学情，本案例在进行概念梳理时也划分不同维度，从知识的结构和过程的结构两个方面分别进行。

1."新发展理念"("知识的结构"视角下的大概念)

在本案例中，以世界花卉大观园为代表的发生在学生身边的发展变化事件是"事实"，"家乡发展"是"主题"，它们是特定的知识片段，被锁定在特定的时间、地点、情境中，无法跨时间、跨文化、跨情境迁移。它们可以支撑学生对"新发展阶段""新发展理念""新发展格局""经济制度""高质量发展"等"概念"的理解。"经济发展的中国布局"是由此抽象出的"原理与概括"性表达，引领它们的"理论"为习近平新时代中国特色社会主义经济思想。

在以上众多概念中，本课聚焦"新发展理念"，习近平总书记指出："党的十八大以来我们对经济社会发展提出了许多重大理论和理念，其中新发展理念是最重要、最主要的。新发展理念是一个系统的理论体系，回答了关于发展的目的、动力、方式、路径等一系列理论和实践问题，阐明了我们党关于发展的政治立场、价值导向、发展模式、发展道路等重大政治问题。全党必须完整、准确、全面贯彻新发展理念。"新发展理念即创新、协调、绿色、开放、共享的发展理念，是管全局、管根本、管长远的导向，具有战略性、纲领性、引领性。

本案例以"新发展理念"整体统领整个项目(如图 3-3-6 所示)。在这个大概念下，各内容(知识)主导的学科立足本学科内容与学科大概念，如道德与法治学科"国情教育"、科学学科"生物与环境的相互关系""人类活动与环境"协同进行课程与学习活动的设计。

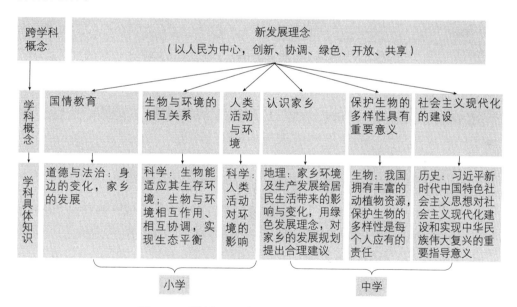

图 3-3-6 "新发展理念"概念在各学科中的体现

2."创意物化及表达"("过程的结构"视角下的大概念)

本案例坚持素养导向，落实"大思政课"。本案例将项目学习的理念应用到活动设计中，围绕"花为媒·看发展·传乡情"的跨学科主题，设计了"我为北京世界花卉大观园及其发展代言"的项目任务，助力学生在体悟核心知识概念的同时，关注家乡发展变化，在项目中提升自我管理、主动探究、问题解决等关键能力，重点突破"创意物化与表达"的跨学科技能。

"创意物化及表达"是语文、艺术、综合实践等"过程驱动的学科"的学科核心技能(如图 3-3-7 所示)，也是学生在真实情境中解决问题的重要跨学科技能。本项目最终的"代言"产品是该大概念的外化表现。

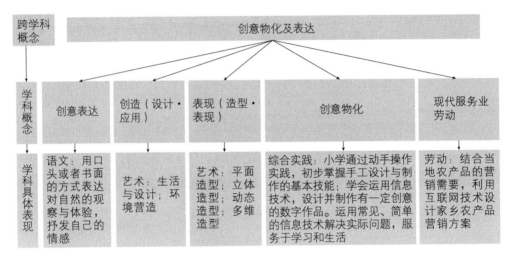

图 3-3-7 "创意物化及表达"概念在各学科中的体现

(三)学习者分析

本案例面向小学 5～6 年级学生，以丰台区 5～6 年级某校学生的基本情况为例。

1. 学习经验

学生多次参观花卉大观园，并依托其中资源进行研学实践。

学生从一年级起以"花卉"为主题开展系列项目化学习，完成班花养护、花卉大观园游览图绘制、花文化探究、改造校园植物园等诸多项目任务。

2. 知识储备、学科能力水平

学生在道德与法治课中对于"家乡"及其"发展"相关主题有较为系统的学习。如二年级上册学习了《我爱家乡山和水》《家乡物产养育我》《可亲可敬的家乡人》《家乡新变化》等课，三年级下册学习了《请到我的家乡来》，四年级下册学习了《美好生活哪里来》《感受家乡文化 关心家乡发展》，五年级下册学习了《富起来到强起来》，六年级下册学习了《科技发展 造福人类》等。

学生在科学课中对于植物与自然相关主题有较为系统的学习。如一年级上册

"植物"单元，学生观察植物及其结构，二年级下册"我们的地球家园"单元探究土壤——动植物的乐园，四年级下册关注植物的生长变化，五年级下册研究生物与环境，六年级下册了解生物的多样性等。

在语文、艺术等相关学科中，学生也奠定了与本主题相关的知识基础。如语文三年级下册学生练习习作《我的植物朋友》，四年级上册练习写观察日记，四年级下册撰写游记，五年级上册习作聚焦"二十年后的家乡"，六年级上册学写倡议书等。美术教材从一年级开始引领学生走近美丽的大自然、美丽的植物，进行科学与幻想，绘制科技小报，进行摄影，了解情趣盎然的设计等。

3. 学习兴趣与需求

六年级的学生对新鲜、传奇的事物均有很强的好奇心，大多数学生来自花乡地区，对于家乡的发展有一定的研究兴趣。

在小初衔接的关键阶段，思政教育正从侧重情感启蒙走向侧重打牢思想基础，学生对思政类大概念的理解需要从零散走向整体。

4. 发展路径分析

基于已有经验，在做中学、创中学的过程中实现综合素养的提升。

5. 学习本主题时可能存在的困难

本案例需要学生走出校园，走进北京世界花卉大观园，在场馆中的学习效果会受学生的自我管理、自主研学等水平的影响，教师应做好预设、支架等。

受学生年龄、经验、知识等的限制，对于作为家乡发展代表的"花卉大观园"发展背后的原因的剖析是难点，若对主题的理解不深入，代言方案制定和代言产品容易浮于表面，因此应注重教师引导和支持。

二、主题学习/活动整体设计

（一）设计理念与思路

1. 基本理念

本课程以"家乡发展"的社会性议题为聚焦，它要求学生综合运用道德与法治等多个学科的知识、方法和思想来思考和解决问题，在此过程中激发起学生对新知识学习的渴望，进而理性思考、深度分析真实的社会实践问题。几个学科融合共同解决"我为北京世界花卉大观园及其发展代言"这一个问题，可以避免单学科学习可能造成的刻板和僵化，引导学生聚焦问题解决，而非孤立、抽象地接受知识。课程设计的基本理念如下。

(1)素养化的目标

以反映学科特质、学科结构、学科情境的知识为教学载体，以真实情境下的知识迁移、创新运用为策略途径，以思维方法与思维品质的实践与提升为目标导向，以关键能力、必备品格、正确价值观的提炼与升华为价值追求。

(2)驱动性的问题

以驱动性问题为靶向，将教材中涉及的内容与学生个人生活、社区、校园与研学基地产生联系，让学生在问题解决的过程中，通过实践体验内化、吸收、探索获得较为完整的知识，形成专门的技能，提升素养。

(3)挑战性的任务

设置包含真实情境、角色定位、观众受众和激励出口四大要素的挑战性任务。在实施的过程中，注重采用可视化、行为化、情境化描述，易于学生理解和操作。设计更为具体的研学任务单，让学生进一步明确本小组和个人"去哪里""做什么""怎么做"，这是引导、帮助学生完成研学任务的脚手架。

(4)持续性的评价

一是注重教—学—评一体，把课程、教学、学习和评价进行统整，使它们融合为一个有机整体，对学生的评价成为学生学习活动过程的一部分，或渗透到活动的各个环节。二是注重评价的多元性与综合性，包括评价主体、内容和方法的多元与综合。三是注重评价的激励性和发展性，课程评价不是为了甄别选拔，而是为了促进每个学生在原有水平上实现新的发展。在实际的课程评价中，根据不同的情形、不同的目的和需求设计类型丰富的评价工具。

2. 主要思路

(1)课程设计总思路

本案例按照"基于项目式学习的研学课程"开发思路进行设计与实施(如图 3-3-8 所示)。

北京世界花卉大观园具有鲜明特色，在课程开发之前，课程团队需要对该地点有充分的了解和研究。按照"资源分析之筛"，对场馆资源进行筛选、梳理，最终转化为促进学生发展的课程资源。在资源筛选与转化的基础上，明确此次学习的素养目标。目标一旦确定，便以此为向导来系统设计课程内容、实施与评价。

纵观整个模式图可以看到，我们前置了课程评价，并且让它贯穿始终。在课程目标的引导下，学生边实施、边评价，这样能够更好地帮助教师和学生把握研学目标的达成度，也使学生的研学活动更具有针对性。

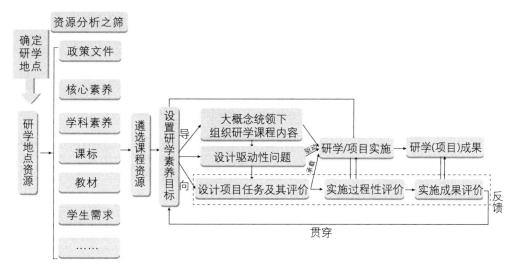

图 3-3-8 课程设计总思路图

（2）课程内容设计思路

课程内容统摄于"新发展理念"这一跨学科的大概念之下，并且由驱动性问题串联，课程内容的载体是依托北京世界花卉大观园开展的项目任务。如表 3-3-2 所示，学生经历"联系生活，明确方向——以终为始，明确标准——聚焦任务，提出问题——考察探究，解决问题——展示交流，评价反思"的完整过程，在这个过程中，道德与法治、科学、语文、艺术、综合实践、劳动学科适时介入，学生或迁移运用已知，或由项目驱动习得、理解新知。项目的完成，促进学生对"新发展理念"初步产生系统的感知，提升创意物化及表达的水平，对以北京世界花卉大观园为代表的家乡发展产生更切身的感受，增进对家乡发展的认同感。

表 3-3-2 课程内容设计思路

项目任务链	驱动问题链			
核心任务： 作为丰台学子，请你为北京世界花卉大观园及其发展代言，让更多人了解并愿意走进北京世界花卉大观园，关注并愿意支持北京世界花卉大观园的发展。	核心问题： 如何为北京世界花卉大观园及其发展代言？	学习阶段	内容/活动设计	学科知识迁移运用/学科大概念习得与理解

续表

子任务	子问题	阶段		
子任务1: 【联系生活,明确方向】结合家乡发展现实,明确为北京世界花卉大观园及其发展代言的意义与价值,确定此次项目推进的目的和目标。	子问题1: 为什么为北京世界花卉大观园及其发展代言?	行前阶段	(1)现状调研 (2)园长有约 (3)资源搜集 (4)小组讨论	涉及数学统计、语文口语交际
子任务2: 【以终为始,明确标准】明确代言任务完成的评价标准及量规。	子问题2: 如何证明我们的代言效果良好?		(1)头脑风暴 (2)共创评价量规	涉及语文口语交际、道德与法治小组合作
子任务3: 【聚焦任务,提出问题】根据项目任务,明确需要解决的问题及所需要的条件与支持。			(1)头脑风暴 (2)创建团队	
子任务4: 【考察探究,解决问题】(多次)实地考察北京世界花卉大观园,走访相关人员,查阅相关资料,了解北京世界花卉大观园的发展历程,调研北京世界花卉大观园的现状及特色,研究北京世界花卉大观园蓬勃发展的原因。	子问题3: 如何为北京世界花卉大观园代言?	行中阶段	(1)考察各大温室馆 (2)考察蔬菜瓜果园 (3)考察插花艺术馆 (4)采访工作人员 (5)查阅资料	科学:理解生物与环境的相互关系 道德与法治:创新发展、协调发展、绿色发展、开放发展、共享发展 劳动:走近劳动者
		行后阶段	(1)考察交流 (2)代言方案设计与回报 (3)代言方案完善 (4)代言产品设计与制作	科学:理解生物与环境的相互关系 道德与法治:国情教育 语文:审美创造 艺术:创造、表现 综合实践活动:创意物化 涉及劳动中的手工制作
子任务5: 【展示交流,评价反思】以小组为单位,面向不同群体展示代言产品,完成评价、交流、反思。			(1)小组展示 (2)讨论交流 (3)修改完善	跨学科:新发展理念;创意物化及表达

（二）学习目标

为了使目标"可见""可测"，我们借鉴"'知、行、为'学习桥"进行课程目标维度的划分(如图 3-3-9 所示)。

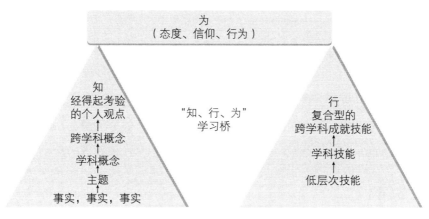

图 3-3-9　"知、行、为"学习桥

"知"的层面，学生的成果体现对"新发展理念"的深入、系统理解；"行"的层面，本案例主要侧重"创意物化及表达"这一复合型跨学科技能；"为"的层面，强调热爱家乡、关注家乡发展，愿意为家乡发展贡献自己的力量。

1. 知的层面

学生能以花卉大观园的发展为例讲述家乡自改革开放以来取得的成就。学生能解说多种多样的植物，阐述保护生物多样性的重要性。项目产品能够反映家乡发展背后的创新、协调、绿色、开放、共享的新发展理念的侧面，初步形成对"新发展理念"的整体认知。

2. 行的层面

学生能以团队为单位根据特定对象进行创意物化并综合展示创意物化的成果，在这个过程中提升合作共情、考察研究、设计制作、展示交流、反思的水平。

3. 为的层面

学生为"花乡"丰台花卉自然、人文之美感到自豪。学生选用或设计的产品表现出对家乡的热爱之情，对家乡未来充满信心。学生愿意并能够承担起宣传家乡，为家乡发展助力的责任。

（三）学习重点、难点

1. 学习重点

整个项目的学习重点是学生经历明确问题、分析问题、考察探究、解决问题的完整过程，呈现以北京世界花卉大观园为缩影的家乡发展变化，并能初步探寻其背后的新发展理念智慧，培养热爱家乡的情感，为初高中阶段围绕"花为媒·看发展·传乡情"的进一步研究打下坚实的基础。

（1）行前阶段

学生从自己的生活出发，认同破解"如何为北京世界花卉大观园及其发展代言"这一问题的价值，明确项目任务，并制订出行动计划。

（2）行中阶段

学生带着行前储备、研究问题和任务走进北京世界花卉大观园，直观感受、切身体会各种植物之美，在不同场馆中考察生物与环境的相互关系；从农业发展的角度探索人们生活水平提升背后的原因，如科技创新、协调发展等；理解花卉是丰台的一张名片，认同以科技创新擦亮名片、以"开放"促进区域发展的重要意义等，助力项目任务的完成。

（3）行后阶段

学生将最终的项目成果、研究发现等以多种方式呈现，而后进行系统反思、欣赏、展示和评价，为未来的持续探究奠定更坚实的基础。

2. 学习难点

学生受年龄、经验、知识等的限制，对作为家乡发展代表的北京世界花卉大观园发展背后原因的剖析是难点，若对主题的理解不深入，代言方案制订和代言产品容易浮于表面，因此应注重教师引导和支持。

（1）行前阶段

学生制订较为完善的行动计划是难点。教师以评促学，通过与学生讨论产品评价量规等手段引导学生以结果为导向整体思考项目推进计划。

（2）行中阶段

受学生的自我管理、自主研学等水平的影响，学习效果会有所不同；受年龄、经验、知识储备等影响，对于现象的深入分析是难点。针对这些问题，教师可通过设计主题研究任务单、及时引导、场馆专业人员助力等方式提升研学效率。

（3）行后阶段

学生立足某一视角，从"用户"的视角出发进行代言产品的设计与制作是难点。教师可通过相关项目工具的介入、行后研究课的引导为学生提供助力。

（四）学习评价

1. 评价理念

（1）教学评一致

在实施过程中课程、教学、学习和评价是一个有机整体。对学生的评价是课程、学生学习活动过程的一部分，渗透到活动的各个环节，让学生在课程学习的不同阶段通过评价了解自己的进步，监控自我发展，认识自我优势与不足，学生评价的过程也是学习的过程。在活动过程中，项目任务"身兼三职"，它是学生研学的主要内容载体，是教师基于目标设计的活动(课程实施)，也是目标达成情况评价的证据来源，真正集教学评于一体。

(2)多元性与综合性

评价既包括自评、生评、师评、家长评、社会评等评价主体的多元与综合，还包括针对日常表现、展示表现等评价内容的多元与综合，并且聚焦学生参与活动的全过程，指向评价方法的多元与综合。为此采用成果展示、作品评比、撰写心得体会、交流汇报、日常观察等多种形式，充分发挥现代信息技术手段，协同多元评价主体，对学生的成果、项目产品、任务完成情况等开展综合评价。

(3)激励性和发展性

评价不是为了甄别选拔，而是为了促进每个学生在原有水平上实现新的发展。所以，在评价过程中，注重引导学生发现自身的优点和与自己过去相比进步的程度，重视对学生进步的肯定，教师可以通过观察，及时记录发现学生在活动中的闪光点，以及活动中行为方式、情绪情感、参与活动的态度、创造性的发展和解决问题能力的发展等表现，并将其作为评价学生的重要依据。

2. 评价方式

评价方式以表现性评价为主，其他评价方式为辅，同时注重过程性与终结性评价相统一。

3. 评价工具

课程团队根据不同的情形、不同的目的和需求设计类型丰富的评价工具(如表3-3-3所示)：既有项目开展前对学生的调查问卷、访谈，又有过程中的实践手册、任务单、观察记录，还有行后针对项目整体完成情况的评价量规等；既有针对某一活动的简单评价表，又有针对某一任务的精细评价表；既有提前出示，帮助学生厘清"成功标准"与"自己所在的位置"，以更好地促进其学习实践的评价工具，也有适时给出，供学生以此为依据及时调整自己的行为的评价工具。大大小小的评价工具贯穿课程设计与实施的始终，为教师何时引导、何时支持提供依据，也为学生的跨学科主题学习提供导向。

表 3-3-3　评价工具一览表

按照阶段	按照形式	按照功能	按照评价对象
行前评价工具，如调查问卷、访谈	纸质评价	帮助学生反思定位	自己、同伴
行中评价工具，如实践手册、任务单、观察记录	口头评价	帮助学生调整提升	教师
行后终结性评价工具，如评价量规	电子评价	评比评优	家长、社会
全程性评价工具	混合式评价		混合主体

如表 3-3-4，"项目通行证"是帮助学生在每个重要环节结束时进行自我反思的简易评价工具。

表 3-3-4　项目通行证

<table>
<tr><td colspan="1">

项目通行证

姓名：

┌─────────────────────────────┐
│　　　　　　今天的主题是：　　　　　　│
└─────────────────────────────┘

┌─────────────────────────────┐
│　　　　　　　3 个学会　　　　　　　│
└─────────────────────────────┘

┌─────────────────────────────┐
│　　　　　　　2 个问题　　　　　　　│
└─────────────────────────────┘

┌─────────────────────────────┐
│　　　　　　　1 个观点　　　　　　　│
└─────────────────────────────┘

</td></tr>
</table>

如表 3-3-5 所示评价表是针对项目全程的，作为最终小组评比评优参考之一的纸质评价工具，评价的主体包括学生自己、同伴和教师等。

表 3-3-5 项目评价表示例

	评价项目	自评	他评	师评
行前	认真完成行前任务并积极在班级内交流、分享	☆☆☆☆☆	☆☆☆☆☆	☆☆☆☆☆
	能根据个人特长积极承担小组内的任务	☆☆☆☆☆	☆☆☆☆☆	☆☆☆☆☆
	……	☆☆☆☆☆	☆☆☆☆☆	☆☆☆☆☆
行中	具身体会各种植物之美，考察不同环境中的植物特点，感受生物的多样性	☆☆☆☆☆	☆☆☆☆☆	☆☆☆☆☆
	从农业发展的角度探索人们生活水平提升背后的原因	☆☆☆☆☆	☆☆☆☆☆	☆☆☆☆☆
	理解花卉是丰台的一张名片，认同以科技创新擦亮名片、以"开放"促进区域发展的重要意义	☆☆☆☆☆	☆☆☆☆☆	☆☆☆☆☆
	……	☆☆☆☆☆	☆☆☆☆☆	☆☆☆☆☆
行后	能够积极为小组制订代言方案，为产品设计贡献智慧	☆☆☆☆☆	☆☆☆☆☆	☆☆☆☆☆
	能够在规定时间内高质量完成小组分配的任务	☆☆☆☆☆	☆☆☆☆☆	☆☆☆☆☆
	……	☆☆☆☆☆	☆☆☆☆☆	☆☆☆☆☆
产品	反映花卉大观园的特点，体现以"发展的眼光"看花卉大观园，揭秘发展背后的原因	☆☆☆☆☆	☆☆☆☆☆	☆☆☆☆☆
	符合代言产品面向对象的特点、需求，吸引该群体的兴趣	☆☆☆☆☆	☆☆☆☆☆	☆☆☆☆☆
	……	☆☆☆☆☆	☆☆☆☆☆	☆☆☆☆☆

经过了实践、研究及产品的设计制作，同学们是否达成了预期的目标呢？"优秀"请涂 5 个☆，"良好"请涂 4 个☆，"一般"请涂 3 个☆，"还需努力"请涂 2 个☆。

（五）资源支持/活动指导

从活动所需要的设备、环境、指导者及其具体指导三方面，按照行前、行中、行后的不同阶段进行梳理，如表 3-3-6 所示：

表 3-3-6 所需支持与指导

阶段	设备、环境等	指导者	具体指导
行前	电脑网络、相关书籍资料	教师、家长	（1）花卉大观园基本概况 （2）行前相关指导培训（如安全、礼仪、知识等） （3）其他学生需要的支持

续表

阶段	设备、环境等	指导者	具体指导
行中	花卉大观园场馆	教师、花卉大观园专业人员	(1)讲解与指示卡等 (2)对学生问题的回应 (3)其他学生需要的支持
行后	电脑网络、相关书籍资料	教师、家长、社区人员、花卉大观园专业人员	(1)相关历史资料、信息材料等补充 (2)对学生问题的回应 (3)其他学生需要的支持

三、具体学习任务/活动

(一)行前

此阶段，学生在教师问题的驱动下，循序渐进地思考、小组讨论，初步明确项目任务、标准以及步骤、所需要的支持和条件等。以学生为主体，制订项目推进计划提升学生系统思维能力和问题分析、解决能力；增进学生对该项目的整体认识。此阶段共包括两个课时，涉及的学科包括语文、数学、道德与法治。学生活动、教师活动及其设计意图如下。

❖ 行前课一

1. 进入项目(30 分钟)

教师：(导入)在首都北京，提及"花乡"一词，多数人的脑海中会浮现出"丰台"。北京世界花卉大观园坐落在北京丰台，这里曾经是一个破旧不堪的村落，如今她已成为北京市四环以内的"植物王国"，成为丰台花木产业发展的重要标志，带动了经济发展，打造了区域品牌。这背后的奥秘是什么？让我们一起走进绚丽多彩的花卉世界，探秘花卉与自然、花卉与生活、花卉与经济科技、花卉与文化的关系，参加"我为北京世界花卉大观园及其发展代言"的活动。(提供图文、视频等)。

学生：(观看、听讲、思考)进入情境。

设计意图：通过教师图文并茂的讲述，学生对家乡丰台草桥地区的发展历程产生感性的认知，萌生为家乡代言的愿望和热情。

教师：(提问)为北京世界花卉大观园代言，我们需要解决哪些问题？(出示图3-3-10 问题链支架)

学生：(头脑风暴，小组讨论)明确项目任务、标准及所需要的支持和条件。

设计意图：学生在教师问题的驱动下，循序渐进地思考、小组讨论，初步明确项目任务、标准以及步骤、所需要的支持和条件等。

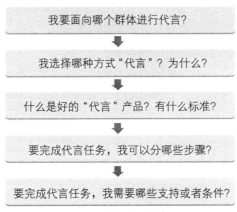

图 3-3-10　问题链

2. 制订计划(10 分钟)

教师：(布置任务)

(1)请同学们在老师的帮助下，自愿结合活动小组，推选出组长，明确每个同学承担的相应任务，制订小组公约(如表 3-3-7 所示)。

表 3-3-7　小组公约

团队名称： 团队成员： 在本次项目中，通过协商，本项目团队达成如下共识： (1)团队分工： (2)团队职责： (3)团队奖惩： (4)团队约定：

(2)请以小组为单位制订项目推进计划(如表 3-3-8 所示)。

表 3-3-8　项目推进计划表

日期	项目进展
___月___日	_____
___月___日	_____
___月___日	_____
___月___日	_____
___月___日	_____
___月___日	_____
___月___日	_____
___月___日	_____

学生：(小组合作，制订计划)在教师的指导下自由组成项目小组，明确分工和职责要求。在小组长的带领下初步制订项目推进计划。

设计意图：以学生为主体，制订项目推进计划提升学生系统思维能力和问题分析、解决能力；增进学生对该项目的整体认识。

教师：(布置作业)请同学们围绕以下学习任务，进行个人学习后下节课在班级内分享交流。

任务一：登录北京世界花卉大观园官网或微信公众号，初步了解园内场馆及植物花卉相关内容。

任务二：以收集资料、观察记录等方式，认识北京世界花卉大观园的奇花异草。

任务三：与家长一起说一说，近十年草桥地区的发展成就。

任务四：调研周围人及网络上人们对于北京世界花卉大观园的了解程度。

学生：(明确作业任务)认真倾听老师布置的作业，明确这些是完成项目任务的必经之路。

设计意图：使学生明确课下的任务，认识到项目推进是一个长过程，为下节课的行前探究奠定基础。

❖行前课二

1. 交流讨论(20分钟)

教师：(设置任务)请同学们以小组为单位，围绕课前三个任务进行展示交流。

学生：(展示交流、小组讨论)分组汇报课前准备的三个任务，并做好记录。

教师：(点评总结)根据学生的汇报展示进行即时点评和引导。

设计意图：学生在汇报和听取汇报的过程中对北京世界花卉大观园、丰台草桥地区的发展变化等有更多的了解，为接下来的行中研究和项目推进奠定良好的基础。

2. 完善方案(10分钟)

教师：(点拨引导)着眼于项目的完成，对各组方案推进计划提出相应的可操作的建议。如聚焦一个主题或课题；细化小组分工；考量项目产品的可行性等。在这个过程中提供引导讨论工具。

学生：(小组讨论)在全班交流的基础上，结合老师的引导，小组进一步修改完善本组的项目推进计划。

设计意图：方案完善后有利于为北京世界花卉大观园代言这一任务的落实；学生在方案完善的过程中提升项目管理能力，提升项目推进的主动性和积极性。

3. 行前教育(10分钟)

教师：(布置任务并适时引导)请同学们从安全、游园礼仪等方面制订本小组的出行公约，然后在全班进行分享交流。教师出示相应的头脑风暴工具。

学生：(小组合作)制订行中公约，在全班交流后形成全班的出行公约。

设计意图：学生作为"公约"的制定主体进行安全、游园等注意事项的确定，能够最大程度地激发学生的主人公意识，既有助于学生在行中做到遵守相关行为准则，也有利于提升学生的自我管理能力。

教师：对学生行中所需要的物资、设备等内容进行逐条说明。

学生：倾听老师的提示，并进行补充。

设计意图：师生为出行做好充足的准备。

(二)行中

教师围绕问题解决，做到任务设置与自由探究相结合，任务设置循序渐进、重点突出。如学生初步游览温室馆，直观感受、切身体会各种植物之美，油然而生对于植物的热爱之情和保护意愿；借由"植物角装点"的任务将感受转化为行动；通过"创作并签署倡议书"的任务，在仪式感满满的活动中提升保护生物多样性的意识。在学生初步游园的基础上设置递进的任务，在蔬菜瓜果园了解改革开放后人们生活水平的提升，从农业发展的角度初步探究其背后的原因，如科技创新、协调发展等。以丰台在历届中国花卉博览会及重要国际会议中取得的成就为切入口，理解花卉是丰台的一张名片，认同以科技创新擦亮名片，看到"开放"对于区域发展的重要意义。从全园到一个馆，再到具体的展品，服务于学生团队问题的解决。此阶段可根据实际情况安排半天或一天。任务一涉及的主要学科包括科学(生物与环境的相互关系)、道德与法治(绿色发展)等，任务二涉及的主要学科为道德与法治(协调发展、共享发展、创新发展)等，任务三涉及的主要学科为道德与法治(开放发展)、语文(意象与意境)等。具体学生活动、教师活动及其设计意图如下。

❖任务一　爱护花草我倡议

教师：(引导、布置任务、协调)北京世界花卉大观园是北京市四环以内的"植物王国"，揽天下奇花异草，聚世界经典园林，在这里，一天遍览世界特色植物，请同学们依托学习任务单开启游园之旅吧！

(解说与答疑)教师结合学习任务单，引导学生展开探究，引导学生认识生物多样性的意义，针对学生过程中的表现及时提供解说或者答疑支持。

学生：(选一选)小组走进世界花卉大观园，从精品花卉厅、热带植物馆、沙漠植物馆、茗赏百花厅展馆中任选一个展馆开展研究，填写任务单。

(找一找)学生在游园的基础上，从场馆中选择一种最感兴趣的植物用自己喜欢的方式打卡留念，根据观察工具(如表 3-3-9 所示)进行细致观察和记录，并与同伴交流。

表 3-3-9　观察工具

观察对象/主题：	
观察到的现象	问题清单
 👁	？
 👂	？
 👃	？
 ☝	？
 👄	？

(谈一谈)学生在参观游览的基础上为家庭或班级植物角的装点选择 1～2 种植物，并说明理由。

(议一议)学生结合游园的感受和同伴讨论保护生物多样性的重要性和具体做法，创作《保护生物多样性倡议书》(如图 3-3-11 所示)，并在上面郑重地签下名字。

保护生物多样性倡议书

我国是生物多样性极其丰富的国家，但我国的生态环境也正同样遭受着严重破坏，保护生物多样性的工作刻不容缓。为此，向全体少先队员发起如下倡议：

1.大手拉小手，争当义工，带动周边，垃圾分类。

2.大手拉小手，亲力亲为，深入宣传，植树护树。

3._____。

4._____。

5._____。

亲爱的同学们，我们只有一个地球，这是我们人类和其他生物赖以生存的家园，让我们携起手来，为保护生物多样性、建设美好家园贡献自己的力量！

倡议者：_____

图 3-3-11　保护生物多样性倡议书

设计意图：学生初步游园，直观感受、切身体会植物之美，对于植物的热爱之情和保护意愿油然而生；借由"植物角装点"的任务将感受转化为行动；通过"创作并签署倡议书"的任务，在仪式感满满的活动中提升保护生物多样性的意识。

❖任务二　蔬菜瓜果我认识

教师：(引导、布置任务、协调)走进蔬菜瓜果园，你会看到 100 余种蔬菜、瓜果、香草等植物。如今各类的蔬菜瓜果的种植不再受地域和季节的限制，极大地丰富了人们的菜篮子。

(解说与答疑)教师针对学生的表现及时提供解说或者答疑支持。

学生：(画一画)用自己喜欢的方式记录蔬菜瓜果园中最奇特的 1～2 种蔬菜瓜果。

(探一探)教师通过寻访工作人员(访谈工具见表 3-3-10)、查找材料等方式探寻这些奇特果蔬是如何培育的。

表 3-3-10　访谈工具

访谈对象基本信息：	访谈记录：
访谈提纲：	记录人： 日期：

(比一比)教师通过对比 20 世纪 70 年代北京人晾晒大白菜和现如今冬季丰台某蔬菜店内的景象，讨论人们生活水平的变化，探究农业科技的进步。

设计意图：相较于第一环节的自由游览，第二环节着重带着任务展开，旨在通过调查法、比较法等了解改革开放后人们生活水平的提升，从农业发展的角度初步探究其背后的原因。

❖任务三　花卉文化我宣传

教师：(引导、布置任务、协调)花卉文化是华夏五千年生态文化的重要组成部分，在给人们带来美的享受和生活乐趣的同时，体现着中华民族文明进程中的精神成果与集体人格。

(解说与答疑)教师针对学生的表现及时提供解说或者答疑支持。

学生：（找一找）走进"插花艺术馆"参观，找到指定花束，读一读它的背景介绍，用简短的文字从外形、寓意等方面对其进行解说。

（查一查）学生通过翻阅书报、上网或者采访长辈等途径，调查丰台在历届中国花卉博览会及重要国际会议中取得的成就。

（谈一谈）学生结合参观游览感受，讨论看到丰台取得的这些成就的感受。

设计意图：以丰台在历届中国花卉博览会以及重要国际会议中取得的成就等为切入口，理解花卉是丰台的一张名片，深入探究科技创新、对外开放对于擦亮这张名片的重要意义。

除了预设的任务，行中教师还需要给学生充分的自由考察的时间和空间。如果说教师设置的任务是加油站，小组围绕本组主题开展的自由考察活动就是小组任务推进的主体环节。教师给行中探究充分的留白，让学生的自主性得以发挥。当然自由活动不是完全放任，教师需要提供相应的学习单、评价单等作为支架。

（三）行后

在先期方案制订的基础上，师生走进北京世界花卉大观园进行了考察学习，回到学校，学生借助相关个人和团队反思工具对行中收获、感悟等的回顾交流，深化所得，为后续的"代言"任务奠定基础。同时，在这个过程中提升学生元认知水平。此阶段共包括三个课时（含两个长课时），涉及道德与法治（国情教育）、科学（生物与环境的关系）、语文（创意表达）、艺术（创造、表现）、综合实践活动（创意物化）等学科，学生在整个项目推进的过程中逐渐深化对于"新发展理念""创意物化及表达"跨学科概念的理解。学生活动、教师活动及其设计意图如下。

❖ 行后探究课一

1. 行后复盘（15 分钟）

教师：（引导、支撑）提供个人反思和小组反思的工具（如表 3-3-11、表 3-3-12 所示），引导学生进行行后反思交流。

表 3-3-11　个人反思表

我原来认为＿＿＿＿＿＿＿＿＿＿，现在我认为＿＿＿＿＿＿＿＿＿。 是什么改变了你的想法？

表 3-3-12　小组反思表

1. 你看到了什么，听到了什么？	2. 在项目中，你有什么感受？
3. 是什么让你有这样的感受？	4. 你将如何学以致用？

学生：(讨论交流)结合任务单填写的情况，以小组为单位讨论交流行中收获，并在全班分享。

设计意图：通过对行中收获、感悟等的回顾交流，深化所得，为后续的"代言"任务奠定基础。同时，在这个过程中提升学生元认知水平。

2. 方案制订(25 分钟)

教师：(引导、支撑)提供相应工具(如表 3-3-13 所示)，引导学生聚焦"新发展理念"；引导学生思考产品的可操作性；引导学生考虑"对象"的需求等。

表 3-3-13　代言对象群体

我面向哪个群体代言？ 老年人；中年人；青年人；少年儿童 学生；教师；科学家；政府工作人员；外地游客(含国际友人)；投资者……

学生：(代言方案制订)根据教师提供的模板，以小组为单位制订"代言"方案，明确下阶段聚焦的课题。

主题预设：

(1)花卉与自然——保护生物多样性

(2)农业与科技——舌尖上的花果蔬

(3)现在与未来——一朵花里看丰台

(4)致敬劳动者——丰台花乡人儿美

(5)园内活动多——花卉产业美名扬

(6)地景有创意——走近花卉园艺师

(7)其他

教师：(引导)根据行前各小组的方案及行中的探究，引领学生进一步深入挖掘主题内涵。

师生：(共创)师生共创，再次明确"代言"产品的标准(如表 3-3-14 所示)。

表 3-3-14　产品标准

十星"代言"产品	
反映花卉大观园的一项或几项特点	☆
体现以"发展的眼光"看花卉大观园	☆
有研究、思考深度，有技术含量或有文化味儿、寓意深刻	☆
主题明确，设计理念清晰	☆
内容以小见大，代言词中有金句	☆
形式美观、吸引人、图文并茂	☆
体现对象意识、用户思维	☆
有真挚的情感	☆
有创意	☆
获得代言对象的认可，起到宣传代言的效果	☆

设计意图：通过"用户移情图"等工具帮助学生明确代言对象，进一步优化"代言"方案，明确代言任务的重要意义和价值，深化小组研究主题。

❖ 行后探究课二（80 分钟）

教师：(明确要求、提供支架)重申代言方案汇报提纲，带领学生回顾方案评价标准。

学生：(汇报展示)各组利用课件等方式汇报展示本组的代言方案，代言方案汇报提纲见表 3-3-15。

表 3-3-15　代言方案汇报提纲

代言方案汇报提纲
代言对象：_____
主题选择：_____
产品设计理念：_____
产品形式选择：_____
产品推进条件及计划：_____
亮点解说：_____
小组分工：_____

教师：(组织交流互动)每组汇报完成，教师带领一组同学对该组的汇报进行评价反馈。评价反馈分工工具见表 3-3-16，教师引导预案见表 3-3-17。

表 3-3-16　评价反馈分工

评价反馈分工		
同学 1：客观中立	同学 2：创造想象	同学 3：肯定同意
同学 4：否定质疑	同学 5：直觉感受	同学 6：规划管理

表 3-3-17　教师引导预案

主题	教师相应引导、指导
花卉与自然——保护生物多样性	(1)我探究：分析沙生植物的特征。了解沙生馆的温度、湿度、供水、土壤等环境装置及功能。 (2)我设计：小组成员画出沙生馆的运行过程和原理海报。
致敬劳动者——丰台花乡人儿美	(1)与鲜花面对面——解密花语 (2)与劳动者面对面——深度访谈(远程连线) (3)与劳动精神面对面——写代言词
农业与科技——舌尖上的花果蔬	(1)科学小课堂：邀请科学老师从植物的遗传理论和育种技术发展等角度揭开瓜果蔬菜园的秘密。 (2)今昔对比图：出示草桥地区近三十年来的发展变化对比图，结合花乡花木集团的自主研发成果、室内外代表性植物的品种，介绍我国花卉品种培育的发展过程和主要科技方法，以及为我国花卉经济发展、城市绿化、社会生活带来的主要成就。

设计意图：提供合适支架，让学生主动挖掘家乡发展中的创新、协调、绿色、开放、共享的新发展理念，对新发展理念形成感性的认知，提升学生对家乡的热爱之情，提升学生的家国情怀。

❖行后展示课（80 分钟）

教师：(创设情境、搭建平台)邀请学校教师、学生家长、社区人员、花卉大观园工作人员等不同群体参与代言产品发布会。

学生：(分组展示、互评)围绕项目任务，每组以自选的形式汇报呈现本组产品；小组之间、同组内相互评价。

教师：(评价反馈)引导学生做好互评、自评；做好教师评价与引导。(总结提升)项目回顾，成果总结与提升，项目迭代与展望。

四、设计的主要特色/亮点及思考

(一)案例的亮点或特色

1. 构建"四位一体"协同育人共同体，变单打独斗为共建共享

由课程中心牵头，聘请世界花卉大观园和市课程中心组成专家指导团队，形成了

由区课程中心主导，学科教师参与和资源单位及市级专家指导的"四位一体"协同育人共同体。在实践过程中，我们不断总结、不断完善，形成了"三段六步"的推进方式。

第一阶段：集体备课

(1)团队集体备课

各校教研组长组织教师对课标、教材、教学流程进行研究；资源单位对场馆资源概况、课程资源情况进行梳理、介绍；课程中心组织跨学科主题研讨，在集体研讨基础上由主备教师形成初步课程设计方案。

(2)资源单位考察

组织教师到资源单位进行初步考察，相互借鉴、取长补短，进行资源筛选、分析，在讨论研究基础上完成二次备课。

(3)教学设计研讨

在课程中心主持下，主备教师进行说课，各校教研组长发表意见和建议，外部专家进行点评，在此基础上形成课程设计终稿。

第二阶段：资源行走

(4)学生走向基地

实施课程方案，多主体助力学生完成项目任务。师生走进北京世界花卉大观园，根据课程设计，在具身体验中研学考察，资源单位提供专业讲解与体验活动指导，区域课程部门教师与学校学科教师从不同角度为学生提供支架与支持。这个过程中组织教师听课观摩。

(5)资源走进校园

北京世界花卉大观园根据学生的需求适时提供相关场馆资料，并走进学校提供专业支持。

第三阶段：展示交流

(6)成果展示交流

在学生成果展示与评价的基础上开展教学研讨活动。教研员、市区专家对学校课例实施情况、优势及存在问题等进行总结。

本案例只针对小学学段内容，"花为媒·看发展·传乡情"整体课程贯通5～10年级，因此在开发与实施过程中还调动了不同学段、不同学科的力量，最终研发形成的课程将供全区参考使用。

2. 以大概念为统领整合知识，从多学科拼盘走向跨学科学习

课程内容统摄于"新发展理念""创意物化及表达"大概念之下，课程内容的选择都是指向大概念的理解和其他目标的实现。课程内容的组织不再按照教材或者学科知识逻辑，而是按照驱动性问题解决的逻辑，避免了"多学科拼盘"的现象。正如夏雪梅老师所说，问题解决的逻辑使得各学科的组合是灵活的。学生在真实问题解决中有意识地学习不同学科的知识并创造性地整合以解决问题、形成成果。随着课程推进的深入，案例涉及的学科大概念逐渐形成网络(如图 3-3-12 所示)。学生在完成项目任务的过程中，初步形成对各学科大概念以及跨学科概念"新发展理念"等大概念结构化的认知。

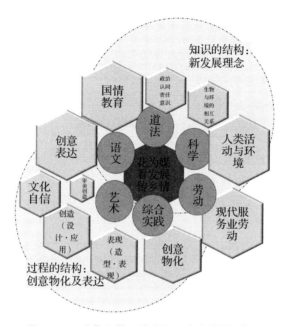

图 3-3-12　"花为媒·看发展·传乡情"概念图

3. 以学生学习规律为纲领整合流程，兼顾学生主体与教师主导

在课程实施中，学生在不同活动中实现不同类型的学习迁移。如学生在已有的学习经验基础上审视北京世界花卉大观园的发展，可以实现同化性迁移；带着项目任务走进不同温室馆中进行植物观察考察，实现"种子发芽实验""绿豆苗生长条件"等学习经验到"植物与环境的关系"这一学习经验的顺应性迁移。而这些新旧经验的同化或升级都是以组建团队、分析、探究、解决问题并展示成果分项目任务为载体的，是在做中学；教师则主要以学生为中心搭建支架、任务引导、评价反馈、跟进指导等，体现了教学做的统一。学生按照行动的阶段、做事情的逻辑推进项目，经历完整的思考、问题解决过程，在理解学科、跨学科大概念的同时，锻炼用整体的视角来认识和改造世界的能力(如图 3-3-13 所示)。

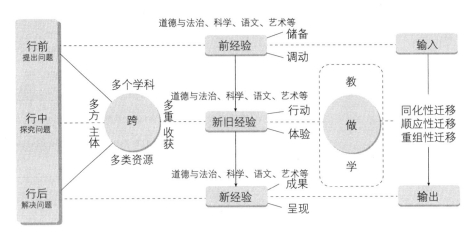

图 3-3-13　学生学习流程整合

(二)讨论的问题或反思

1. 还需进一步研究跨学科学习的机制

从脑科学、心理学等理论出发，探索跨学科学习的发生机制，使得课程设计更加符合学生发展规律。

2. 还需深入推进教学评一体化研究

在评价量规的基础上，丰富评价的方法，增强课堂评价的可操作性，通过循证分析学生的学习效果。

参考文献：

[1]董雅华. 善用"大思政课"促进教育资源转化：意涵、问题与进路[J]. 思想理论教育，2022(4).

[2][美]林恩·埃里克森，[美]洛伊斯·兰宁. 以概念为本的课程与教学：培养核心素养的绝佳实践[M]. 鲁效孔，译. 上海：华东师范大学出版社，2018.

[3]夏雪梅. 项目化学习工具：66 个工具的实践手册[M]. 北京：教育科学出版社，2022.

理科综合类跨学科主题学习设计与实施

体现理科属性的跨学科主题学习，多从学科大概念出发，以问题为驱动，链接学生真实生活，通过综合性、实践性的学习任务或项目设计，让学生在完成挑战性任务、解决实际问题中夯实基础、激发兴趣、提升思维品质，进而理解学科特有的思考问题的方式并领会其对个人、社会发展的独特价值。此部分案例体现从学科到真实问题、从问题解决到多学科大概念形成，进而认识学科价值的综合性学习过程。

课例四　年、月、日的秘密

吴桂菊　崔　勇　李迎华　谭紫嫣　邢健锋

"年、月、日的秘密"属于义务教育数学第二学段"综合与实践"领域。在小学三年级开展"年、月、日的秘密"主题活动，与"问题引领学生学习"实践研究相结合，设计为跨学科主题活动。学生在活动中综合运用数学和科学等其他学科知识以及生活知识分析、解决问题。

扫码观看
课例视频

题。通过对现实世界时间的描述，进一步认识年、月、日这些"长"时间单位，感悟时间对过程的度量。学生结合生活经验认识年、月、日及它们之间的关系，并提出自己关于年、月、日的问题。围绕学生好奇的问题，与科学学科进行链接，借助科学学科，地球的公转和自转，了解年、月、日来历，理解"闰年的规律"；通过二十四节气科学实验，体会太阳运动周期划分四季与节气指导农事生产的智慧，感受度量时间的意义，从而形成"地球公转和自转，破解年、月、日来历的秘密""地球公转和自转，破解闰年的秘密""二十四节气科学实验，破解四季与节气的秘密"三个核心活动，在活动过程中初步感知时间单位与星象运动的关系，拓展对其他计时单位及历法的了解，感受生活中各种时间单位的应用。

一、主题选择及学习者分析

（一）主题选择的背景

1. 课程教学改革的需要

义务教育新课程积极倡导跨学科学习观，强调综合育人。《义务教育课程方案（2022 年版）》中明确提出：各门课程用不少于 10% 的课时设计跨学科主题学习。跨学科学习作为义务教育新课程改革强调的重要学习方式之一，指向素养本位的深度学习观。习近平总书记明确指出：要在教育"双减"中做好科学教育加法，激发青少年好奇心、想象力、探求欲，培育具备科学家潜质、愿意献身科学研究事业的青少年群体。由此可见，跨学科主题学习成为新一轮课改的需要。

2. 课程育人的需要

《义务教育数学课程标准(2022年版)》指出"体会数学知识之间、数学与其他学科之间、数学与生活之间的联系，在探索真实情境所蕴含的关系中，发现问题和提出问题，运用数学和其他学科的知识与方法分析问题和解决问题"。在数学学习过程中，教师既要关注培养学生发现、提出问题的能力，也要关注引导学生运用数学和其他学科的知识与方法分析和解决问题。学科素养落地的方式是学科实践和综合实践。作为学科课程的重要板块，跨学科主题学习与学科主题学习一起，共同承担培育课程核心素养的功能。

3. 深化问题引领学习的需要

我校"友善教育"是基于儿童立场的教育，在学习过程中，"以学生为本"，积极倡导和践行"友善用脑"，相信"所有学生都是天生的学习者"。自建校之初，我校就确定了培养学生发现、提出问题能力的实践研究方向，持续开展问题引领学生学习的实践研究，积累了丰富的实践案例及经验。学生在数学学习中发现、提出的问题将进一步转化为跨学科研究主题。在跨学科实践活动中最大限度地使每个学生的潜能得到发挥，"友善教育"理念在实践中得到深化。

4. 基于学科学习的需要

跨学科主题活动"年、月、日的秘密"在三年级开展，通过对现实世界时间的描述，进一步认识年、月、日这些"长"时间单位，感悟时间对过程的度量。结合学生生活经验认识年、月、日及它们之间的关系。围绕学生好奇的问题，与科学学科进行链接，形成"地球公转和自转，破解年、月、日来历的秘密""地球公转和自转，破解闰年的秘密""二十四节气科学实验，破解四季与节气的秘密"三个核心活动，在活动过程中初步感知时间单位与星象运动的关系，拓展对其他计时单位及历法的了解，感受生活中各种时间单位的应用。

(二)主题覆盖的核心知识(或概念、观念、学科核心素养等)

本主题核心知识包括年、月、日之间的关系，具体包括认识大月、小月，平年、闰年；四季与节气；时间单位与星象运动的关系。(如图3-4-1所示)

根据实际情况，可以设计5个课时。

第1课时 认识年、月、日，提出问题

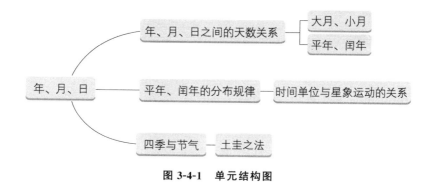

图 3-4-1　单元结构图

第 2 课时 地球公转和自转，破解年、月、日来历的秘密

第 3 课时 地球公转和自转，破解闰年的秘密

第 4 课时 二十四节气科学实验，破解四季与节气的秘密

第 5 课时 "年、月、日的秘密"实践总结分享会

(三)学习者分析

(1)三年级的学生在日常生活中积累了有关年、月、日的认识经验，这些认识是零散的，需要在系统学习中进一步形成知识结构。

(2)三年级的学生对年、月、日背后的秘密是充满好奇的，这些问题指向年、月、日相关知识及背后的科学道理。

(3)三年级学生对于年、月、日背后的秘密进行逐一破解，需要通过星球的运行规律这一特定的情境，结合科学学科有关的天文知识和实验，在自主探究中，获得年、月、日的知识及背后的科学道理。

二、主题学习/活动整体设计

(一)基本理念

"年、月、日的秘密"是以学生的"问题引领学习实践"为主题的跨学科主题活动。"问题引领学习实践"具体体现在基于数学学科的学习，对接学生在数学学习中自主发现、提出的有关"年、月、日"的问题，链接相关科学学科的知识，借助科学学科的知识分析、解决问题，从而使学生在真实而生动的跨学科学习实践中，得到超越数学学习本身的更加丰富的收获。

(二)主要思路

用学生的问题开启实践。教师基于学生已有生活经验，在数学学习中给学生提问的空间。在认识年、月、日的过程中，学生提出自己的问题，归类后，聚焦三个研究主题：年、月、日来历的秘密；闰年的秘密；四季与节气的秘密。借助科学学科学习，破解"年、月、日"的秘密。

(三)学习目标

目标一：能够借助已有经验，知道年、月、日之间的关系，以及相关历法知识。知道一年四季的重要性。

目标二：经历发现、提出问题的过程，发现、提出有关年、月、日的问题，借助科学知识分析、解决提出的问题，发展发现、提出问题，分析、解决问题的能力。

目标三：能运用年、月、日的知识解释生活中的问题，培养初步应用意识。

目标四：在学习过程中，培养家国情怀，发展科学探究精神。

(四)学习重点、难点

学习重点：能借助科学学科，解释学生在学习数学过程中遇到的年、月、日的问题，建立时间单位与星象运动的关系，拓展对其他计时单位及历法的了解，感受生活中各种时间单位的应用。

学习难点：建立时间单位与星象运动的关系。

(五)学习评价

在跨学科实践过程中，评价主要基于过程，可针对多方面进行评价，具体包括：知识、技能、方法、思维、情感、态度等多方面，因此适宜采用质性评价的方式，如观察、访谈、行为描述、成长记录、作品分析、数学日记、成果展览等。具体方式应根据学生年龄特点和活动需要灵活选择、合理搭配。无论采用何种评价方式，对学生参与综合与实践活动的评价都应以激励、肯定为主，不以甄别、比较为目的，应帮助学生总结、发现活动中的收获与进步，激励学生未来更积极地投入数学学习中。本次跨学科主题实践活动将重点关注过程评价，激励学生在实践过程中不断收获和进步。

(六)资源支持/活动指导

主题学习活动一：认识年、月、日，提出问题

教师需要充分调取学生已有经验，为学生提供不同年份的月历，给学生自主探究的空间，发现年、月、日的关系，并营造宽松的提问氛围，鼓励学生发现、提出自己好奇的问题。

主题学习活动二：地球公转和自转，破解年、月、日来历的秘密

教师需要为学生准备地球自转和公转的资料示意图、演示视频等，为学生充分展示地球的自转和公转的过程，便于学生理解。同时可以准备乒乓球、油性笔、圆盘、地球模型让学生自己模拟三球运动，也可以直接准备三球仪。给学生空间让学生说出真实想法，在学生分享想法的过程中，教师需要关注科学思维的严谨性，对于容易出现错误的观点要及时纠正。

主题学习活动三：地球公转和自转，破解闰年的秘密

教师需要通过调动学生已有的生活经验，引发学生的认知冲突，进而借助科学现象，借助推理，理解"四年一闰，百年不闰，四百年又闰"的道理。

主题学习活动四：二十四节气科学实验，破解四季与节气的秘密

教师需要调取学生的前认知，通过"四季与节气"的联系，引发学生认知冲突，激发学生探究兴趣。在实验探究环节，教师要关注实验材料的准备，实验安全的强调以及学生对于实验现象观察后的分析，通过对学生观察现象背后的科学原理的解释，使学生理解四季和节气的联系，进而知道一年四季的重要性，培养学生的家国情怀。

主题学习活动五："年、月、日的秘密"实践总结分享会

"年、月、日的秘密"实践总结以分享会的方式开展，最大限度调取学生参与活动过程中的丰富成长资源。教师鼓励学生自主选择汇报形式，如绘制手抄报、利用PPT等多种形式分享交流成果，并对分享成果进行多元评价(自评、他评)；鼓励学生进一步体会古人计时的智慧，感悟中国悠久的历史和农耕文明，培养爱国情怀。

三、具体学习任务/活动

主题学习活动一：认识年、月、日，提出问题

主题学习目标

目标一：借助月历，自主发现年、月、日的天数关系，知道大月、小月，能初步判断闰年、平年。

目标二：经历根据年、月、日的天数关系，发现、提出自己问题的过程，发展发现、提出问题的能力。

目标三：感受数学与生活的密切联系，产生进一步探究的兴趣。

环节一：借助月历，发现年、月、日的关系

教师活动：为学生提供不同年份的月历，说明学习任务——借助不同年份的月历，结合生活经验，探究年、月、日的关系。

学生活动：学生通过观察不同年份的月历，认识年、月、日，发现它们之间的天数关系。

教师根据学生的汇报，适时板书：

一年有12个月

小月(30天)：4月、6月、9月、11月

大月(31天)：1月、3月、5月、7月、8月、10月、12月

二月：平年2月28天，闰年2月29天

师：同学们通过观察不同年份的月历，经过分类、总结，得到了年、月、日的天数关系，加深了对年、月、日长度及天数关系的理解。真了不起！

教师出示儿歌：

一三五七八十腊(12月)，

三十一天永不差；

四六九冬(11月)三十整；

二月特殊不可忘；

平年二月二十八，

闰年二月把一加。

教师鼓励学生借助儿歌读一读、背一背，记住年、月、日的关系。

【设计意图】通过对不同年份月历的观察，对接学生已有认知，在充分地交流与讨论后，初步建立年、月、日的关系。

环节二：发现，提出有关年、月、日的问题

师：仔细观察同学们发现的年、月、日的关系，你有哪些好奇的，想要研究的问题呢？

生1：一年有12个月，为什么每个月的天数不一样呢？

生2：是啊，每月的天数为什么不设计成同样的数呢？

生3：我最好奇的是2月，也太特殊啦。2月为什么有时候是28天，有时候是29天？

生4：年、月、日是怎么来的呢？

生5：我还知道，我们使用的年、月、日是公历计时。生活中，还会用到农历计时，这又是怎么回事呢？

生6：古人没有像我们现在这样的年历，古人是怎么记录时间的？

……

教师组织学生对问题进行归类、排序，确定研究顺序。

1. 年、月、日的来历

2. 特别的二月：平年、闰年的规律

3. 其他时间问题

教师总结：同学们真棒！提出了这么多和年、月、日相关的问题。面对一些习以为常的事实，勇敢追问，这就是真正的学习。接下来，我们的研究就从"年、月、日的来历"开始。

师：同学们，大胆猜想一下，年、月、日的来历可能和什么有关呢？

生：会不会和地球的公转和自转有关呢？

师：很棒的感觉，那我们就邀请科学老师和我们一起揭秘吧。

【设计意图】鼓励学生大胆提问，提出自己对年、月、日好奇的问题，鼓励学生大胆猜想，聚焦借助科学学科解决提出的问题。

主题学习活动二：地球公转和自转，破解年、月、日来历的秘密

主题学习目标

目标一：通过阅读材料和模拟实验，知道地球自西向东围绕太阳公转，公转一周是一年，知道地球的自转产生了昼夜交替现象，自转一周是一天。

目标二：能借助对地球公转和自转的理解来解释年、月、日的来历。

环节一：了解地球公转和自转

教师活动：

师：上一节数学课，同学们提出了很多有关年、月、日的问题。还有同学猜想年、月、日的来历可能和地球的公转和自转有关。就这样，数学就和科学走到了一起。

师：你们想怎么研究呢？

生：我们需要先了解地球的公转和自转。

师：关于地球的运动，你已经知道了哪些？

学生活动：自由交流讨论自己了解的地球运动的知识。

生1：地球自西向东绕太阳运动，这是地球的公转，地球这样转一周需要一年。

生2：地球并不是直着旋转的，而是绕着一定角度倾斜着转的。

生3：地球公转的距离也会发生变化。

生4：地球绕着太阳转的同时，地球也在自转，地球自转产生了白天和夜晚。

师：看来，有些同学对地球的运动已经有了一些了解。下面我们一起阅读一份资料，从中寻找地球公转和自转的秘密。

学生活动：小组一起阅读，将新发现进行整理和汇报，集体讨论存疑之处。

师总结：通过小组讨论、阅读学习，我们知道了地球的运动包括自转和公转。地球绕地轴自西向东自转，自转一周是24小时。地球自转一周，产生了昼夜交替现象；同时，地球又自西向东绕太阳公转，地球绕太阳公转一周是一年；地球公转轨道是椭圆形，存在一个近日点和一个远日点；地球地轴倾斜的方向始终不变。

【设计意图】本环节学生通过小组交流和共享资料，分析讨论的方法，初步了解地球公转、自转与年、月、日的关系，为解开疑问提供基础。

环节二：模拟地球的自转和公转

教师活动：

师：关于地球运动，大家还有疑问吗？

生1：虽然我们知道了地球是怎么运动的，但是还没有办法直观地体会地球是怎么运动的。如果，我们能想出一个办法来模拟地球同时自转和公转的运动就好了。

生2：我们可以用球来代替地球和太阳，模拟地球的运动。

师：同学们提出的问题很重要，能帮助我们进一步理解地球的运动。同学们想出的办法也很好，的确，模拟实验是科学研究的好方法。下面我们就利用这个三球仪来模拟地球的运动。

（教师出示材料：三球仪）

这个仪器通过下方的转轴控制，转动后三个星球的模型就会模拟宇宙中三个星球的运动轨迹。下面我们进行实验：用三球仪模拟地球的运动，探究地球的运动和年、月、日有什么关系。

实验过程：

①每四人分为一个小组，组长选定组员转动三球仪转轴，模拟地球的运动。

②组员操作，小组其他成员仔细观察三球仪的运动，尝试总结其中的规律，并进行记录。

③小组结束操作后进行讨论，将自己的发现与其他成员交流和讨论，整理出自己小组的共同发现。

学生活动：

按照实验要求进行分小组实验，记录小组的发现，整理后进行汇报分享。

小组1：我们不断转动三球仪之后能发现，地球一直在围绕太阳进行转动，形成了循环，这和我们之前阅读的资料相符。因此，我们认为地球绕太阳一圈，在地球上就经过了一年。

小组2：我们发现地球在围绕太阳转动的时候自己也在转，这应该是地球的自转。我们在地球模型上贴了一个小贴纸，这个贴纸有的时候是面向太阳的，有的时候是背对太阳的，这很像我们在地球上一天中的日升日落，因此我们认为这是一天的由来。

小组3：我们发现在地球绕太阳公转的时候月球也在绕地球转，并且地球绕太阳转一圈的过程中，月球一共绕地球转了大概12圈，我们认为这个和我们一年有12个月有关系。

小组4：我们还发现地球绕太阳转动时轨迹并不是标准的圆形，有时离太阳近，有时离太阳远，这样可能就形成了夏天和冬天。

师总结：同学们的发现很精彩。确实如此，通过三球仪模拟地球的自转和公转，我们就可以体会到地球自转一周，我们就会依次面向太阳与背向太阳，面向太阳时是白天，背向太阳时就是晚上，这样就形成了一天；地球绕太阳公转一周，我们就经历了一年；在地球公转的同时月球也在围绕地球转动，且一年内月球绕地球转动了大约12圈，这对应着地球上12个月的时间。经历了这样的模拟实验，我们对年、月、日的理解更深刻了。

【设计意图】本环节通过引导学生关注运动模型中地球自转和公转的现象，进而推测出年、月、日产生的依据，认识地球的公转、自转对人们生活的影响。

主题学习活动三：地球公转和自转，破解闰年的秘密

主题学习目标

目标一：通过实践研究，了解整百年中，平年和闰年的分布规律(四年一闰，百年不闰，四百年又闰)，并借助地球公转和自转了解规律背后的原因。

目标二：经历解决问题的全过程，探索查找资料的方法，提高查找资料的能力，积累解决问题的经验，培养发现、提出问题的能力。

目标三：激发数学学习的好奇心，体验实践活动的乐趣，培养克服困难的探索精神和探究未知世界的科学兴趣。

在学生的实际生活中很难遇到"百年不闰，四百年又闰"的情况，但"百年不闰，四百年又闰"又是平年与闰年分布中的一个重要规律。在这个实践活动中，学生通过独立探索，了解整百年份中，平年和闰年的分布规律。教师重点放在探索解决问题的方法和途径上，培养学生综合解决问题的能力。

学生已具备年、月、日的相关知识，能依据"四年一闰"的规律判断平年、闰年，也在前面的学习过程中积累了观察、比较等学习经验。

学生通过信息技术技能查阅资料或咨询了解"百年不闰，四百年又闰"的含义，并借助地球公转和自转了解规律背后的根据。学生进一步完善对闰年与平年的认识，积累解决问题的经验，提升学科素养。

环节一：问题引入

教师活动：

提问：2100年到底是平年，还是闰年呢？

生1：从2024年开始，四年四年地推算，学生判断2100年是闰年。

生2：用"四年一闰"的规律来判断。

出示2100年2月的日历，学生通过观察发现2100年2月有28天，2100年是平年。

提问：看到这样的结果，你有什么想说的吗？

生1：2100年怎么是平年呀？

生 2：2100 是 4 的倍数，为什么不是闰年？"四年一闰"的方法失灵了？

生 3：我猜想，会不会不是所有的年份都符合"四年一闰"的规律，还有别的规律？

师：今天，我们就来研究"除了四年一闰，闰年的排列还有其他规律吗？"这个问题。

环节二：制订计划

提问：同学们，你们准备怎样研究这个问题呢？要想做好研究，我们应该先制订研究计划。

1. 讨论做什么

提问：先来想一想，我们需要做哪些事？

生 1：我们可以通过获取资料来解释清楚这个问题。

生 2：我们要根据资料得到自己的研究结论。

师：我们还要把研究过程记录下来，再反思回顾，研讨交流时就有依据、有参考了。

2. 讨论怎么做

提问：通过交流，同学们明确了需要做哪些事，具体怎样做呢？我们接着讨论。

(1)查资料

提问：先来看看我们要做的第一件事——获取资料。同学们准备怎样获取资料？

生 1：我准备问家人，看看能不能找到这个问题的答案。如果家人也不知道，我准备去查一下相关的书籍。

生 2：我准备通过查万年历来找规律，得到问题的答案。

生 3：我准备直接在网上查一下，搜索关键词，会有很多条相关内容可以参考。

师：通过同学们的交流，我们发现获取资料有多种方法。

(2)做记录

提问：我们怎样记录自己的研究过程呢？

生 1：我们可以写下来，也可以录视频、拍照片来记录研究过程。

生 2：我们还要注意记录下自己的困难、思考和收获等。

师：我们可以用多种方式全面记录自己的研究过程。

3. 形成研究结论

提问：我们得出研究结论后，怎样呈现呢？

生：我们可以用文字、视频和照片来呈现自己的研究结论。

师：我们的研究结论可以用多种方式来呈现。随着结论的产生，可能又有新的问题产生，也要记录下来。

师：根据同学们的想法，我们可以设计这样一个"小问号"研究记录单。

"小问号"研究记录单

1. 确定研究问题	除了四年一闰的规律，闰年的排列还有其他规律吗？
2. 获取资料的方法	
3. 记录研究过程	
4. 研究结论	
5. 发现提出新问题	

师：同学们可以使用"小问号"研究记录单开始各自的研究了。

环节三：交流反思

师：我们来分享一下大家的研究成果。

1. 分享研究过程

生1：询问家人得到结论。

生2：借助日历找规律得到结论。

生3：借助网络搜索得到结论。

师：通过研究，我们对闰年的分布规律认识得更全面了。可以这样概括：四年一闰，百年不闰，四百年又闰。掌握了这个规律，我们在判断平年、闰年时就更灵活了。不是整百年份的用四年一闰的规律来判断，是整百年份的用百年不闰，四百年又闰的规律来判断。

2. 交流作品

师：通过研究，同学们得到了研究结论，接下来，我们来交流同学们的研究作品。

生1：研究记录单(如图3-4-2所示)

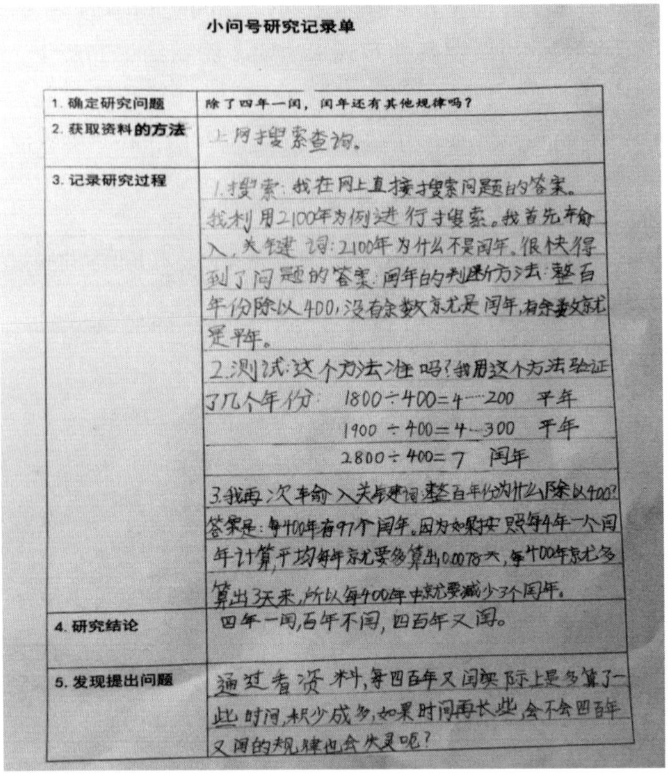

小问号研究记录单

1. 确定研究问题	除了四年一闰，闰年还有其他规律吗？
2. 获取资料的方法	上网搜索查询。
3. 记录研究过程	1. 搜索：我在网上直接搜索问题的答案。我利用2100年为例进行了搜索。我首先输入关键词：2100年为什么不是闰年。很快得到了问题的答案：闰年的判断方法：整百年份除以400，没有余数就是闰年，有余数就是平年。 2. 测试：这个方法准吗？我用这个方法验证了几个年份：1800÷400=4……200 平年 　　　　　　　　　　　1900÷400=4……300 平年 　　　　　　　　　　　2800÷400=7 闰年 3. 我再次输入关键词：整百年份为什么除以400？答案是：每400年有97个闰年。因为如果按照4年一个闰年计算，平均每年就要多算0.0078天，每400年就要多算出3天来，所以每400年中就要减少3个闰年。
4. 研究结论	四年一闰，百年不闰，四百年又闰。
5. 发现提出问题	通过看资料，每四百年又闰实际上是多算了一些时间，积少成多，如果时间再长一些会不会四百年又闰的规律也会失灵呢？

图 3-4-2　小问号研究记录单

生 2：数学小报(如图 3-4-3 所示)

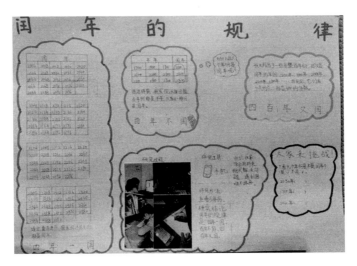

图 3-4-3　数学小报

生 3：借助地球公转和自转解释原因(如图 3-4-4、图 3-4-5 所示)

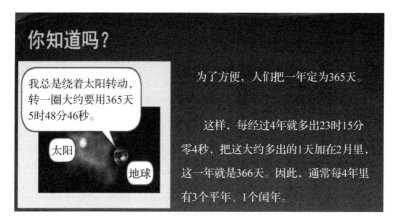

图 3-4-4　闰年介绍 1

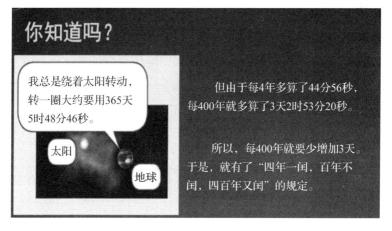

图 3-4-5　闰年介绍 2

3. 反思评价

师：得出研究结论后，还有一件非常重要的事，就是要进行反思评价。想一想自己哪里做得好，哪里做得不太好，可以怎样改进，以后遇到类似的问题可以怎么解决。

同学们可以借助这个反思评价单从四方面进行自我评价反思，这四方面分别是独立解决问题、选择合适的方法、找到问题的答案和发现新问题(表 3-4-1)。

表 3-4-1　实践活动反思评价单

独立解决问题	☺	☻	☹
选择合适的方法	☺	☻	☹
找到问题的答案	☺	☻	☹
发现新问题	☺	☻	☹

学生借助评价单进行自我评价、小组交流。

环节四：回顾小结

师：同学们，让我们一起回顾一下实践研究的过程。首先，我们确定要研究的问题是"除了四年一闰，闰年的排列还有其他规律吗"。然后，我们根据要研究的问题制订计划，我们思考了先做什么，再做什么，用什么方法做。于是，同学们根据自己制订好的计划，进行具体实施，解决了这个问题。解决问题并不是我们唯一的目的，我们还要通过交流和反思不断完善自己的认识，积累实践经验。

师：通过研究，我们对于年、月、日更加了解了。关于时间，你们还有哪些感兴趣的问题？

通过交流新问题，学生确定研究四季和二十四节气，继续探索其中的奥秘。

教师鼓励学生通过历史资料探究四季和二十四节气，进一步感悟时间、历法与太阳运行周期的联系，感悟中国悠久的历史和农耕文化。

主题学习活动四：二十四节气科学实验，破解四季与节气的秘密

主题学习目标

目标一：知道四季和二十四节气之间的联系，每个季节对应 6 个节气。

目标二：通过对中国古代土圭之法判别四季的了解，进一步感悟时间的意义和度量时间的必要性。

目标三：进一步感悟时间、历法与太阳运行周期的联系，感悟中国悠久的历史和农耕文化。

环节一：认识四季与节气的联系

教师活动：

同学们，在之前的学习中，我们已经了解了地球的自转和公转带来的年、月、日的更替，很多同学感兴趣的是古人怎么知道时间的？什么时候是春天？什么时候开始播种？下面，就让我们一起走进四季和二十四节气，它们之间又有怎样的联系呢？

学生活动：围绕查阅的资料，了解二十四节气和四季的由来，了解土圭之法。

资料一：

二十四节气，是上古农耕文明的产物，有着中华民族悠久的文化内涵和历史积淀。它最初是依据斗转星移制定，古人根据北斗七星"柄"的指向，指导农业生产。西汉汉武帝时期将"二十四节气"纳入《太初历》作为指导农事的历法补充，采用圭表测影法在黄河流域测定节气。现行的"二十四节气"来自三百多年前订立的"黄经度数法"。在历史发展中"二十四节气"被列入农历，成为农历的一个重要部分。

资料二：

据文献记载，我国中原地区在商时已出现了仲春、仲夏、仲秋和仲冬四个节气名称，周时期出现了八个节气名称。中原地区在 4000 多年前的陶寺遗址时期，已使用土圭法(圭表)测影，在河南洛邑测得天下之中的位置，定此为土中。圭表测影确立的"冬至"是二十四节气当中最早被周公测定出来的一个，把冬至作为二十四节气之首。"土圭测影"方法的要义是"树八尺之表，夏至日，景长尺有五寸(相当于北回归线上立杆无影)；冬至日，景长一丈三尺五寸"(即树起高为 8 尺的标杆，在夏至日观测，中午的日影是 1.5 尺，冬至日中午的日影是 13.5 尺)，"测土深，正日影，求地中，验四时"。《尚书》中就对节气有所记述。在商朝时只有四个节气，到了周朝时发展到了八个节气。公元前 104 年，由邓平等制定的《太初历》把二十四节气定于历法。

土圭之法是在平台中央竖立一根八尺长的杆子，观察这根杆子的日影长度。在一天中，正午时杆子的影子最短，记为这一天的日影。古代的人们发现，夏至时日影最短，冬至时日影最长，这样就通过日影的长度得到了夏至和冬至；然后，计算夏至和冬至日影长度的平均数，用这个平均长度确定春分和秋分时日影长度。于是，利用土圭之法便确定了一年四季。

教师活动：出示图(如图 3-4-6 所示)

师：通过交流，我们初步了解了二十四节气和四季的由来。结合图，我们可以进一步体会二十四节气和四季的关系。

学生活动：小组交流，全班交流

生 1：我发现一年有四个季节——春、夏、秋、冬，每个季节都对应着 6 个节气。

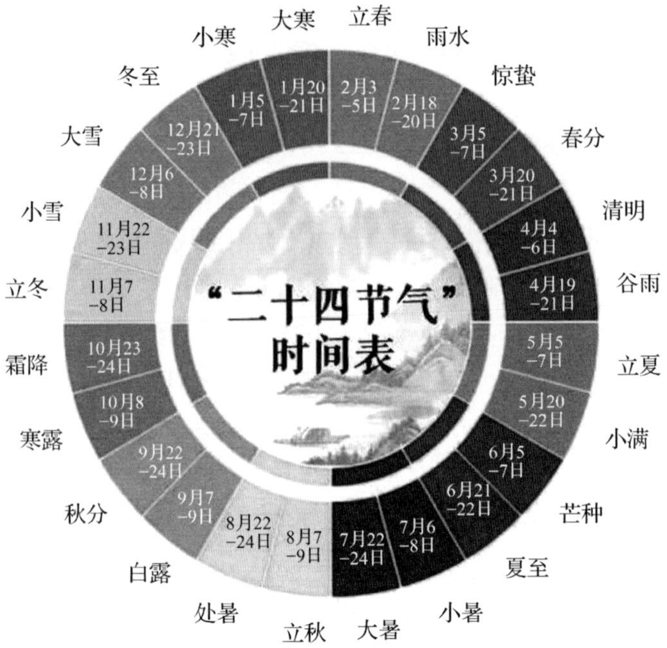

图 3-4-6　二十四节气时间表

生 2：每年二十四节气的日期都是在基本固定的日期到来。

生 3：古人是非常有智慧的，用土圭之法就确定出二十四节气，判断出四季，指导了古人的农耕生活。

【设计意图】学生围绕搜集到的资料进行交流，对资料进行进一步的筛选和理解，理解土圭之法。学生结合搜集到的相关资料，分组交流观察四季与二十四节气的资料，思考其中的关联。

环节二：实验土圭之法的秘密

(一)了解土圭之法

教师活动：

1. 谈话：很多同学特别感兴趣，土圭由哪几部分组成？它的用途是什么呢？请同学们查阅图片中的资料寻找答案。(如图 3-4-7 所示)

2. 组织学生交流：

土圭由哪几部分组成？它的用途是什么？

生 1：圭表，是由"圭"和"表"两个部件组成的。

生 2：垂直于地面的直杆叫"表"，水平放置于地面上刻有刻度以测量影长的标尺叫"圭"。

土圭之法资料

简介	基本构造	作用	定节气
土圭又称圭表，圭表是古代科学家发明的度量日影长度的一种天文仪器，由"圭"和"表"两个部件组成。圭表和日晷一样，也是利用日影进行测量的古代天文仪器，早在公元前20世纪，陶寺遗址时期，中国就开始使用了。	直立于平地上测日影的标杆和石柱，叫作表；正南正北方向平放的测定表影长度的刻板，叫作圭。当太阳照着表的时候，圭上出现了表的影子，根据影子的方向和长度，就能读出时间。	圭表是中国古代的天文仪器。在不同季节，太阳的出没方位和正午高度不同，并有周期变化的规律。于露天将圭平置于表北面，根据圭上表影测量、比较和标定日影的日、年变化，可以定方向、测时间、求出周年常数、划分季节和制定历法。所以圭表测影是中国古代天文学的主要观测手段之一。	夏至日行极北，日中时刻表影最短，冬至日行极南，日中时刻表影最长；春分和秋分太阳出没于正东西，日中时刻表影适中。

图 3-4-7　土圭之法资料

生 3：圭表就是垂直于地面立一根杆，通过观察记录它正午时影子的长短变化来确定季节的变化。

3. 制作土圭

谈话：下面我们就模仿古人的智慧，小组制作一个土圭吧！

(二)探究土圭之法

1. 模拟测量四季影长

谈话：很多同学特别感兴趣，中国古代是怎样运用土圭之法判别四季的呢？我们首先用刚刚制作的土圭模拟测量四季的影长变化，看看你们能找到什么规律。(图 3-4-8)

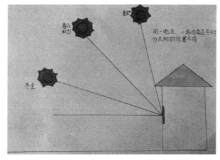

同一地点，一年四季正午时分太阳的位置不同

用手电筒模拟太阳的不同位置，观察影子的长度变化

图 3-4-8　模拟测量四季影长

2. 学生分组实验，教师巡视指导

3. 学生实验交流

生1：我发现夏至时太阳影长最短，冬至时影长最长。

生2：我发现春分和秋分影长基本一致，都是适中的长度。

生3：我还发现春分秋分的时候影长是冬至加夏至影长的和的平均数。

4. 谈话：同学们刚才的发现非常好，那么古人是如何用土圭准确划分一年四季，并得到二十四节气的呢？请同学们查阅资料，了解土圭之法的奥秘。

5. 学生交流

生1：我知道了夏至这一天不仅影子长度最短，还知道这一天白昼最长、夜晚最短。

生2：我发现冬至影子最长，但是白昼时长最短。

生3：春分和秋分影子长度适中，昼夜时长是一样的。

生4：我知道了古人通过土圭之法测量不同季节的影子长度，然后发现影长的变化规律，就产生了一年四季以及二十四节气。

6. 教师小结

通过学习，同学们知道了春分、夏至、秋分、冬至这四个节气是一年的关键节点。夏至日影最短，冬至日影最长，古人根据日影的长度得到了夏至和冬至，然后再通过均分确定春分和秋分，从而确定了一年四季。为了更好地感受土圭之法的绝妙，同学们可以分组利用土圭，每日定时定点测量、观察数据，体验古人的计时方法。

【设计意图】在实验探究环节中学生通过实验探究发现科学现象，接着通过对学生观察到的现象背后的科学原理进行深入分析和解释，使学生进一步理解四季和节气的联系。

主题学习活动五："年、月、日的秘密"实践总结分享会

主题学习目标

目标一：能使用活动评价单对自己参与此次实践活动的情况进行评价。

目标二：能够与他人表达与交流实践活动收获。

经历了跨学科主题实践活动，需要学生在总结和反思中积淀收获，积累宝贵的实践经验。

环节一：自我评价

师：经历了"年、月、日"主题实践活动，每个同学都获得了丰富的收获和成长。我们一起回顾一下，对自己的表现进行评价。

学生使用评价单进行自主评价(如表 3-4-2 所示)。

表 3-4-2 "年、月、日"主题实践活动评价单

活动表现	优秀	合格	再努力
能积极参与主题实践活动			
能发现、提出自己的问题			
能积极分析、解决问题			
在破解"年、月、日的秘密"的过程中，理解背后的科学道理，感受古人智慧			

师：可以用说一说、写一写的方式表达同学们的收获和感受。

教师先组织同桌交流，再进行全班分享。

环节二：成果展示

师：很多同学都选择了自己认为有纪念意义的一年，设计、制作这一年的月历牌，我们一起欣赏交流一下吧。

学生小组内交流，然后进行全班交流，大家说一说选择了哪一年，标记了哪些有意义的事。

生1：我选择制作 2023 年的月历牌，2023 年我 10 岁了，也即将是四年级的小学生了，我觉得很有意义。我在月历上标注了一些伟人的诞辰日，比如毛主席、周总理的诞辰，因为没有他们就没有我们伟大的祖国，也没有我们现在和平、幸福的生活。我在 9 月 7 日标注了袁隆平爷爷的诞辰，袁隆平爷爷是"杂交水稻之父"，袁隆平爷爷说过一句话："我毕生的追求就是让所有人远离饥饿。"我非常敬佩他。（图 3-4-9）

图 3-4-9 学生月历牌作品 1

生 2：我绘制的月历是 2014 年，这一年对我们全家来说都很重要，因为这一年我出生了。我把每个月的特殊日子都标记出来，比如，我在 8 月标记了 8 月 10 日这一天，因为这一天是我的生日。我还标记了 1 月 31 日这一天，它是我最喜欢的一天，因为这一天是春节，家家户户张灯结彩，我用一个灯笼来标记它，象征着喜庆和欢乐。(图 3-4-10)

图 3-4-10 学生月历牌作品 2

生 3：我选择的是 2022 年，这一年很特殊，因为它是我记忆最深刻的一年，我们成功战胜了疫情，迎接世界各个国家的朋友来中国参加冬季奥运会。我把每个月的特殊日子都标记出来，比如，我在 2 月标记了 2 月 4 日这一天，因为这一天是第 24 届冬季奥林匹克运动会在北京拉开帷幕的日子，也是中国立春节气，预示着春天来临之际，冰雪之约，如约而至，美好、唯美，所以用奥运五环来标记。我还标记了 3 月 15 日这一天，它是我最喜欢的一天，因为这一天小猫咪樱桃来到了我家，成为我家的一员，也成为我最喜爱的小伙伴，用猫头像来标记。这一年还有很多特殊的日子，都标记在月历牌上，也记在了我的心里。(图 3-4-11)

生 4：2013 年是我们大部分同学出生的年份，所以我们选择 2013 年。2013 年的 2 月 3 日农历腊月二十三是北方小年的日子，小年期间主要的民俗活动有贴春联、扫尘、祭灶等，人们开始准备年货，准备过年，表达了人们辞旧迎新、迎祥纳福的美好愿望。南方地区的小年是腊月二十四，江浙沪地区把"腊月廿四"和"除夕前一夜"都称为小年。2013 年 2 月 10 日农历大年初一是传统节日春节。春节是一个欢乐祥和的节日，是家人团聚的日子。春节期间，人们尽最大努力回家与亲人团聚。在这个节日里，亲朋好友相互拜年，表达对亲友的感情和对新一年生活的美好祝愿。2013 年 2 月 24 日农历正月十五是元宵节，又叫上元节，一元复始，万象更新。元宵节被人们视为春节最后的高潮，过了这天，人们真正进入新一年的工作生

2022年 2月 (Feb)

图 3-4-11　学生月历牌作品 3

活。所以人们在元宵节全民欢庆以祈求风调雨顺，庄稼丰收，这也表达了人们对新年的美好期盼。正因如此，在中国民间有正月十五闹元宵的习俗。(图 3-4-12)

图 3-4-12　学生月历牌作品 4

　　生 5：听了这么多同学的分享，我感到年、月、日的作用太大了，能帮我们记录成长中的每一个重要时刻。

　　生 6：听了同学们的分享，我感到一年一年就这么过去了，时间就回不来了。我们要珍惜每一天，不浪费宝贵的时间。让每一天都能过得有意义。

　　师：同学们制作了漂亮的月历卡，又进行了精彩分享。我们一起体会到了年、月、日对于生活的丰富价值。

师：在年、月、日的学习和实践过程中，同学们还有哪些收获呢？

生1：我带来的是一个关于二十四节气——小满节气的故事。二十四节气是值得我们骄傲的中华传统文化，背后蕴含着科学道理。

生2：我绘制的是一幅思维导图。它不仅包括年、月、日的基本知识，还与科学原理建立起联系，我觉得特别有意思。我一直以为数学问题数学课解决，没想到科学课也能解决数学问题。

生3：是呀，我发现不同学科之间都可以用一个问题联结起来。我特别喜欢在研究中把不同学科连起来的感觉。

生4：古人用土圭之法判断一年四季，这让我感受到了古人的智慧。遇到困难，我也要向古人学习，利用科学规律解决问题。

……

师：在年、月、日的学习中，同学们产生了很多问题，带着这些问题开始实践，科学知识成为解开一个个问题的钥匙。期待同学们继续开展这样有意义的实践活动。

四、设计的主要特色/亮点及思考

（一）案例的亮点或特色

1. 用学生对"年、月、日"的好奇引领学生实践

在数学学习过程中，教师鼓励学生提出感兴趣的问题，学生自然聚焦"年、月、日的来历""平年、闰年的规律"和"四季与节气"。学生的问题提出和解决贯穿整个跨学科主题活动，而且多数问题已经超越了数学学习范畴。这些问题既与数学密切相连，又自然指向了科学学科的实践，数学与科学的联结，帮助学生带着好奇去获得对于"年、月、日"的更加丰富的认识和理解，共同促成了学生对时间的认识及应用更加丰富、立体。

2. 借"年、月、日"科学探究实践活动培育学生的核心素养

跨主题实践活动将数学与科学学科进行整合，围绕核心问题进行科学探究，破解学习"年、月、日"时遇到的问题。围绕核心问题"年、月、日的来历""平年、闰年的规律"和"四季与节气"，学生在科学老师的指导和帮助下，借助科学的研究方法，开展以数学问题为起点的研究，逐一破解问题。就这样，数学、科学学科实现了课程间的强关联，在解决真实问题过程中，促进学生核心素养的发展。

（二）讨论的问题或反思

1."年、月、日的秘密"跨学科实践的最佳起点是什么？

学生在学习"年、月、日"时产生好奇，由好奇引发学生的真实的科学实践活动，相较于给定实践研究主题，在这次跨学科实践中，学生投入更多的情感和思维，产生强大的实践研究内驱力，在破解"年、月、日的秘密"的同时，也激发了学生科学探究的兴趣。常态开展跨学科实践活动，要充分考虑学生已有的经验和真实的好奇，将这些作为学生开展跨学科实践的重要基础和起点。

2."年、月、日的秘密"跨学科实践活动在与其他学科对接过程中要注意什么？

在开展此次跨学科主题实践活动时，主要与科学学科进行了对接，特别注意避免简单拼盘。避免的重要方式：始终以破解"年、月、日的秘密"为研究起点，"跨"的背后是基于数学、科学学科形成研究合力，聚焦合力破解"年、月、日的秘密"。教师引导学生体会科学学科是如何破解学生在数学学习过程中的问题，体会数学学科与其他学科的联系，为学生后续的学习和实践研究积累经验。

参考文献：

[1]中华人民共和国教育部．义务教育数学课程标准(2022年版)[M]．北京：北京师范大学出版社，2022．

[2]史宁中，曹一鸣．义务教育数学课程标准(2022年版)解读[M]．北京：北京师范大学出版社，2022．

课例五　共享单车的奥秘

杨自犇　王　慧　刘祥志　刘　彦　蒲佳音

扫码观看
课例视频

　　本案例基于学校关于跨学科主题学习的整体设计，呈现数理科技与生活跨学科专题中的一个主题案例——"共享单车"。

　　"共享单车"这一主题是人教版数学八下"选择方案"主题学习的一部分，聚焦方程和函数中的核心知识，引导学生发现实际背景下共享单车的复杂性和不确定性。案例以数学学科为主线，综合物理学、历史、劳技等学科开展深度学习。研究从了解单车的发展及历史开始，利用历史、道德与法治学科的研究思路关注新兴事物发展的历程；确定整体思路后，学生分组研究，探究单车在城市中的分布密度，关注割补法和统计调查在实际问题中的运用；研究不同品牌单车的骑行费用，从中选择最适合中学生的共享单车。在选择方案时，需要从数学的角度分析，涉及变量的问题常用函数；了解单车的性能问题，从物理的角度分析单车本身特点；体会数学与物理、人文科学以及生活的密切联系，能够用数学的思维去观察、分析和表达现实世界。

　　本跨学科主题学习共需 4 课时，安排如下：第 1 课时导入——生活实例引入，提出核心问题；第 2 课时探究——运用学科知识，小组合作探究；第 3~4 课时展示——小组成果展示，教师提炼总结。

一、主题选择及学习者分析

（一）主题选择的背景

1. 教育教学改革政策指引

　　2021 年 7 月，中共中央办公厅、国务院办公厅印发《关于进一步减轻义务教育阶段学生作业负担和校外培训负担的意见》，在"双减"政策指引下，教师如何做到让课堂进一步减负提质、赋有思维、结合真实情境，促进学生全面发展，我们需要思考并实践。

　　《义务教育课程方案(2022 年版)》要求"加强课程内容与学生经验、社会生活的联系，强化学科内知识整合，统筹设计综合课程和跨学科主题学习……强化课程协同育人功能"。跨学科主题学习体现了课程的工具价值即深化对学科内容的深层次理解，同时跨学科主题学习可以提升学生的思维品质，并要求学生运用多学科知识去解决现实问题。因此，教师在挖掘各学科的探究主题，促进学科内容落实的同时，帮助学生建立知识与现实生活的连接，成为教学团队应特别关注的问题。

跨学科主题学习是基于一门主要学科之上的课程。2022 年版义务教育各学科课标都对跨学科主题学习(或项目式学习)提出了具体要求和建议。物理课标关于跨学科实践提出三个二级主题，包括物理学与日常生活，物理学与工程实践和物理学与社会发展，旨在发展学生跨学科运用知识的能力、分析和解决问题的综合能力、动手操作的实践能力等。

2. 学生核心素养培养要求

数字化时代背景下，培养学生终身学习能力与发展学生核心素养，满足未来社会发展需求成为基础教育改革的趋势。核心素养的核心是运用知识和技能解决现实问题所必需的思考力、判断力、表达力及人格品性。以数学学科核心素养为例，其主要包括三个方面，即会用数学的眼光观察现实世界，会用数学的思维思考现实世界，会用数学的语言表达现实世界。在第三方面特别提到"通过数学的语言，可以简约、精确地描述自然现象、科学情境和日常生活中的数量关系与空间形式；能够在现实生活与其他学科中构建普适的数学模型，表达和解决问题；能够理解数据的意义与价值，会用数据的分析结果解释和预测不确定现象，形成合理的判断或决策；形成数学的表达与交流能力，发展应用意识与实践能力"。

以物理学科核心素养为例，其主要包括物理观念、科学思维、科学探究、科学态度与责任。希望学生能够将所学物理知识与实际情境联系起来，能从物理学视角观察周围事物，解释有关现象，解决简单的实际问题。通过探究性实验和测量性实验培养学生发现问题和提出问题的能力、动手操作和收集数据的能力、分析和处理数据的能力、解释数据的能力、表达和交流的能力，引导学生学会学习、学会合作，培养学生严谨认真、实事求是的科学态度。

我们深知，传统教学方式注重学科知识的系统性和逻辑性，却忽视了学生高阶能力及人格品质的培养，导致学生很难将学科知识与社会生活中的实际问题对应起来，并运用所学来解决现实问题，以实现知识在现实生活中的迁移与应用。因此，要实现学生核心素养的培养，就要进行学习方式的转型，关注课程教学与学生生活世界的连接，帮助学生形成整体认知，让学生在体验和实践中学习，获得知识、能力和意志品质的整体发展和提升。

3. 学校跨学科学习整体推进

学校重视课程体系建设，课程内容和具体实施也在课改引领下不断迭代。教与学方式变革是助推课程实施的不竭动力。学校从 2014 年开始首先在 AP 高中推进跨学科项目式学习，并以课程的形式在高二下学期开展为期两个月的专门研究。基于对学生长线观察和分析，我们看到了项目式学习给学生带来的持续性积极影响，因此将项目式学习在普高和初中延展。

跨学科主题学习与项目式学习相类似，都是采用跨学科的方式来分析和解决真实问题。对于学科教师来说，如何确定跨学科主题非常关键，它关乎操作的起点，同样也关乎实施效果。为此，学校在 2022 年版新课程方案及新课标颁布以后，首先组织全校教师以学科组为单位进行课标研读；后通过科研年会，进行跨学科主题头脑风暴并将结果面向全体教师进行分享。我们发现大家呈现出来的主题宽泛，不利于课程实施。因此，学校在专家的引领下明确了研究主题的思考角度，即基于课标建议、基于教材内容、基于学生兴趣，基于本地资源。

基于基础教育学段特点和联系紧密性，我校确定以年级为基本单位进行跨学科主题学习实施，并提出主题要求满足的五要素：基于课标与教材，联系生活实际，激发学生兴趣，突出学科特色，体现跨学科融合。年级学科教师一起商议并明确学年项目式学习主题，主导学科及其他关联学科指导教师联合确定实施工作步骤、评价方式、成果呈现及汇报等。主导学科的组长作为该主题的负责人，协调多学科教师按照方案进行有序推进。

文科主要设计和开展融合性专题课程，将语言类、文综类课程的跨学科实践与学科德育相结合，围绕政治、文化、经济、社会和生态文明五大专题领域开展学习，其目标是培养学生的跨学科素养，将知识融会贯通，发展全面、联系、发展、辩证等哲学思维和质疑、分析、选择、判断等审辩思维，提高逻辑推理和思维表达能力(如表 3-5-1 所示)。

表 3-5-1　学校不同学科项目学习主题示例

学科	政治专题	文化专题	经济专题	社会专题	生态文明专题
语文 英语 道德与法治 历史 地理	百年征程历史永驻 双奥之城与冬奥精神 总体国家安全观	重走北京中轴线 非遗有约 中西方重要节日的习俗及内涵	"一带一路"的经济价值 从四大文明看中国贡献	中国抗疫与维护国家利益的关系 学习公共管理，争做城市主人 坚持权利与义务相统一，增强法治意识	认识碳达峰碳中和 探究永定河治理对北京沙尘天气的影响 "互联网＋"背景下学生低碳生活方式的养成

理工科与生活和科技发展联系更加紧密。因此，我们规划了数理科技与生活跨学科专题课程，目的是让学生学会观察和了解生活，用所学知识和技能去解决生活中遇到的实际问题，运用智慧改变和提升生活质量，为社会生活的进步贡献力量。以劳动和通用技术学科为例，教师主要开展了纵向贯通初高中学段且体现课程进阶，横向融合劳动与数学、艺术、生物等学科的"三师"课程，培养学生成为"环境美化师""产品设计师""科技创造师"，让学生理解劳动创造美好生活的道理，提升审美鉴赏能力，并利用跨学科知识进行空间环境的美化及优质生活产品的创造。

4. 学科已有探索和积累

作为"海淀区指向核心素养的项目学习整体改革推进"项目试验校，从 2022 年 1 月起，在北师大专家团队、海淀区教师进修学校专家团队的引领下，初中数学教研组对跨学科项目式学习进行了持续探索与实践。

根据初中数学学科课程标准、学科核心素养、初中学生身心发展特点及我校的学情，我校在国家课程的基础上构建了互相交织、互相促进的多元数学课程，项目式学习课程作为四大板块之一。

整体思路：在跨学科主题(项目式)学习的整体设计上，以数学学科为依据，关注数学学科与其他学科、学生生活、社会生活之间的整体联系；以发现问题、解决问题为中心，以活动为主要形式，以综合性学习内容和综合性的学习方式促进学生发展，初步形成探索问题和解决问题的能力。这种学习形式，目的是提供发展学生综合实践能力的机会，发展其创新意识与实践能力，也是学科核心素养落地的保证。

实践规划：跨学科主题(项目式)学习以年度为单位进行规划，具体操作如下。

(1)团队理论学习

学科组全体教师参加跨学科主题(项目式)学习研修，共同学习相关理论，如内容的选取、驱动性问题的设计、目标的确定、学习里程碑的确定、学习评价标准等。

(2)大主题确定基本原则

研究主题贴合生活实际、关注素养，与常规教学内容有机融合，注重跨学科的尝试。

(3)分享交流

项目组进行阶段性的交流与沟通(小组两周一次、大组每月一次)。

(4)专家指导

项目组每个研究主题均在中期报告、展示课和终期汇报阶段请专家进行听评课指导和后续推进建议。

已有积累多项项目式学习主题(如表 3-5-2、表 3-5-3 所示)。

表 3-5-2　学校初中数学学科项目式学习实践汇总(1)

	初一备课组	初二备课组
2022.1	项目式学习开启 主题：北京冬奥会中的数学奥秘	
2022.2—2022.3	研究阶段(一)：三个项目子课题的确定及研究	
2022.4	中期汇报(展示课)、专家点评指导	项目式学习开启 共享单车中的数学奥秘
2022.5—2022.6	研究阶段(二)：结合专家指导进行完善(特别是项目优化研讨会的推进)	研究阶段(一)：一个项目课题的确定及研究
2022.7	专家点评指导(本学期项目式学习推进工作的点评及下学期的建议)	
2022.8—2022.9	学校实践经验的区级分享、区域分享	研究阶段(二)
2022.10	四个项目最终成果的呈现(案例、论文) 项目式学习典型案例的汇总、沉淀(海淀区、北京市、教育部) 新初一、新初二数学备课组——项目式学习的理论学习(驱动性问题、项目日历、项目里程碑、评价标准……)；新学期项目式学习的启动	

表 3-5-3　学校初中数学学科项目式学习实践汇总(2)

	初一备课组	初二备课组
2023.1	项目式学习开启 主题：你的套餐我做主 韩老师	项目式学习开启 主题："体育运动"中的数学奥秘 唐老师
2023.2—2023.3	小组分工、培训、研讨； 小组评价	
2023.4	海淀区研究课、专家点评指导	
2023.5—2023.6	结合研究课的反思、专家指导进行项目式学习的完善(特别是项目优化研讨会的推进)	
2023.7	本学期项目式学习推进工作的总结及下学期的建议	
2023.8—2023.9	两个项目最终成果的呈现(案例、论文) 项目式学习典型案例的汇总、沉淀 新初一、新初二数学备课组——新学期项目式学习的启动	

　　本案例主题为"共享单车的奥秘"，以数学学科作为主导，横向融合了物理、劳动等学科课程。主题内容来源于人教版八年级《一次函数的实际应用》。学生利用函数学习时积累的方法及七年级阶段所学的方程、不等式的知识就能解决问题。在解决课本中设计的问题后，学生发现影响单车的因素不仅仅涉及数学中的函数问题，在调查用车偏好时用到了七年级数学中的统计知识；在研究单车分布情况时用到了七年级数学中的割补法；在考虑单车结构时，八年级物理学科中的质量、摩擦力等是可以进一步研究的方向，由此学生在研究过程中提出新的问题并利用初中七、八年级所学的知识尝试解决。因此共享单车的跨学科主题学习源于教材，基于学生兴趣和需求，在实际情境中发现问题，并将其转化为合理的数学问题或其他科学问题，在独立思考和他人合作中理解数学，应用数学，发展学习能力、实践能力和创新意识。

二、主题覆盖的核心知识

（一）主题学习的价值

　　结合八年级学生身心发育特点，我校八年级数学"学科育人"魅力课堂的实施宗旨：用"数学之美"陶冶学生，在课堂学习中展示数学的思想内涵。教师引导学生体会数学课程中蕴含的美学元素，学会感悟、创造、表达数学所独具的学科之美，使数学学科成为学生追求真善美的教育资源。如"轴对称——感受数学之美"让学生感受数学的"美观"；勾股定理的"三生三世"，让学生感受数学的"美妙"；特殊四边形的"美学"应用，让学生感受数学的"美好"；"黄金分割"，让学生感受数学的"美思"……"共享单车的奥秘"这一跨学科主题包含了丰富的育人价值，我们从以下几个方面进行讨论：理性思维、科学精神、严谨求实态度；应用与实践能力；创新意识和创新能力。

1. 理性思维、科学精神、严谨求实态度

　　在人的发展中，科学精神和理性思维是必不可少的重要素养，共享单车主题中的对单车价格的探索是两种素养的一种体现。要解决哪款共享单车更便宜的问题，学生需要查阅不同款单车的价格说明，从具体的描述中，探索价格与使用时间之间的数量关系，并用方程、不等式和函数等数学语言描述，从而建立起准确的、一般性的共享单车价格模型。这一探索过程使学生面对实际生活中其他价格问题时，会有一套解决模式，得到能够解决更多问题的方法。这些思维过程就是科学精神的体现，这些思维方法也有助于帮助学生建立理性思维。

2. 应用与实践能力

　　进入社会后，学生是否能运用所学知识解决问题是育人的最重要价值之一。共

享单车提供了实际情境下的研究，学生在探索共享单车奥秘中，需要对现实问题抽象，并用学过的知识语言表达和解决。在对单车性能的研究中，学生从物理的视角提出问题、分析问题、表达问题、设计实验、求解结论、验证结果，最终得到符合实际的结果。这一过程有助于促进学生运用知识解决问题的能力，对人的发展至关重要。

3. 创新意识和创新能力

创新就是面对问题做过去没有做的事情，用过去没有用过的方法，能比过去更有效地解决问题。对育人来说，创新也是重要目标。在共享单车研究中，学生就有了这样的机会。研究中发现实际生活中影响共享单车发展的因素很多，按照课本所学寻找价格与时间的关系建立模型不符合实际，学生采用价格和使用次数分段建立模型，用新的变量描述了函数的规律，既符合科学规律，又大胆创新，设计出更符合实际情况的方案。

(二)学习者分析

1. 学习经验

八年级的学生正处在从经验型学习向理论型学习过渡的阶段，同时也是他们抽象思维形成的重要阶段。进入初中学段的他们，接触到了生物、地理、物理等学科知识，对科学类的学习方法和能力也有一定了解。八年级的学生思维能力发展较快，有较强的求知欲和表现欲，愿意合作探究，也不缺乏自主学习的能力。

2. 知识储备

学生经历过利用方程、不等式、函数解决实际问题的过程，初步具备方程及函数思想；学生基本掌握了物理学科中的"质量""力"等概念，会运用物理概念分析实际问题。学生综合运用数学学科中的一次函数与物理学科的相关知识解决复杂的实际问题有一定的困难，教师需要选择适当的方法给予引导、突破。

3. 发展需求

从学生发展需求来看，函数的学习要求学生的思维方式要随之改变，这是对学生思维能力的考验，也是其数学认识的一次重要飞跃。学生在学习一次函数的过程中，随着问题情境复杂化，他们对一次函数知识理解的深度不够。本次主题选择的是共享单车，聚焦学生的日常生活，主题符合学生的学科及情感需求，引发了学生的研究兴趣，虽有难度但也可以综合运用数学、物理等学科知识进行探索。

三、主题学习/活动整体设计

(一)设计理念与思路

本主题设计的理念在于激励学生自我构建一个有效的学习情境，要求学生针对共享单车受欢迎程度这一主题做知识广度和深度的探讨。这一教学主题不是由教师单方面设置的特定知识体系的载体，它是教师与学生在共同探究发现中形成的，是基于"跨学科项目式学习"的教学设计。它主要体现在三个方面：第一，共享单车引发师生共同的兴趣，学生日常使用过程中容易接触到，资料收集容易，学生愿意研究；第二，学科教师提供了解决问题的核心知识，学生有条件继续探索；第二，共享单车话题是人教版数学《选择方案》主题学习的一部分，以方程和函数中的核心知识方法为开端，课堂上学习书本内容的同时，发现实际背景下共享单车的复杂性和不确定性，从而综合物理、历史、劳技等学科开展深度学习。

项目实施的整体思路和路径。

思维层面：学生通过驱动性问题"哪种类型的共享单车更受欢迎？原因是什么？"，从思维的角度感受研究的逻辑线，在共同的研讨中理解项目学习与学科内容及跨学科内容之间的关联；在研究的过程中，灵活应变，并且能够将数学学科对共享单车的相关研究方法迁移演绎到物理、劳技学科之中，最终学生得到发展的是思维和能力。

过程层面：在课程整体设计的基础上，我们明确项目学习课程的实施思路，教研组负责进行指导，备课组负责具体制定、实施各项目学习课程的详细活动方案。一方面，教师需要联系安排好学生实践、调查、参观的现场事项，加强与有关方面的协调，充分考虑实践各个环节需求，提前准备，有序衔接，确保实践活动按计划进行，同时加强学生校外活动的安全管理；另一方面，教师注重创设活动情境，选用贴近校园、贴近生活、贴近学生的题材，积极利用新媒体手段，激发学生兴趣，发挥学生在实践中的主动性、积极性和创造性。教师需要抓好实践课程各环节工作，指导学生提前收集准备相关资料，做好学生调查分组分工，引导学生按课程设计进行分析、交流、总结，培养学生开展调查分析的能力。教师要增强学生的团队精神，引导学生既按分工要求独立开展相应活动，又要加强沟通交流，共同研究讨论，鼓励学生发表个人见解，形成良好的实践学习环境。

对于研究主题"共享单车的奥秘"，学生在导引课中接触到"共享单车省钱"话题。在教师设计的背景下学会利用方程、不等式及函数等工具研究不同方案下的价格问题。学生在学习过程中学会将实际生活的变化问题用函数（数学）语言表达，在解决问题中利用函数图像和方程、不等式刻画变化过程中的相等关系，最后将函数语言转化为实际语言，解决实际问题。学生在规划积累课中以小组为单位，讨论影响单车选择的更多因素，选择本组重点研究内容，分组制定研究方案，展示研究后确定研究方案。最后学生在项目展示课上分组汇报，围绕猜想小青是最受欢迎的共享单车进行展示，倾听的同时总结点评，对本次主题学习进行总结和反思。

(二)学习目标

1. 用学科观点思考

通过探究实际生活中"选择何种品牌共享单车"，引导学生利用数学知识(函数)来解决价格对比，利用物理能力(实验)来解决性能对比。教师在发现问题、提出问题，启发学生做出猜想与假设的过程中，培养学生建模的能力；运用数学、物理等理科知识综合解决问题的过程中，培养学生的应用意识。

2. 用学科思维探究

通过数学学科抽样调查得出猜想，通过物理学科自主选择器材、设计不同的实验方案，给学生提供自主探究的时间和空间，培养学生设计实验方案、收集证据的能力。在动脑思考、动手操作的过程中，培养学生用科学的眼光看待现实世界，具备创新意识；在数据收集整理和分析的过程中，感知大数据时代数据分析的重要性，培养学生重证据、讲道理的科学态度。

3. 用学科语言描述

通过小组间分享多组数据，找到普遍规律，培养学生的合作意识；通过小组成果分享展示，培养学生欣赏并学习其他同学的思考角度与成果，具有发现、感知、欣赏、评价他人作品的意识和基本能力，利用数学、物理、劳技以及人文学科综合解决问题，培养学生综合素养。

(三)学习重点、难点

重点：利用函数等数学知识将实际问题转化为数学问题并通过科学合理的模型进行研究。

难点："共享单车"所涉及的数学、物理、劳技、人文学科等知识之间的联系。

(四)学习评价

本次跨学科主题学习主要使用过程性评价，从评价方式来说，采用多元的评价手段。每一个学生的学习能力都各具特点，并有自己独特的表现形式，有自己的学习类型。因此，我们应承认学生的个体差异，我们的学习评价要为学生服务，不是给学生一个定论，更不是给学生一个等级或者分数。关注学生在学校中的进步，给予学生发展性的绿色的反馈和评价，帮助学生认识自我，通过反馈促进学生改进，促进学生的提高。评价不仅仅包括"师生互评""生生互评"，还包括"家长评学生"等，还有评价方式的多样化，归纳为语言激励、肢体赏识、精神鼓舞、物质奖励。

评价的目的不是选拔优秀，而是发现每个小组研究过程中的亮点，发现他们研究方案中的可持续性，实现学生深度学习的愿望，拓展学生研究问题的广度。主要是三个维度：小组自评、小组互评和教师评价。评价的方式主要是两个方面：第一，作业。每组根据本组选择的研究角度完成研究展示 PPT 一份。对于 PPT，采用小组自评、小组互评以及教师评语三种评价方式，促进学生自主思考，互相学习，最终根据教师评价总结反思。第二，小组成果展示。展示课上，分组对研究内容进行汇报。下一组和教师现场点评。课下每组完成评价表格填写。

组员分工记录表

第　1　组　　　　　　　　组长　学生 1

组员	任务	完成时间	收集的资料
学生 1	制作 PPT 梳理文稿 资料查找	5.14	共享单车在世界与中国分别的历史起源、发展情况与近几年的市场竞争现状
学生 2	根据统计数据分析得出结论	5.7	
学生 3	资料查找	4.29	政府是否出台了支持共享单车的政策？是什么？
学生 4	资料查找	4.28	各种单车的外观特征，专门针对小青单车在市场中的策略进行查找
学生 5	制作问卷	4.28	
学生 6	统计问卷数据 制作统计图	5.4	

（五）资源支持/活动指导

人员：数学、物理和劳技老师

环境设备：电脑、投影仪、3D 打印设备

教师指导：区教研员、北师大专家团队听评课活动设计

四、具体学习任务/活动

本次主题课程实施按照四个阶段设计。

第一阶段：导入课(生活实例引入，提出核心问题)。结合一次函数学习，聚焦共享单车话题。

结合一次函数学习及物理学科的知识与方法，聚焦共享单车话题。			
实践意图	学生活动	教师组织	学业要求
学生面对同一问题，有时有不同的实施方案。比较这些方案，从中选择最佳方案作为行动计划，是非常必要的。在选择方案时，往往需要从数学的角度分析，涉及变量的问题常用到函数。同学们通过讨论共享单车问题，体会如何运用一次函数选择最佳方案。	(1)全班积极探索，寻找开展共享单车研究的角度，学生积极分享使用共享单车的心得。 (2)学生在讨论中意识到省钱对选择共享单车的重要性。	(1)从生活实例引入，学生独立思考讨论后，教师引导全班学生学习一次函数解决实际问题的思路。 (2)教师通过问题串的引领，帮助学生分析共享单车费用与使用时间两个变量之间的依赖关系，从而建立函数关系表达简单规律，借助函数知识获得合理的解答。	(1)能够明确并了解课程主题——利用一次函数解决共享单车费用最省问题。 (2)能够积极思考并回答问题，能将实际问题转化成数学问题，并解决问题。 (3)能够积极思考，并对函数解决实际问题有清晰的思考。
聚焦共享单车的骑行费用，解决哪种共享单车出行更省钱的问题。	(1)学生独立思考，发现单车收费方式中出现的会员费、骑行时间、超出时间后单价以及骑行费用四个基本量，分析其中的变量：骑行费用以及使用时间，利用变量之间的关系建立函数解析式，确定不同方案的不同表达方式；通过对变量的分析，理解用函数表达变化关系的实际意义。 (2)小组合作，讨论两种方案的不同函数解析式代表的实际意义，确定省钱方式；理解函数与对应的方程、不等式的关系，增强几何直观。	(1)组织学生独立思考，发现实际背景中的常量和变量，引导学生分析题意，确定变量之间的函数关系。 (2)通过小组讨论，教师引导学生关注不同方案间的相等关系、大小关系，利用函数与方程和不等式关系解决选择方案问题，其中函数图像的几何直观是学习的重点和难点。	(1)能够理解并思考教师提出的问题。 (2)小组活动能够表达自己的想法，倾听同组成员的发言后，能批判性地对自己的想法进行改进，并在小组长的带领下汇总小组讨论成果。

续表

实践意图	学生活动	教师组织	学业要求
在数学学科的基础上，继续提出问题，引入跨学科思考。	在选择共享单车作为代步工具的时候，我们除了要考虑价钱的因素外，还要考虑哪些因素？	骑行的提速、操控性、舒适度及安全性等。	从常见的生活情境中创设问题，明确课程主题。
提出物理学科的探究问题。	请同学们选择其中一个方面并将其转化为一个具体的测量实验。	测试不同品牌的共享单车的质量；测试不同品牌的共享单车的提速性能；测试不同品牌的共享单车的刹车制动性能等。	培养学生将生活的实际问题转化为具体的探究或测量实验的能力。

第二阶段：探究课(结合函数及物理相关知识，收集相关资料)。会用一次函数、物理学科等知识多角度解决方案选择问题，能从多学科思考、收集单车的信息。会用一次函数知识进行方案选择，能从不同角度思考问题。

实践意图	学生活动	教师组织	学业要求
对解决哪款共享单车更省钱的问题进行方案和思路梳理。利用研究共享单车选择方案中的所得，解决共享单车新的方案选择问题。	学生积极举手发言。预期顺序：代数解法：列出两种方案相等的方程，根据方程的解确定界点，根据界点划分范围，分段得出最优方案。函数图像解法：根据解析式画出图像，根据图像特征，找到交点，根据图像位置高低，判断省钱方案。数形结合的想法：先根据函数图像直观确定省钱范围，通过方程或者不等式算出准确范围，给出最佳选择方案。	(1)小组展示的要求，其他小组的点评和教师的总结，提出启发性的问题。(2)整理归纳，引导学生从解析式和函数图像两个角度分析问题，体现数形结合思想。	能够倾听同学的想法，学习吸纳不同的方法，最终确定解决问题的最佳方案。

续表

实践意图	学生活动	教师组织	学业要求
回顾生活实际，讨论共享单车话题中其他方面的内容，发现这些内容中影响选择的因素，启动探究共享单车的奥秘的项目式学习，布置小组任务，收集影响共享单车选择的相关资料。学生能够用数学、物理的眼光关注日常生活，提升学生运用数学知识解决实际问题的兴趣。	学生自由分组，分组制订问题解决的方案，包括人员分工、时间规划等。	引导学生以小组为单位，通过上网查阅资料以及翻看教科书确定选择共享单车的因素。引导学生通过人员分工、时间规划等方式落实小组任务。	能够与他人合作，提出解决问题的思路，能够设计解决问题的方案；能够通过上网查阅的方式解决问题。

实践意图	学生活动	教师组织	学业要求
从物理学科的角度设计实验。	请分小组选择其中的一个实验进行设计并设计记录表格。	(1)测量不同品牌的共享单车的质量。使用台秤、拉力传感器等工具利用杠杆原理，用测力计分别抬起自行车前后轮，根据杠杆平衡条件，可以得到自行车的重力为二力之和。 | 共享单车品牌	小黄	小青	小蓝
质量/kg				 (2)测量不同品牌的共享单车的提速性能。(将提速性能高低转化为相同动力情况下移动的距离长短) ①在水平路面、无风情况下，某位同学骑小黄车出发，以2圈/秒的速度踏动踏板，5秒钟后停止踏动，直到自行车停下来，记录起点到终点的数据。 ②保持路面、风速、踏频等其他因素不变，该同学更换不同品牌的共享单车，仿照步骤①再次测量，并记录数据。 (3)测量不同品牌的共享单车的刹车制动性能。(将刹车性能转化为相同速度情况下的制动距离远近) ①在无风情况下，某位同学从斜坡上某位置骑	通过自主选择实验器材，测量不同单车的质量，激发学生的主动性和创造性。 基于实验目的，将提速性能转化为可测量的物理量，培养转换法的应用；通过控制变量的方法设计实验培养探究的能力；通过设计表格，培养学生实事求是、简单明了记录实验数据的能力；提升学生运用数学知识解决实际问题的兴趣。

续表

		小黄车出发，不踏动踏板，在车驶入水平面时迅速刹车，直到单车停下来，记录单车在水平面移动的距离。 ②在无风情况下，该同学从斜坡上同一位置骑其他品牌的共享单车出发，不踏动踏板，仿照步骤①再测几次，记录单车在水平面移动的距离 s 于表格中； 共享单车品牌｜小黄｜小青｜小蓝 制动距离/m｜｜｜	将刹车性能转化为可测量的物理量，培养转换法的应用；通过控制变量的方法设计实验培养科学探究的能力；通过设计表格，培养学生实事求是、简单明了记录实验数据的能力。

第三阶段：初步成果讨论课(分组讨论，确定研究方案)。讨论影响共享单车选择的不同因素，确定本组重点研究内容(人员分工、时间规划、实施路径、预期成果)，分组展示初步研究方案；自评互评初步方案中的亮点和不同，修改后确定方案。

分组展示选题之后的研究成果。

实践意图	学生活动	教师组织	学业要求
通过不同小组对共享单车不同角度的展示，丰富了共享单车的研究内容，通过小组间的点评和教师的引导，确定影响共享单车选择的核心因素。	学生做小组分享。 (1)共享单车的历史。该组同学通过网上信息，整理了共享单车的发展历史。 (2)在班级内进行了全面调查，发现选择小青的人占多数。 (3)共享单车的刹车、舒适度、轮胎等物理特性对选择的影响。 (4)共享单车的投放范围、密度。 (5)共享单车的价格。 同学们认真倾听其他小组的分享，提炼并学习不同小组所展示的知识点，吸收同学发言中的闪光点，找到自己小组所查阅资料中的不足。	教师肯定学生们的讨论和成果，引导学生从对选择共享单车有影响、现阶段可以解决等角度进行分享，并适时进行补充，引发学生的深入思考，帮助学生们提出猜想：小青是现在最受欢迎的共享单车。 (1)教师总结归纳各组共同关注的因素：单车的分布、价格、性能以及历史。 (2)教师提供一些新的思路，如价格的研究，针对真实场景数据繁多的情况，可以化繁为简，抓住问题中的核心变量，简化研究角度，或者建立特殊场景下的数学模型，解决问题后推理一般场景，体会从特殊到一般的研究思路。 (3)教师认可跨学科的角度，历史、道德与法治、物理对猜想进行补充证明，引导学生综合利用所学解决问题。	能够根据他人的分享进行自我学习与反思，能够提炼其他小组的知识点并进行总结归纳，丰富自己的学科知识。对比不同小组的展示结果对本组研究内容进行补充。

自评互评各组初步研究方案亮点和不足，针对评价改进研究方案，最终确定实施方案并向全班展示。

实践意图	学生活动	教师组织	学业要求
此环节可以检验学生是否理解对现实问题的发现和提出有意义的数学问题，是否学会了用函数研究实际问题的思路。同时，该任务可以锻炼学生对于知识理解之后的运用能力。小组成员通过合作共同完成，可以考验小组成员的合作能力。	(1)在具备理论知识的基础上，思考验证全班的全面调查结果"小青是现在最受欢迎的共享单车"的实施方案。 (2)学生分享本组的实施方案以及分工，其他组点评。	(1)提出猜想：小青是现在最受欢迎的共享单车，引导学生关注其中一个因素并重点探究，提出本组详细方案，对猜想进行验证。 (2)教师在小组展示后进行引导：方案中的亮点，其他小组可以学习的地方；方案中的不足，新知识学习；课下还需要完善的内容。	(1)能根据问题的背景，通过对问题条件的分析，构建数学模型，并设计迭代图形的绘制方案。 (2)能够结合设计方案，以小组为单位进行交流讨论，发表自己的看法吸收不同小组的方案，并完成设计。 (3)在师生交流的过程中，学生养成批判质疑的意识，发展创新意识。能够根据他人的反馈进行自我反思，完善设计方案。
学生经过小组合作，同伴交流等，提高学生的表达及协作能力。在问题的提出、分析、解决的过程中，培养问题意识，提升了数学运算、数学建模等方面的数学素养。	小组分享后，小组再次讨论聚焦选定本组研究角度，针对分享中同学提出的建议和教师的指导完善研究思路，最终确定研究方案。包括人员分工、时间规划、实施路径、最终报告。	(1)教师巡视每组的讨论情况，关注每个学生的参与情况，记录项目式学习的过程性评价。 (2)教师给予每个小组最终方案的点评，肯定学生的思路，提出开放性的、非常规的问题，引导学生一步一步拓展研究深度。	能够全神贯注投入小组讨论，逻辑清楚地表达自己的想法；能够客观评价自己及他人；能够根据他人的反馈进行反思，确定小组最终方案。

第四阶段：展示课(小组展示总结)，分组展示小组研究成果。

教学阶段	教师活动	学生活动	设置意图
创设情境	回顾共享单车项目式学习的研究历程，明确研究主题——共享单车受欢迎的原因。组织学生进行小组展示，适时点评。	小组准备汇报 第一小组上台分享共享单车的发展历史；其他同学倾听分享并点评。 共享单车背景——起源与发展	明确主题
温故知新	教师点评：分析背景对共享单车的发展时，使用了道德与法治学科的研究思路，做到了学科融合。 总结小组汇报中的亮点，引导学生对小组展示进行点评反馈。	小组分享内容：共享单车起源于荷兰，2016 年在国内风靡。风靡的原因从人民需求、政策支持以及公司发展给出，结合问卷调查得出初步猜想：小青是最受欢迎的共享单车。也指出了本组的不足：统计调查数据偏少，可能会出现偏差，需要其他方面的验证。 学生点评：有背景，起源。 第二小组聚焦单车的分布密度；其他同学倾听点评。	展示学习成果
小组汇报总结	教师点评：使用学过的数学知识解决问题，学以致用。有提出问题、解决问题的能力，有科学探索的精神。	小组分享内容：网上搜索三款共享单车在北京的分布地图，通过数学方法，分别用其分布面积比上北京市总面积得出初步结论。数学方法就是使用割补法计算面积。根据数据对比，小蓝、小黄占比更大，应该是最受欢迎的共享单车。这个结果和证明不相符，为什么呢？我们该怎么办？	展示学习成果
小组汇报总结	总结小组汇报中的亮点，引导学生对小组展示进行点评反馈。	反思原因：我们的研究对象是初中生，而调查得到的结果为北京市。怎么改进呢？增加了北京市中学分布情况，整理得出小黄和小蓝的投放范围稍大，但对于初中生来说其实并未有很大吸引力。综上，其实投放范围的大小在三种共享单车中没有起到决定中学生喜好的作用，这也是实验结果与证明目标不同的原因。 学生点评：使用了割补法，抽样调查。研究中发现新的问题，还有反思。	展示学习成果

续表

教学阶段	教师活动	学生活动	设置意图
小组汇报总结	教师点评：研究重点关注函数的三种表达方式的优劣。讲过的知识在自己面对问题时能想到并使用，非常好。 总结小组汇报中的亮点，引导学生对小组展示进行点评反馈。	第三组分享单车的价格因素。 小组分享：调查了三种单车的市面价格，使用学过的数学中的函数知识，特别是三种函数方式对费用和使用时间关系的展示。找函数关系时用了抽象方式，将现实问题看作近似于直线的函数关系。对比表格、图像以及解析式三种方式得出结论：小青单车最便宜，最受欢迎。 学生点评：一次函数三种方式的对比。	展示学习成果
小组汇报总结	教师点评：面对复杂的实际问题，找到问题的核心变量，简化次要因素，建立数学模型解决问题。思想方法是共通的。	第四组分享单车的价格因素。 小组分享：上一组使用了时间，但是有一个问题就是不能准确表现次卡的图像。我们组经过对不同绘图方式的对比评估后，选择了将次数作为横坐标画函数图像。那当然也不能不管时间，于是就在此基础上假设单次骑行时长。这样最能准确表示次卡图像。假设的时间当然也不能只有一种，所以我们做了4种假设，分别假设时间为30分钟、60分钟、90分钟、120分钟。然后画出每种假设下每种车对应的计时价、次卡价和月卡价图像。再找到同情境下最便宜的方案，最后将最便宜的方案绘制于同一张图，对比不同单车哪个最有价格优势。 	展示学习成果

教学阶段	教师活动	学生活动	设置意图
小组汇报总结		经过仔细分析后，我们可以得到比较严谨的结论：若每次骑行时间在 30 分钟，小青最有优势；若每次骑行时间在 120 分钟，小黄最有优势；若每次骑行时间在 60 分钟和 90 分钟，小青和小黄价格基本没有差异。那么大家一般每次骑行的时间是多长呢？我这里也拿到了 7 组在单次骑行时长上的调查，90％以上的受访者表示骑行时间一般不到 30 分钟，大于 60 分钟的只有 5％的人。这样来说，在短时间价格上最有优势的小青就成为胜出者了。而且我们可以倒回来看一下，在 30 分钟的最便宜方案函数图像中，虽然小黄出现最低价次数也很多，但每一次都是与小青同价，被当作并列第一人选的。也就是说小青的价格在每一次都小于等于小黄的价格。这样一来，在价格方面的冠军属小青。	
小组汇报总结	总结小组汇报中的亮点，引导学生对小组展示进行点评反馈。教师点评：问卷调查，将复杂问题简单化，从特殊到一般。	第五组的小组分享。 三种骑行标价复杂，经过仔细筛选，分析出函数图像，实际情况应该是点而不是直线，只是我们为了研究把它看作直线。接着为了研究更准确，采用问卷调查统计出最常用的出行方式。针对这两种情境计算出三款单车的费用，发现选择小青次卡或小蓝。 情景①中，谁最划算？ ①周一到周五骑自行车15min以内去上下学 由此，结合情景实际，小青更加合适。 最后在组内进行表达和交流：研究困难是单车优惠变化比较多，价格与实际有误差；统计在本次研究中让问题更聚焦，简化了原有过程。	展示学习成果

续表

教学阶段	教师活动	学生活动	设置意图
小组汇报总结	物理学科角度的分享：综合评定不同共享单车的性能并进行误差分析。	第六、第七组的分享。 从物理学角度研究了单车的最大速度、刹车、舒适性、重量。比较得到小青的指标优于其他两款。 根据结构方面的研究，使用 3D 打印机完成自行车模型制作。 结论：优选质量轻便、提速快、刹车性能好的单车。 新旧程度不同的单车，其传动装置的效率、刹车装置的磨损情况不同，因此在进行实验时尽量选择新车或磨损程度相差不大的车进行比较。	总结反思
拓展提高1	开放性活动	课后作业：选取一个角度，给小青单车提出改进意见；提交报告。	拓展思考
拓展提高2（学科探索）	你猜想是哪些因素影响了不同单车的性能？还有哪些相关物理知识？	(1)在其他条件一样的情况下，质量轻便的单车提速快。因为质量小的物体惯性小，运动状态容易改变。 (2)刹车的性能与刹车方式有关。刹车方式有两种，一种是整块集成的抱闸（抱刹），另一种是由两片塑胶组成的马蹄刹（夹刹）。抱刹的封闭设计不受灰尘影响，使用寿命更久。制动能力也比夹刹更好，但无法做到像专业 V 刹那样的制动能力。还有的自行车采用了"前后双抱刹"方案，制动力略显不足，但是稳定性更高，还有的自行车采用"前夹刹后抱刹"。 (3)对于同一辆自行车，在刹车方式一定的情况下，刹车性能好坏与刹车皮的粗糙程度及捏闸时刹车皮对车轮的压力大小有关。	通过引导，培养学生分析、思考数据背后的原因。 通过介绍相关知识，让学生了解更多的实际问题，拓展知识面。

五、设计的主要特色/亮点及思考

（一）案例的亮点或特色

本案例是在学校整体课程建设引领之下进行设计的，我们以建设"发展型和创新性项目式学习课程"为方向，以"基于学科核心素养和育人功能的项目式学习课程建设"为载体，以促进学生的 21 世纪技能提升和学习力提升为切入点，以促进教师的教育教学能力为途径，以学生的自我教育、自主成长和人格完善为终极目标，在项目式学习课程建设的道路上进行了脚踏实地且行之有效的探索。

本案例可以充分考虑各个阶段学生身心发展和语言能力发展的特征，根据不同阶段学生的特点和不同学习内容，采取不同的教学策略，促进学生数学素养的整体提高。跨学科项目式学习的设计，结合学校课程的整体规划，使基础课程、德育课程、项目学习课程可以有机融合，互相促进。

（二）讨论的问题或反思

1. 小组合作的利弊

小组合作学习开展过程中，虽然加强了小组的凝聚力，但未能关注到每一位学生，因此容易出现能者多劳、弱者隐形现象。具体说来就是当讨论探究性的问题时，学习好或者性格外向的学生频频发言，而性格内向或待进生因为缺乏参与讨论的勇气选择沉默，最后导致部分学生思想和行为上的依赖性。这一问题的解决需要教师充分了解每一个学生的学习程度和性格特质，合理分组；还要求组内分工必须明确，做到人人有活，人人参与。

2. 评价工具重视成果，忽略过程性评价

教师的评价与学生的自评互评使用同一量表，评价角度单一，对学生自我反思和合作反思的引导不足；评价量表更关注预期的成果，忽视了学生体验过程中的评价，缺少过程性评价。

3. 成果的实际价值利用不充分

研究成果从理论方面来看符合科学道理，但是否一定符合实际生活，主题学习未能进行进一步的验证。下一步明确主题学习的方向时，可以尝试将学生们的研究报告与共享单车公司数据进行联系，从市场价值方面给予反馈。

课例六　月球生态农场

——选种与布局

岳亚利　王　欢　李景梅　熊星烁

"月球生态农场——选种与布局"跨学科主题学习依托地理主干知识，运用并整合生物、物理学科知识和方法，面向学习过农业基础知识的八年级学生开展，适用于初中地理农业专题综合复习，旨在落实《义务教育地理课程标准（2022 年版）》"跨学科主题学习"的要求。

扫码观看
课例视频

主题的核心问题：作为航天工程设计师，你将如何设计一座能可持续运行的月球生态农场，以满足宇航员在月球长期工作和生活的营养需求？

围绕这一核心问题，学生需要理解为什么要建月球生态农场，以及怎么建的问题；针对怎么建的问题，将其细化为如何选种和布局的问题。

课堂教学共 3 课时，分别是主题导引、探究、展示三大学习环节。主题导引环节，学生需要明确建立月球生态农场的意义和可行性分析，拆解核心问题，规划项目进度。探究环节，学生基于人体营养需求、生物与环境相适应等原则，通过查找作物分布、分析习性特征、对比分析作物生长条件，从经济效益（低耗高产）角度，选择适合月球生态农场的作物。学生综合考虑科技水平、生态循环等因素，对农作物进行合理布局。成果展示环节，学生分享设计成果，"月宫一号"团队专家进行点评，学生课后进行完善优化，并提交最终设计方案。

一、主题选择及学习者分析

（一）主题选择的背景

1. 课程教学改革的发展趋势

《义务教育地理课程标准（2022 年版）》在课程内容板块增加了"跨学科主题学习"，要求每门学科课程用不少于 10％ 的课时来实施跨学科主题学习。由此可见，加强课程综合，实现学科间的有机联系，开展跨学科主题学习在推动课程发展、培育学生核心素养等方面具有重要作用，成为当前我国深化基础教育课程改革的努力方向。

跨学科主题学习是分科设置课程背景下，实现课程综合化、实践化的积极稳妥的措施。"月球生态农场"跨学科主题学习以地理、生物、物理等课程知识为基础，在充分挖掘各学科独特的育人价值的基础上，加强学科间的整合与应用，培养学生的综合素质。跨学科主题学习有利于弥补传统单科教学的缺陷，引导学生建立多领域知识与生活世界的有意义联系，增强学生的跨学科理解，助推课程改革目标的实现。

2. 课程育人的要求

社会正处在从工业时代向信息时代快速转型之中，"如何培养具有专家思维和专家素养的新一代"，成为时代发展对基础教育与人才培养提出的新要求。跨学科主题学习能够引导学生在现实世界中发现复杂问题，从不同学科的视角分析问题，使用多学科知识、方法在实践体验中尝试解决问题，在此过程中提升学生的跨学科解决问题能力，发展学生面向未来世界所必需的创新性思维、批判性思维、交流与合作意识等，为学生的全面发展、终身发展奠基。

"月球生态农场"跨学科主题学习的育人价值主要表现如下。

①学生将通过农业与自然环境的关系深度理解人地关系：在大尺度范围内，自然环境是影响农业分布格局的决定性因素；中小尺度区域内，自然环境对农业生产的影响则表现为"非决定性"。人类可以利用科学技术的发展改造自然环境，但不能改造自然规律，否则就会受到自然的惩罚。

②学生将认识人类太空探索的意义，了解中国太空探索取得的成就，保持对未知世界的好奇心，提升科学探究意识与科学精神。

③学生将初步学会科学/地理探究方法：将生活现象转换为科学/地理问题→将问题进行拆解分析→自主寻找资源/工具等学习支持→逐步解决问题→进行成果表达。

3. 学校育人特色

初中教育是落实立德树人根本任务的关键阶段，初中教育的基本价值取向就是"为了每一个学生的成长"。青春期的各种体验，其实都是在帮助青少年形成"核心性格特征"，而这些性格特征会使青少年始终勇于探索、过有目标的生活。我校秉持创造适合每一位学生发展的教育愿景，着力将学校打造成为一个面向人人、因材施教、各取所需、教学相长的学习场，一个有趣可爱、知行合一、面对真实世界真实成长的实践场，一个面向未来、指向素养、探索立德树人教育实践的研究场。

学习要发生在真实场景中，在做中学。"月球生态农场"跨学科主题学习赋予学生航天工程设计师角色，其任务是设计一座可持续运行的月球生态农场，以满足宇航员在月球长期工作和生活的营养需求。通过这样的跨学科课程设计，可以很好地将学科课程标准和认知发展规律相结合，符合社会性和情感发展要求。挑战性任务的设计具备学习目标承载力，有意义有意思有可能，能够高阶带动低阶。跨学科课程成功的标准指向跨学科大概念的理解程度、学科概念的准确表达与运用；指向决策能力、论证能力、媒介表达能力等一系列跨学科素养的达成，而这些最终共同促进了学习方式的变革。

4. 现实教学中的问题

尽管跨学科主题学习伴随着课程整合理论的勃兴获得了建构与发展，但仍是学校课程建设与教学设计的薄弱环节，主要表现在以下两个方面：一方面，学校和教师缺少突破学科边界进行跨学科整合的意愿与动机，缺少开展课程创新的主动性；教师开展跨学科学习设计缺少资源、制度、教师团队的支持与配合。另一方面，教师具有自主开展跨学科学习设计的意愿，在学校的支持下展开尝试，但是由于缺少跨学科学习设计路径、原则与方法等相关理论的支撑，也受限于自身的专业水平，使得设计与实施中存在一定的问题，不能很好地回应学生核心素养发展要求，学习目标不明确，不能引领教、学、评一致地推进；受制于对跨学科学习的不当理解，将之机械化为"拼盘"，学习安排看似丰富，但很难达到预期效果，面临着功利化、简单化与常识化倾向等诸多现实困境。

5. "月球生态农场"主题的社会意义

粮食安全是国家安全的重要基础，走航天育种之路是保障粮食安全的必然选择。从长远角度看，地球空间有限，未来人类将要走向太空，但由于距离遥远，人类向太空投送质量有限，补给氧气、水、食物的成本极高。因此，人类想要走出地球，实现在地外星球上长期工作和生活的关键在于如何解决人类的生存需求，如建立一座能稳定生产粮食、蔬菜的太空农场，源源不断地为人类提供食物。因此，从粮食安全和空间科学发展的角度出发，提出"月球生态农场"跨学科主题学习具有重要的社会意义。

(二)主题覆盖的核心知识

1. 主题覆盖的新课标内容要求分析

(1)地理

本主题涉及的地理课标内容要求如表 3-6-1 所示。从空间科学角度，课标突出太空探索的意义及发展现状。从农业的角度，课标以区域为载体，突出农业系统所反映的人地关系：区域的自然环境是农业发展的基础；发展农业需要体现因地制宜的地理思想；突破自然环境限制的手段是农业科技；农业可持续发展的动力是超出科技农业意义的生态农业。

表 3-6-1　"月球生态农场"主题涉及的地理课标分析

		内容要求
地球的宇宙环境	太空探索	结合图片、影视资料等，描述探月工程、火星探测以及空间站建设等人类太空探索的进展与意义。
		收集中国航天及太空观测发展的相关材料，举例说出中国太空探索的成就。
认识世界	认识大洲	运用地图和相关资料，简要归纳某大洲的地形、气候、人口、经济等地理特征。
	认识地区	运用地图和相关资料，描述某地区的地理位置，简要归纳自然地理特征，说明该特征对当地人们生产生活的影响。
	认识国家	运用地图和相关资料，说出某国家人文地理主要特点及其与自然地理环境的联系。
		运用地图和相关资料，联系某国家的自然地理环境特点，结合实例简要分析该国因地制宜发展经济的途径。
认识中国	认识中国全貌	借助地图和相关资料，举例描述中国农业、工业等生产活动的分布，并用实例说明科学技术在产业发展中的重要作用。
	认识分区	运用地图和相关资料，说出某区域的地理位置和自然地理特征，说明自然条件对该区域经济社会发展的影响，认识因地制宜的重要性。

（2）生物

本主题涉及的生物课标内容要求如表 3-6-2 所示，总结其中的核心概念为植物可以维持生物圈的碳氧平衡；生物与环境相互依赖、影响；生态系统的物质循环与能量流动；生态系统的自我调节能力。

表 3-6-2　"月球生态农场"主题涉及的生物课标分析

	内容要求
生物与环境	概念 3　生物与环境相互依赖、相互影响，形成多种多样的生态系统。 3.1.1 水、温度、空气、光等是生物生存的环境条件。 3.1.2 生态因素能够影响生物的生活和分布，生物能够适应和影响环境。
植物的生活	概念 4　植物有自己的生命周期，可以制造有机物，直接或间接地为其他生物提供食物，参与生物圈中的水循环，并维持碳氧平衡。 4.3 植物通过光合作用和呼吸作用获得生命活动必需的物质和能量，有助于维持生物圈中的碳氧平衡。

(3)物理

本主题涉及的物理课标内容要求如表 3-6-3 所示，主要涉及对学生物质观、运动与相互作用观的培养，进而理解月球环境与地球环境的差异。

表 3-6-3 "月球生态农场"主题涉及的物理课标分析

	内容要求
物质	1.1.4 能运用物态变化知识，说明自然界中的水循环现象。 1.3.3 了解人类探索太阳系及宇宙的大致历程，知道人类对宇宙的探索将不断深入，关注人类探索宇宙的一些重大活动。
运动和相互作用	2.2.3 了解重力⋯⋯认识力的作用效果。 2.3.1 认识声的产生和传播条件。 2.4.6 了解电磁波的应用及其对人类生活和社会发展的影响。

(4)"月球生态农场"跨学科主题所承载的核心知识的内容框架

"月球生态农场"跨学科主题对标的核心观念是人地关系(见图 3-6-1)。

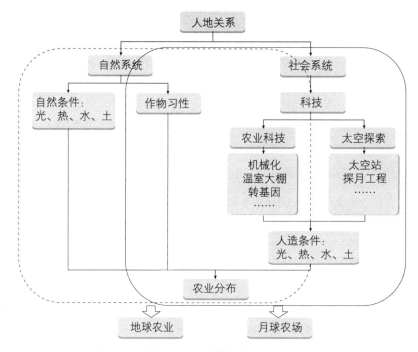

图 3-6-1 "月球生态农场"跨学科主题内容框架

其中，作物生长遵循着生物与环境相适应原则，在地球农业系统内，地球自然环境影响作物的分布，区域农业发展需要遵循因地制宜的原则。月球农场需要依靠科技手段人工制造作物生长所需的光、热、水、土，需要考虑功能需求和经济效益，月球农场内部要实现生态系统的自循环。

2. 建构"月球生态农场"跨学科主题大概念体系

新课程标准倡导的"大概念"，是一种高度形式化、兼具认识论与方法论意义、普适性极强的概念；大概念已经不再仅仅是一个简单词汇，它背后潜藏着一个意义的世界，它超出了一个普通概念的应有内涵，作为一种深刻思想、学说的载体，已成为"思想之网"的联结枢纽。大概念的建构，以其视角不同，涵盖哲学观念、跨学科概念与核心概念。

(1)哲学观念

哲学观念是对世界本原的认知，所谓大道至简，"月球生态农场"的存在体现了"人与环境是相互作用、相互影响的生命共同体"。

(2)跨学科概念

2011年美国发布的《K-12科学教育框架：实践、跨学科概念和核心概念》列出7项跨学科概念：模式；原因和结果；尺度、比例和数量；系统和系统模型；能量和物质；结构和功能；稳定和变化。

"月球生态农场"中对应的教学内容分布如表3-6-4所示。

表3-6-4 "月球生态农场"中跨学科概念及其教学内容

跨学科概念	教学内容
模式	农田生态系统
原因和结果	农业发展及影响因素
尺度、比例和数量	地球农业分布、月球生态农场的选种与布局
系统和系统模型	生物再生生命保障系统
能量和物质	人工生态系统的物质循环与能量流动
结构和功能	人工生态系统的自我调节
稳定和变化	物质的循环再生、系统的可持续运行与发展

如何通过本主题的学习构建"农田生态系统"模式？如何将地球农业模式迁移至月球农场？地月环境的差异导致月球农场与地球农业存在典型差异，在差异中探寻本源上的共同之处：农业发展及影响因素，有助于实现地球农业模式的迁移，完成月球农场的选种与布局，进而建构"农田生态系统"模式。跨学科主题学习中，学生了解地球上全球尺度、地区尺度、地方尺度的农业分布特点，理解作物生长条件，考虑经济、生态、科技等因素，完成月球生态农场的选种与布局。学生在设计月球

生态农场时，需要运用生物再生生命保障系统的理论，综合考虑人工生态系统的物质循环与能量流动、自我调节，实现系统的可持续运行与发展。

（3）核心概念

核心概念是已被检验且居于学科中心位置的概念，它能体现学科的逻辑结构，将本学科的关键概念与原理贯穿起来并指导教学活动，使学科间建立联系成为可能。农业生态系统是指在人类的积极参与下，利用农业生物种群和非生物环境之间及农业生物种群之间的相互关系，通过合理的生态结构和高效的生态机能，进行能量转化和物质循环，并按照人类社会需要进行物质生产的综合体。因此，跨学科主题学习以农业生态系统为核心展开。

与大概念相对应的为"小概念"，包含围绕大概念开展教学的一切基本知识与技能：生物再生生命保障系统；太空探索；农业科技；农田生态系统的人地关系；生物与环境相互依赖、影响；生态系统的物质循环与能量流动；生态系统的自我调节能力等。因此，在开展"月球生态农场"跨学科主题学习前，可建构大概念体系（见图 3-6-2）。

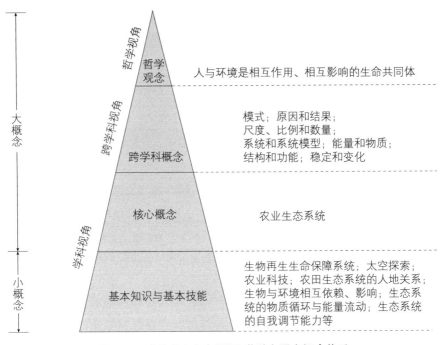

图 3-6-2 "月球生态农场"跨学科主题大概念体系

（三）学习者分析

1. 已有基础与水平

"月球生态农场"跨学科主题学习案例涉及地理和其他学科的综合运用，如生物学、物理等。学生需要具备基本的地理学知识，并且能够跨学科进行综合思考和学习。鉴于学习对象为八年级的学生，具备主题所承载的地理学科核心知识及素养。同时，学生也具备主题所承载的生物学课标要求的内容储备：植物可以维持生物圈的碳氧平衡；生物与环境相互依赖、影响；生态系统的物质循环与能量流动；生态系统的自我调节能力，以及物理学课标要求的物质观、运动与相互作用观。

2. 学生兴趣与需求

在初中地理学科中，学生学习的主要内容包括地理知识和技能，以及地理思维和方法。而在本跨学科主题学习中，学生的学习兴趣可被多个学科内容所影响和激发，学习过程中的需求也是多元化的。

在地球科学方面，学习关于地球的基本知识，包括地球的宇宙环境。对这方面感兴趣的学生，可能会对月球的特殊环境和生态系统构建过程产生兴趣。农业与环境方面，学生了解农业对环境的影响，以及如何在有限的环境条件下进行农业生产。学生可以学习如何在月球环境下建立生态系统，了解如何在特殊环境下进行农业生产。涉及技术与工程方面，学习如何使用科技手段和工程设计来解决现实问题。在月球生态农场的设计和建设过程中，学生将会探索如何使用技术和工程手段来建立可持续的生态系统。在社会责任方面，了解可持续发展的概念，思考如何在满足人类需求的同时保护环境和生态系统。学生可以通过探讨如何在月球生态农场中实现可持续发展，了解如何在现实生活中负起社会责任。

基于以上分析，学生的兴趣和需求分为以下几个方面：对地球科学和天文学感兴趣的学生、对农业和环境保护感兴趣的学生、对技术和工程设计感兴趣的学生，以及对社会责任和可持续发展感兴趣的学生。同时，学生的需求包括获得地理知识和技能、理解地理思维和方法、提高创新能力和社会责任感等方面的培养。

3. 学习本主题时可能存在的困难

案例采用主题任务式学习方法，让学生在团队中完成任务。学生需要通过自主学习、合作学习和探究学习来完成任务，并且需要有一定的自我管理和组织能力。案例需要学生利用图书馆、网络等资源进行独立学习和调研。同时，学生需要利用计算机软件来设计和模拟月球生态农场。同时，案例采用多样化的评估方式，包括个人报告、团队展示、口头分享、项目成果等，因此评估方式注重学生的综合能力和创新思维。以上对于学生而言，在学习中均可构成学习挑战。

二、主题学习/活动整体设计

（一）设计理念与思路

1. 基本理念

"月球生态农场"跨学科主题学习强调学习内容的组织性，强化概念在内容组织中的作用，强化学生在真实情境中的具身实践。因此，其设计的基本理念是整体育人、综合学习、真实情境和具身实践。

跨学科主题学习指向"整体的人"的发展——学生能力与人格健全发展的整合，发挥对人的整体涵育功能，在目标设计上，与此相对应，凸显"知""行""为"的整合。

跨学科主题学习强调整合来自不同学科的知识、概念、方法与思维方式，这不仅涉及学科概念和理论等事实性知识、学科思维方法等程序性知识，还依赖学科认识论知识，并在学习过程中实现意义建构与内化。

"月球生态农场"跨学科学习情境的创设，力求使学生的课程学习与学生所处社会情境和未来职业情境建立联结，并在这种"真实"的情境中设计学生在未来的实际生活中可能面临的问题或挑战，以帮助学生建立当下学习与自身生活的联系，感知当下学习对自身的意义。

跨学科主题学习强调学生在创设的情境中具身实践的复杂与进阶，既包括"从一个给定状态到一个目标状态"，解决方案与以往经验类似的良构任务，也包括结果或目标状态不明确，需要学生新颖性、发散性和灵活性地探索与创造的劣构任务，以促使学生在问题解决中拓展认知边界，发展包括信息搜寻、交流合作、分析、判断、推断等多阶思维能力，富有创造性和富有成效地完成任务。

2. 主要思路

"月球生态农场"跨学科主题旨在促进学生深入理解：区域农业发展在一定程度上由自然环境特征决定，但自然环境不是唯一决定因素，人类可以通过科学技术的力量突破自然环境的限制，重构区域农业发展条件，但需要考虑经济效益和生态保护。农业可持续发展的动力是超出科技农业意义的生态农业。

"月球生态农场"跨学科主题设计首先考虑核心问题及驱动问题，通过活动系统体现问题解决过程，其设计思路如图 3-6-3 所示。主题的核心问题：作为航天工程设计师的你，请设计一座能可持续运行的月球生态农场，以满足宇航员在月球长期工作和生活的营养需求。围绕这一核心问题，学生需要理解为什么要建月球生态农场，以及怎么建的问题；针对怎么建的问题，将其细化为如何选种和布局的问题。主题导引课上，学生需要明确建立月球生态农场的意义和可行性分析，拆解核心问

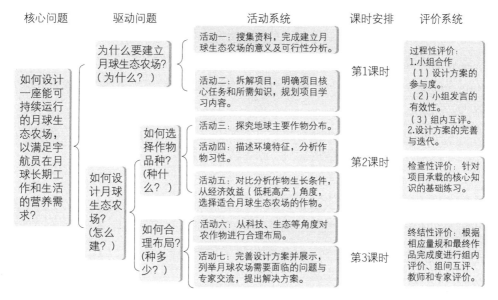

图 3-6-3 "月球生态农场"跨学科主题的设计思路

题，规划项目进度。主题探究环节，学生基于人体营养需求、生物与环境相适应等原则，通过找作物分布、分析习性特征、对比分析作物生长条件，从经济效益(低耗高产)角度，选择月球生态农场合适的作物。学生综合考虑科技水平、生态循环等因素，对农作物进行合理布局。成果展示环节，学生分享设计成果，"月宫一号"团队专家进行点评，学生课后进行完善优化，并提交最终设计方案。主题学习的评价过程包括过程性评价、检查性评价和终结性评价。

（二）学习目标

运用农业生态系统等核心概念，综合考虑经济、生态、科技因素，设计一座能可持续运行的月球生态农场，以满足宇航员在月球长期工作和生活的营养需求，提高科学探究能力，培养"人与环境相互作用，相互影响，共同组成生命共同体"的哲学观念，落实人地协调观。

1. 导引课

①通过了解人类太空探索的意义价值、中国太空探索取得的成就，认识建立月球生态农场的意义，提升科学探究意识与科学精神。

②通过分解核心任务，分析选种、布局的原则，明确项目所需知识，提高问题解决能力。

③运用地理知识、方法、思想，共同梳理并规划项目学习路径与内容，培养问题解决、合作能力。

2. 探究课

①通过阅读世界农作物分布图，概括农作物分布特点，提升地理实践能力。

②通过阅读全球太阳辐射强度分布图、等温线分布图、降水量分布图等资料，描述农作物分布区的自然环境特征，分析农作物的生长条件，培养综合思维和人地协调观。

③通过对比农作物生长条件，从经济效益(低耗高产)角度完成月球生态农场的选种，理解因地制宜发展农业的原则，培养人地协调观。

3. 展示课

①运用中国居民平衡膳食数据、粮食作物产量等知识，计算月球农场粮食作物种植面积，认识到农业对人类生活的重要性，培养地理实践能力。

②了解农业科技的发展现状、生物再生生命保障系统及月球农场最新研究成果，从科技、生态角度对农作物进行合理布局，进一步认识科技在农业发展中的重要作用，理解农业可持续发展的动力是生态农业，培养人地协调观。

③通过组内明确分工与研讨，完成设计方案并展示，提升沟通与表达能力。

(三)学习重点、难点

学习重点：

阅读全球太阳辐射强度分布图、等温线分布图、降水量分布图等资料，描述农作物分布区的自然环境特征，分析农作物的生长条件，了解农业科技的现状，培养综合思维和人地协调观。

学习难点：

①分解核心任务，分析选种、布局的原则，明确项目所需知识，提高问题解决能力。

②了解农业科技的发展现状、生物再生生命保障系统及月球农场最新研究成果，从科技、生态角度对农作物进行合理布局，进一步认识科技在农业发展中的重要作用，理解农业可持续发展的动力是生态农业，培养人地协调观。

(四)学习评价

1. 理念与思路

本主题的学习评价是与学习成果的产生、个人与小组成果汇报紧密相连的。本主题的学习评价也是学习成果的一部分，是学生以"专家"视角，在学习开启时共同制定的"成功的标准"。因此，学习评价要对学习探究的整个过程发挥引导和评估作用，能够使学生对本主题进行更深层次的学习和理解，也能帮助学生更清楚地认识整体学习流程和每个阶段的学习内容及其对应的学习目标，还能帮助教师掌握学情，评价学生的学习状况和学习阶段。

2. 设计与实施

本主题在实施课堂教学之前，教师通过跨学科教研来设计评价。这样，就能发挥逆向设计的目标导向作用，同时也能发挥表现性任务的成果导向作用。在主题导引环节，指导教师除了发布学习任务外，还要组织学生讨论，引导学生共同制定"成功的标准"，以便所有学生能够明确个人及其小组在每个环节的学习流程及其学习目标，进而达成该主题成功的标准。

本主题涉及对概念性知识、高阶认知策略的评价，还包含对低阶的基础知识和基本技能的评价。学习对象为八年级的学生，因此，除了需要在主题学习结束时形成个性化的展示成果，还要有一定的纸笔测试，这是评价中必不可少的部分。表 3-6-5 是根据本主题的评价目标梳理的学习评价类型。

表 3-6-5　主题学习的评价类型

评价目标	评价类型	评价方法与工具	评价者
核心知识	过程性评价 总结性评价	纸笔测验 量规 表现性任务	教师
学习实践	过程性评价	量规 表现性任务	学生自己 同伴 教师
学习过程中的成果	过程性评价	量规、KWL 表 纸笔测验 表现性任务	学生自己 同伴 教师
最终学习成果	总结性评价	公开展览与汇报 表现性任务 指向核心概念、成果质量、成果报告的量规 对比性的概念图 纸笔测验	学生自己 同伴 教师 外部相关专家 公众

建立"太空生态农场"是我国太空探索向更深空领域发展的基础，而"月球生态农场"的建设又是建立这一基础的第一步。因此，我们将"设计一座能可持续运行的月球生态农场，以满足宇航员在月球长期工作和生活的营养需求"作为贯穿本主题的目标任务。不难发现，初中生能够在这一领域设计的"成功的标准"，其核心任务

即月球生态农场的"选种"和"布局"。

由此产生表3-6-6"月球生态农场"评估证据。该表格是教师形成的评估需求汇总，表格中的第一列列举了"月球生态农场"个人产出/小组产出/班级产出和成果对外展示的进阶型任务，第二列列举了不同任务阶段的目标，第三列对应任务目标与学习过程的评价方式。

表 3-6-6　"月球生态农场"评估证据

任务产出	阶段性任务目标	任务目标/学习过程评价方式	
个人产出	(1)撰写"选种与布局方案"初稿中负责的部分。 (2)完成课堂学案。 (3)通过咨询相关学科教师，解决学习中遇到的跨学科问题。	评估方式 (含量规)	对课堂笔记和讨论活动参与度进行检查。
小组/班级产出	(1)搜集太空探索资料，掌握探月工程科技前沿与发展。 (2)实地调查小镇农场现状，记录农场环境特点和种植问题。 (3)撰写"选种与布局方案"，向教师团队介绍方案，完成答辩。 (4)汇总本主题学习过程中遇到的跨学科问题及解决办法。	评估方式 (含量规)	用量规评价各组方案。 使用表格及课堂回答评估学生对项目背后学科知识与原理的掌握情况。
成果对外展示	邀请专家共同评选出最优方案，在年级公众号上发布。	评估方式 (含量规)	阅读点赞量。

对应评估需求，在导引环节，学生不仅要明确建立"月球生态农场"的核心任务，还要为该主题的开展——跨学科进阶性学习——设立"成功的标准"，即设计评价指标和量规。在探究与展示环节，该"成功的标准"以高阶的认知思维撬动学生不断深入探索，并成为指引学生不断改进成果的"明灯"。整个评价量表设计过程注重实现"目标—实践—成果—评价"一致性，帮助学生明确学习任务与流程，促进学生个体与团体共同进步，并引导学生通过讨论、探究确定评估证据，指引学生不断深入探究，改进成果。

表3-6-7"月球生态农场"作品评价量规，是在主题引导环节由师生讨论、生生讨论和小组讨论等，课上汇总评价指标，课下完善具体量规生成的，服务于每个班级个人和不同小组的学习过程和最终的学习成果。

表 3-6-7　"月球生态农场"作品评价量规

评价维度	评价要求大类	评价要求详解	自评	组 1	组 2	组 3
品种选择 30 分	正确分析作物生长条件 选种过程遵循节能低耗原则 选种过程遵循高产原则	结合作物和自然要素分布图，写出作物生长所需自然条件，按照作物对自然条件的依赖程度打分，从节能角度排序 能够结合农作物亩产数据，从高产角度对农作物进行排序	☐ ☐ ☐	☐ ☐ ☐	☐ ☐ ☐	☐ ☐ ☐
农场布局 30 分	计算粮食作物的种植面积，利用农业科技考虑系统的自循环	计算出满足每人每年所需粮食作物的最小种植面积，能够在设计方案的过程中应用到农业科技，充分考虑农场食品生产，水、气体、废物再循环	☐ ☐ ☐	☐ ☐ ☐	☐ ☐ ☐	☐ ☐ ☐
小组合作 30 分	分工合作组间交流汇报	有明确的任务分工和良好的沟通与配合 按时完成各节点项目推进与项目汇报 能清楚表达自己的想法，认真聆听其他小组分享	☐ ☐ ☐	☐ ☐ ☐	☐ ☐ ☐	☐ ☐ ☐
其他亮点 10 分	有比较好的加分项(写在下面空白处)		☐	☐	☐	☐
总分(每条 10 分，累加计算)						
获得等级(80—100 大师级，60—80 专业级，60 以下为入门级)						

在整个评价量规制作和使用过程中，教师作为设计者和指导者，使用主题实施进程核查表(见表 3-6-8)，来督促和引导学生关注和经历完整的研究过程。

表 3-6-8　主题实施进程核查表

实施进程	评价点	学习支架
前期准备	子问题分解	问题分解框图
子问题 1：怎么选种？	提炼：合理选种应遵循的原则 探究：运用地图分析作物习性 成果：作物环境依赖程度的排序	链接学科知识的 KWL 表格 跨学科关键知识的思维导图 作物分类数据大全
子问题 2：怎么布局？	提炼：合理布局应遵循的原则 探究：月球生态农场支持一名宇航员的最低种植量 成果：月球生态农场布局示意图	所需作物生产、生长周期(地球)等数据支持 游戏操作平台：月球农场 教师专题指导：立体农业设计 地图绘图指导

(五)资源支持/活动指导

在学习资源方面,学生可以利用网络资源、图书馆等来获取所需的学习资源。同时,教师为了全方位支持学生学习提供了丰富且翔实的背景资料以及"脚手架"等学习工具。团队合作是跨学科主题学习中的主要方式,教师设计团队合作规范、分工协议、任务分配表等工具,指导学生有效协作和沟通。跨学科主题学习要求学生具备一定的自我管理和组织能力,教师向学生提供学习进度表、提醒工具等辅助工具,帮助学生监控学习进度,维持学习动力和节奏。跨学科主题学习的成果展示是评估学习效果的重要环节,教师向学生提供了展示模板、演讲指导、海报制作工具等辅助工具,以增强学生的展示能力,确保学习成果有效传达。反思和总结是深化学习体验的重要步骤。为了更好地进行反思和总结,教师向学生提供了学习日志模板、反思指导、总结工具等辅助工具,引导学生记录学习过程。

三、具体学习任务/活动

本主题以建设"月球生态农场"作为贯穿学习始终的情境与线索。考虑到实际学情,教学设计从情境创设及情境素材的选择、教学方法和学习支架、教学流程与产出等方面进行了跨学科综合设计,并从学生的认知视角设置系统性进阶性的学习环节:导引环节—探究环节—展示环节,课程结构如图 3-6-4 所示。

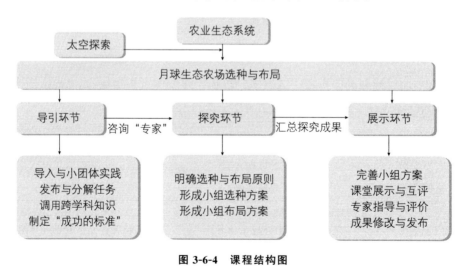

图 3-6-4 课程结构图

首先,导引环节创设以问题解决为中心——建立"月球生态农场"——这一主题情境,引导学生关注当前太空探索科技前沿,激发学生探索学习的好奇心;同时,向学生发布主题任务,指导学生拆解总任务,明确总任务拆解后的探索问题和核心任务，并链接学生已有知识与能力，考查学生学习力、思维认知和对相关学科正确观念思想的掌握情况；进一步，还要指导学生围绕该主题目标与任务的达成，讨论并设计"成功的标准"——学习评价量规。

作为导引环节的前期准备，注重拓展小镇农场、学科教室等学校空间的育人功能；同时，还重视发挥不同年级学习成果的更大价值，在七年级暑假作业"中国太空探索"学习成果的基础上，引导八年级学生接续七年级学生的探究路径，进一步探索我国建设"月球生态农场"的意义。

主题探究环节是跨学科学习的主要阵地。学生需要将"选种""布局"这样的行为进行分解，以深入探究"选种""布局"应遵循的原则或跨学科原理，从而做到合理选择，达到导引课制定的"成功的标准"。这样，具体的"选种""布局"的过程既是探究过程，也是学习成果。

作为探究环节与成果展示环节的过渡，学生需要汇总探究成果，完善小组设计方案，准备将其学习成果在展示环节交流汇报。

展示环节在重视实践性学习的同时，还强调对天文馆、科研院校等科普基地的充分利用，重视发挥专家效应，特邀"月宫一号"专家团队的科研人员亲临展示环节的课堂学习现场，指导评价小组汇报。

最后，各小组修改完善汇报内容，并发布学习成果。

（一）主题导引

本主题承载太空探索、生态系统、环境与农业、物质与能量、可再生生命保障系统等跨学科内容。参考地理、生物学、物理、科学等课程标准，确定该主题适切的导引入口——地球的宇宙环境——太空探索。

1. 课前活动

组织学生结合图片、影视资料等，描述探月工程、火星探测以及空间站建设等人类太空探索和中国太空探索的成就、进展与意义，培养学生关注太空探索前沿，了解中国建立月球科研站计划；组织学生对学校农场环境进行前期调查，录制视频，培养学生进行地球农场环境调查的能力，为后续项目开展提供必要的信息支持。

2. 课堂教学

(1)导引课结构与内容(如图 3-6-5 所示)

(2)导引环节课堂教学设计与实施

环节一：情境导入(2 分钟)

教师活动：展示七年级暑假作业"中国太空探索"学习成果，构建"月球生态农

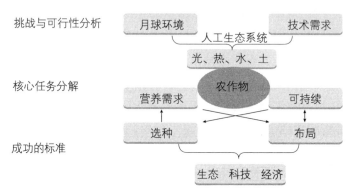

图 3-6-5 "月球生态农场"导引课结构

场"学习情境；提问：我国 2035 年月球科研站持续运行面临的核心问题——如何提供维持月球宇航员的日常生活与工作的食物与营养？

学生活动：观摩学弟学妹的学习成果，思考问题，开展主题学习。

活动意图说明：创设真实问题情境，引发学习兴趣与探究欲望。

环节二：任务发布（1 分钟）

教师活动：

①学习主题：月球生态农场选种与布局。②任务目标：设计一座能可持续运行的月球生态农场，以满足宇航员在月球长期工作和生活的营养需求。③呈现方式：项目设计方案。④评审团队："月宫一号"实验室研究团队队员将在展示课上参与指导。

学生活动：

①学生将明确以"专家"角色——"月球生态农场"设计师，"设计一座能可持续运行的月球生态农场，以满足宇航员在月球长期工作和生活的营养需求"。②展示环节将以小组为单位，向"月球生态农场"设计大赛评审委员会提交项目设计方案。③并参加评审与改进环节，最终向社会公众媒体发布研究成果。

活动意图说明：通过设定明确的角色和目标，激发学生的兴趣和参与度，引导学生顺利进入"月球生态农场"设计师的角色，主动探索和解决实际问题，同时培养学生的创新思维和实践能力。

环节三：挑战与可行性分析（5 分钟）

教师活动：引导学生分析建立"月球生态农场"面临的挑战及其可行性。

学生活动：使用材料分析月球环境，了解生态农场基本构成；分解小镇农场环境，明确影响作物生长的自然条件；了解太空探索前沿并思考建立"月球生态农场"

的科技需求，了解建立"月球生态农场"面临的挑战与可行性。

活动意图说明：通过引导学生分析建立"月球生态农场"所面临的挑战和可行性，帮助学生深入理解项目背景，运用已有知识与能力，为后续的设计和实施打下坚实的基础。

环节四：核心任务分解（10 分钟）

教师活动：

教师指导学生进行核心任务分解。

①提炼关键词：用提炼关键词的方法，从任务目标——设计一座能可持续运行的月球生态农场，以满足宇航员在月球长期工作和生活的营养需求——中提取核心任务。

②问题转化路径：用"3W"工具将核心任务转化为简单的生活问题，再进一步转化为地理学科驱动性问题。

③链接学科知识与能力：结合 KWL 表格梳理核心任务涉及的跨学科知识与能力。

学生活动：

①每个人思考 1 分钟，将关键词填写在自己的任务单上。然后小组交流 2 分钟，发布小组认为最重要的关键词。

②使用"3W"工具，将核心目标转化为可操作的地理学科问题。

③使用 KWL 表格梳理已知的、未知的和学到的知识。

活动意图说明：通过核心任务分解，关键词提炼，问题转化，跨学科知识链接等步骤，培养学生问题发现、分解、转化和解决能力，从而促进学生对"月球生态农场"设计任务的深入理解和有效执行。

环节五：制定"成功的标准"（25 分钟）

教师活动：

教师指导学生制定评价指标与量规：①引导学生从"选种"和"布局"两个维度讨论"成功的标准"。②对班级学生进行分组，每小组不超过 5 人，就近并随机分成 6 个小组，其中 3 个小组讨论"合理选种"评价指标，另 3 个小组讨论"合理布局"的评价指标。③对学生的讨论汇报进行总结，点明设计月球生态农场必须遵循生态的、科技的、经济的原则，升华主题意义。

学生活动：

①对"选种""布局"问题进行小组讨论，确定评价指标，并将讨论结果书写在展板上相应的位置。评价指标至少应包含下述两项原则内容。

a. 合理选种应遵循的原则。

b. 合理布局应遵循的原则。

②总结汇报：每小组推选出发言人，代表小组汇报讨论结果。

活动意图说明：为主题学习制定"成功的标准"，发挥评价的目标导向、成果导向功能，以促进学生对"月球生态农场"设计任务的深入理解和高质量完成。

环节六：明确主题学习流程（2 分钟）

教师活动：①展示项目关键任务时间轴，明确课后任务与待推进的关键环节。②提供各小组所需网站、视频等资源包。

学生活动：明确任务进程时间节点和内容。列出完成任务需要搜集的资料。

活动意图说明：提示主题进度，结合项目进度时间轴，确认课后任务节点和内容，培养学生搜集资料、自主实践、规划与组织能力，确保学习活动有序进行。

3. 课后活动

①使用 KWL 表格继续梳理小组讨论内容，拓展跨学科知识储备；查阅月球环境、农业技术及农业品种的相关资料；查阅小组为月球生态农场选种的新品种的相关资料；进一步认识我国太空探索发展现状与意义，深入了解我国航天人的载人航天精神。

②查阅资料，了解月球生态农场现有的方法和造价，了解太空探索对地球农业、经济、科技发展的影响；深入理解人类探测宇宙的意义，认识"地球是人类唯一的家园，要好好保护地球环境"。

③梳理涉及的跨学科问题，并积极主动向相关学科教师咨询，培养跨学科解决问题的能力。

（二）主题探究

1. 课前活动

组织全班同学分为六个大组（其中 1、2 两组为粮食作物探究组，3、4 两组为经济作物 A 组探究组，5、6 为经济作物 B 组探究组）；向每组同学发放作物分布地图等学习资料。

2. 课堂教学

环节一：明确选种原则（8 分钟）

教师活动：带领学生回顾导引环节得出的选种原则，并进一步梳理从选种原则到选种目标的关键概念。

学生活动：明确选种原则的内涵，理解由选种原则指向选种目标的关键概念：①满足人体七大营养需求→基本农作物种类。②因地制宜→改善生长条件对资源的消耗(经济性)。

活动意图说明：回顾上节课，进一步明确选种原则对选种目标的指向性意义。

环节二：发布探究任务(1分钟)

教师活动：选种目标任务发布——如何从节能低耗的角度对进入月球农场的农作物进行选择？

学生活动：基于选种原则，明确选种目标——从经济效益的角度，选择适合月球农场的农作物。

活动意图说明：问题导向，聚焦探究任务，引导学生顺利进入"专家"角色，去深入思考如何达成任务目标。

环节三：分解并执行探究任务(30分钟)

教师活动：分解探究任务。

(1)观分布

组织各组学生观察所选择的作物在世界范围内的分布情况，归纳概括其主要产区。

(2)析特征

引导学生基于因地制宜的原则，在自然要素分解——即将自然环境整体分解为农作物生长所需要的光、热、水、土等自然要素的基础上，通过要素地图和产区叠加分析的方法，分品种依次总结提炼出各农作物所需的光、热、水、土等自然条件。

(3)给评价

自然条件在能够满足植物所需的情况下对农作物表现出支持的作用，相反在不能满足植物所需的情况下则表现为限制作用。因此区域农业发展在一定程度上由区域自然地理环境特征所决定，但自然地理环境依然是非决定性条件，人类可以通过科学和技术的力量突破恶劣自然环境的限制，只不过在扭转限制性条件的同时也要考虑经济性和资源的消耗。本着以上原则引导学生在提炼农作物所需自然条件的基础上进行依赖程度的排序，为下一步选择进入月球农场的农作物品种做准备。

学生活动：执行探究任务。

(1)观分布

分小组观察所代表的作物在世界范围内的分布情况，归纳概括其主要产区，并进行圈画、标注。

(2)析特征

基于因地制宜的原则，将自然要素分解——即将自然环境整体分解为农作物生长所需要的光、热、水、土等自然要素，通过要素地图和产区叠加分析的方法，分品种依次总结提炼各农作物所需的光、热、水、土等自然条件，并填写在表格(农作物生长所需自然条件分析表)中，以小组为单位进行展示。

(3)给评价

各组学生在提炼出的各农作物所需光、热、水、土等自然条件的基础上，针对每种自然要素，分别就各组农作物按照其对该自然条件的依赖程度进行打分，如需水量最小的赋为 1 分，依次增加。最终，在每类农作物组别中，各项自然因素赋分相加之和数值最小的即是从节能低耗角度来说的最优选择。评分完成后，请各小组派代表分享结果。

活动意图说明：作为农业复习课，在农作物与自然环境关系的探究上，不再沿用农作物习性直给的方式，而是训练学生通过读图获取地理信息，进而总结出农作物所需的各项自然条件(光、热、水、土等)。同时，对农作物按照其对各自然条件的依赖程度进行排序，在从节能低耗的角度选出适合月球农场的农作物种类的同时，让学生深刻理解自然条件在能够满足植物所需的情况下对农作物表现为支持作用，相反在不能满足植物所需的情况下则表现为限制作用。人类可以通过科学、技术的力量和创新突破恶劣自然环境的限制，只不过在扭转限制性条件的同时也要考虑经济性和资源的消耗。

环节四：形成小组选种方案(6 分钟)

教师活动：汇总所有小组的打分表，组织同学对评分不一致的地方进行分析，得出大家一致认同的评分结果，在小组间共享。

学生活动：每两个选择同种农作物类别的小组同学对评分不一致的地方进行分析，最终得出大家一致认同的评分结果，并请小组间共享评分成果。

活动意图说明：基于经济性原则，初步完成月球生态农场的选种，为后续选种方案的完善提供关键阶段性成果。

3. 课后活动

在课堂评分结果的基础上，利用组间共享的评分结果，基于节能低耗的原则形成个性化的选种方案，并能进一步思考经济性选种原则的其他方面，对选种方案进行进一步的完善，进而尝试布局"月球生态农场"。

(三)主题展示

1. 课前活动

通过展示前两节课的课堂照片，借助评价量规和农作物习性分析表，带领同学们熟悉学习资料并复习前两节课的学习内容。

2. 课堂教学

环节一：完善选种、布局方案（20分钟）

教师活动：

（1）计算面积

给学生提供白纸、彩笔等学习工具，学习资料和任务单，在确定了种什么粮食作物的基础上，引出如何计算"种多少"的问题，先以小麦为例，让同学们计算满足一位宇航员一年的粮食需求所需要的最小种植面积。

（2）物种选择

从产量、节能等角度，对粮食作物进行最终的选择。结合生物学中人类营养和地理中农业部门的相关知识，按照量规对月球农场的其他物种进行选择。

（3）布局设计

带领学生对农业科技知识点进行复习，结合量规要求，引导学生优化月球农场布局，从而完成月球农场的选种和布局。在课堂上教师需要观察学生的研讨进度和计算过程，及时提供支持。

学生活动：

（1）计算面积

根据作物习性、平衡膳食数据、作物单次亩产、生长周期等信息，借助数学方法计算满足一位宇航员一年的粮食需求，所需要粮食作物的最小种植面积。

（2）物种选择

结合人体七大营养需求以及评价量规，为月球农场选择合适的农作物。

（3）布局设计

结合当前的农业科技水平，优化农场布局，小组合作完善月球农场设计方案。根据月球的环境，列出在设计月球农场时面临的困难。

活动意图说明：月球生态农场的设计问题，是我们要解决的问题，所以每个环节都必须非常严谨。学生借助中国居民平衡膳食数据，结合农业部门和农作物产量与熟制等知识，完成农作物种植面积计算，感受科学研究过程的严谨，在计算过程中，既使用了地理学科农业的相关知识，又结合了生物学中人体的相关知识，还利用了数学计算方法和技术课程的设计思路。同学们对照量规设计农场布局，提升地理实践能力和综合思维能力。通过总结月球农场困难，意识到地球适合人类生存的独特自然环境特点，强化人地协调观。

环节二：方案分享与评价（10分钟）

教师活动：

(1)分组汇报

将量规的使用方法介绍给同学们，组织各小组进行4分钟的成果汇报。

(2)专家点评

各组分享完毕后，汇总点评，邀请专家对成果进行点评，并展示目前最新研究成果。

学生活动：

(1)分组汇报

分组展示本组的选种与布局设计，分享主题设计思路和方案。

(2)专家点评

根据量规，各小组进行自评与互评，听取特邀专家对每个成果的点评，总结自己小组的优势和不足，思考改进方案，了解月球农场最新进展。

活动意图说明：经过为期两周的学习，同学们对月球农场有了自己的认识，大家通过小组合作，结合了各学科的知识，一步一步将月球农场设计了出来，在展示环节上，学生可以与同学、老师一起分享自己的研究过程和设计方案。同时学生会进行自评和互评，通过发现他人优点或者不足，为他人提出建议，并为自己提供修改方案，培养学生发现问题、质疑的批判性精神。通过专家的介绍，同学们对月球农场有了更深入的认识。专家从筛选植物的过程、原则以及结果，系统地介绍了"月宫365"项目的开展情况，以及目前取得的成果。植物的高度，氧气的持续供给，植物废弃物的占比，水源的循环使用等更具体更深入的问题，让同学们感受到了科学探究的严谨，也明白了建设月球农场的意义。

环节三：优化方案与点赞（10分钟）

教师活动：

(1)同侪评审

组织各小组互相点赞，说出其他小组的优点，借助对别人的赞美，反思自己的成果。

(2)优化方案

组织学生对方案进行优化，引导学生建立人地协调观念，同时强调科技的力量。

学生活动：

(1)同侪评审

各小组利用便利贴，对三个小组的作品进行点赞，说出其他小组方案的优点和待改进的地方。

(2)优化方案

各小组根据同学们提出的点赞或建议，进行方案优化，并再次进行分享，分享内容可以是对方案的修改，可以是对整个方案设计的反思，也可以是对本次课程的感想。

活动意图说明：通过自评互评和小组点赞，每个小组对于自己的成果都有了更全面的认识，在与其他组相互学习的基础上，对自己的成果进行修改，锻炼语言表达和思辨能力。

环节四：课程复盘(5分钟)

教师活动：总结本次活动同学们的表现，感谢特邀嘉宾对学生的激励，点赞同学们勇于探究的精神，鼓励大家对此主题进行更深入的研究，为人类的发展贡献力量。

学生活动：畅想在 2035 年，同学们已经 26 岁了，这时的自己正在从事的工作会不会就是建设月球农场呢？引导同学们在今后的生活中继续保持探究和进取精神，实现自己的价值。

活动意图说明：在月球上，要改变局部地理环境需要付出巨大的人力与物力的成本。而我们所生活的地球，给我们提供了适宜的、近乎免费和充足的地理环境与资源。感受设计月球农场的困难，可帮助学生树立人地协调观，关爱地球母亲，同时鼓励学生对此主题进行更深入的研究，为人类的发展贡献力量。

3. 课后活动

①根据小组自评互评的内容和专家的点评，将自己的方案进行优化更新，设计出一个满足量规要求的月球生态农场模型。

②每个小组进行一个复盘反思并整理成文档，吸取在学习开展过程中的不足，总结小组合作中的经验。

③将这三节课的内容、研究过程，以及自己查阅的资料进行整理，形成一个专题报告，详细呈现研究内容、过程及成果。

四、设计的主要特色/亮点及思考

(一)案例的亮点或特色

1. 注意学科知识的内在联系

在生活中，学生面对的问题大多是复杂的、综合性的，需要用多学科知识和一定的科学方法才能解决，所以本课程强调知识之间的联系，借助探月工程的真实背景和月球农场建设的真实需求，将地理、生物学、物理等学科的知识进行联系，注意知识框架的建构。月球生态农场跨学科主题学习过程中，学生将区域农业、生态系统、物质、运动与相互作用等知识，经过思维加工和实践操作之后，建立完整的立体架构。这样不但掌握了知识，也注意到了知识之间的内在联系，更在解决真实问题中将知识进行了灵活运用。

2. 具有重要的社会意义和学习价值

在我国综合国力不断提升的今天，作为一个有担当的大国，培养学生的国际视野，提升社会责任感尤为重要。本次跨学科项目的核心问题"设计一座能可持续运行的月球生态农场，以满足宇航员在月球长期工作和生活的营养需求"具有重要的社会意义和学习价值，具有多角度、宽视野的特性，有利于学生全面地剖析真实问题，打开通往深度学习的路径。从学生的多元设计作品看，表现出学生不同的学习兴趣点：对地理生物感兴趣的学生，其设计作品更多考虑了月球生态农场这一生物再生生命保障系统是如何实现内部物质与能量的自循环的；对工程物理感兴趣的学生，其设计作品更多考虑月球生态农场的架构、内部实现自循环的技术设备。这给学生提供了更多的选择空间。

3. 突出从应知到应会的基本路径

应知是教材中的结构性知识，它是高度浓缩的学科知识，是快速掌握一个领域核心知识的有效方法，但是对于思辨能力还在迅速发展、生活常识还不够丰富的初中生而言，这些知识并不适合直接用于解决复杂真实问题。跨学科主题学习为学生打开了走进和深入解决真实问题的途径。在月球生态农场跨学科主题学习过程中，借助探月工程这一真实情境，提出宇航员生命安全如何得到保障这一真实问题，月球生态农场的建设已经迫在眉睫，在充分的背景知识查阅和真实的角色带入下，学生的学习热情被点燃，对于知识的渴望被激发，学生借助小工具理清为了完成这个主题，我知道什么、想知道什么、怎么做，进而将问题进行拆解分析，并自主寻找资源/工具等学习支持，逐步解决问题，最终进行成果表达。在充分使用课本知识的基础上，自主查阅了大量相关知识，将灵活运用从各学科独立习得的知识，做到了深入理解知识，并全面解决问题。

4. 邀请相关专家进行过程性指导

本次课程邀请到了常驻"月宫一号"专家，一直参与该项目的研究与宣传，并在"月宫一号"中有着长时间的工作经历，为教师和学生提供了很多专业的指导，将前沿的科技与初中的课堂进行联系，让学生对前沿领域有了认识，增加了学习的兴趣，为项目的推进成功助力。

(二)讨论的问题或反思

在实施过程中，学生感受到本主题非常有意义、有意思，参与的兴趣很高，尝试和探索的欲望很高，这也是设计本主题的初衷。从整个过程和最后的成果来看，将反思与改进汇总如下。

问题反思

①本主题学习内容非常丰富，课时却非常有限，需要明确分出哪些内容课上完成、哪些内容课下完成，进而明晰学习过程的管理与评价。

②教师应当从学生学的角度出发，分析重点理清哪些不同学科知识的联系，弄清楚学生在解决问题的过程中，借助哪些工具才能顺利实现跨学科知识的自觉迁移应用的。

③本主题具有内容复杂、系统庞大并涉及科技前沿等特点，所以在初中阶段实施时，学生无法解决涉及的所有问题，因此跨学科情境与内容都会存在一定的"失真"。本主题仅尝试从"选种"和"布局"的角度进行合理设计，有待更全面、更科学地设计月球生态农场。

改进思路

①在导引环节，教师也应指导学生设计便于其学习过程管理与评价的进程表，学生也设计并使用主题推进清单，以便达成"成功的标准"。

②在实践过程中，教师可以针对分解出的小问题，为学生量身定制，设计学习支架，帮助学生顺利完成跨学科知识迁移应用。

③课时有限，真实情境与学习内容又如此复杂，这对学生来说既是挑战又是机遇，需要教师在"大课程"上进行良好的顶层设计，紧抓核心问题，"以少为多"，从而调动学生的积极性；因此，学校层面组织的跨学科教研和备课需要维护专有的平台，使跨学科教研更加紧密和系统。

参考文献：

[1] [美]格兰特·威金斯，[美]杰伊·麦克泰格. 追求理解的教学设计[M]. 闫寒冰，宋雪莲，赖平，译. 上海：华东师范大学出版社，2017.

[2] 夏雪梅. 项目化学习设计：学习素养视角下的国际与本土实践[M]. 北京：教育科学出版社，2018.

[3] 夏雪梅. 项目化学习的实施：学习素养视角下的中国建构[M]. 北京：教育科学出版社，2020.

课例七　低碳生活^①

董素君　邢晓明　朱　叶　刘小荣

扫码观看
课例视频

初中"低碳生活"跨学科主题学习活动涉及生物学、地理、化学学科，是利用学科课程课时、课后服务和实践活动课时开展的跨学科实践活动，共计 5 课时。其中，包括利用学科课程课时开展的导引课和展示课，还包括利用课后服务和综合实践活动课程的时间开展的探究课和场馆课。学生在导引课上了解二氧化碳对环境的影响，通过实验探究"谁在排放二氧化碳?""谁来吸收二氧化碳?"，明确全球气候变暖发生的科学道理；通过参观中国科技馆"双碳"主题展厅，知道实现"碳中和"的中国方案，了解解决问题的措施；通过上述学习过程，形成自己的观点，通过模拟联合国气候大会展示学习成果，理解应对全球气候变暖需要全球合作；最终学生将所学落实到行动中，践行低碳生活。学生在该主题的活动中利用三个学科的知识和技能，将三个学科深度融合，共同探究全球气候变暖这一现实问题的解决途径，从而提升科学思维、实践能力和社会责任感。

一、主题选择及学习者分析

(一)主题选择的背景

1. 教育改革背景

2022 年版义务教育课程标准颁布，要求各学科设立跨学科主题学习活动，且不少于总课时数的 10%；要加强学科间相互关联，带动课程综合化实施，强化实践性要求；理解多学科的相互关系，并尝试运用多学科的知识和方法，通过设计和制作，解决现实问题，或生产特定的产品，发展核心素养；设置跨学科实践学习主题，引导学生综合运用生物学、化学、物理、地理和数学等学科相关知识和方法，尝试分析和解决实际问题。

2023 年 5 月，教育部等十八部门联合印发《关于加强新时代中小学科学教育工作的意见》，创造条件丰富内容，拓展科学实践活动，"请进来""走出去"双向互动开展实践活动。在"请进来"方面，开展"科学家(精神)进校园"、少年科学院、流动

---

① 本案例系北京市教育科学"十四五"规划 2023 年度课题"指向深度学习的初中多学科融合主题活动的设计与实施"(课题编号：CDDB23258)的研究成果。

科技馆、流动青少年宫、科普大篷车、科技节、科学调查体验等活动。在"走出去"方面，组织中小学生前往科学教育场所，进行场景式、体验式科学实践活动。

2. 课程育人需求

2019 年，中共中央、国务院印发的《中国教育现代化 2035》强调要创新人才培养方式，培养学生创新精神与实践能力。核心素养是学科育人价值的集中体现，各个学科在培养核心素养方面进行了很多有益的探索，但是学生要解决现实中的真实问题，往往需要多学科的知识和方法，单学科教学的不足在于学生容易被限制在学科思维中，很难主动打通学科壁垒，需要通过多学科融合的主题活动让学生打破学科的边界，将所学转化为现实解决问题的能力，培养未来的学习者。

现在的中学生是实现国家"双碳"目标的后备力量，"低碳生活"跨学科主题学习活动使学生置身真实情境中，利用三个学科的知识和技能，将三个学科深度融合，共同探究了全球气候变暖这一现实问题的解决途径。在这个过程中建构跨学科大概念、发展科学观念、发展解决实际问题的能力、形成可持续发展观、构建人类命运共同体的意识，强化社会责任、国家认同、国际理解等，促进知、情、意、行的统一。

3. 学校育人特色

我校立足"奠定学生发展基础，促进学生健康成长"的办学指导思想，聚焦立德树人的教育根本任务，2019 年第三次修订形成校本化的《课程方案》。《课程方案》中提出多元化课程体系，包括基础型课程、丰富型课程、发展型课程和专长型课程，为学生的身心健康和可持续发展奠定基础。该课程体系使学校课程目标更加聚焦核心素养，课程内容更加注重综合实践，课程实施更加侧重体验探究，课程评价更加凸显多元化和发展性，学校课程建设在北京市初中学校当中保持领先水平，为跨学科主题学习活动的开展奠定了扎实的基础。

本跨学科主题学习活动依托学校基础型课程和丰富型课程开展，是学校课程体系中的重要组成部分。同时，也在原有的课程体系基础上，填补了跨学科主题学习活动的空白，深化了学科联系，创新了课堂教学方式，拓展了课堂教学边界。

4. 弥补分科教学的不足

分科教学存在不足，难以攻克的难点往往需要借助其他学科知识才能解决，学生面对真实情境中的复杂问题时，寻求解决之道也往往需要借助多个学科的知识。这也正是实施跨学科综合性课程的逻辑。在学业水平评价中，凡是与其他学科关联密切，或涉及真实问题解决的综合应用类试题，学生作答表现往往不佳。单科教学使得学生容易被限制在学科思维中，很难主动打通学科壁垒。因此，跨学科主题学习活动也是学科教学的需求。

（二）主题覆盖的核心知识

1. 课标分析

学习目标以三个学科共同素养的提升作为目标。不同学科对知识的目标不尽相同，但是，对学生核心素养的要求具有共通性。因此以关键能力和必备品格的素养要求作为教学目标，并针对这些目标，设计了调查研究、实验探究和动手制作等活动，以提升学生的核心素养(图 3-7-1)。

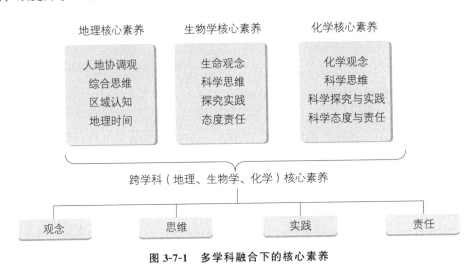

图 3-7-1　多学科融合下的核心素养

学习内容基于各个学科的知识和技能，而不能够脱离国家课程。在此基础上，选择三个学科的共通概念，该概念具有综合性且与生活实践紧密联系。二氧化碳相关概念在三个学科的课标中均有涉及：在生物学课程中，二氧化碳是植物光合作用和呼吸作用重要的原料和产物；在地理课程中，二氧化碳浓度变化是全球气候变化的主要原因；在化学课程中，二氧化碳作为生活中常见的物质，学生要学习它的制取和性质。这些知识之间具有紧密联系。

2. 教材分析

地理学科：全球气候变暖在北京版教科书七年级上册第四章《认识天气与气候》中有所涉及，主要体现在全球气候变暖的原因是人类大量使用化石燃料和砍伐森林，导致二氧化碳等温室气体浓度升高，从而引起全球气候变暖，并导致海平面上升、局部极端天气增多等环境问题。

生物学学科：相关知识在人教版教科书七年级下册第三单元第二章《植物体内的物质与能量变化》中有所涉及，主要体现在二氧化碳是植物光合作用的重要原料，是生物呼吸作用的产物。绿色植物对维持自然界中碳氧平衡具有重要作用。

化学学科：相关知识在人教版教科书九年级化学上册第六单元《碳和碳的氧化物》中有所涉及，主要讲述了二氧化碳的实验室制取和性质，其中涉及不同含碳元素物质间的转化。

3. 概念之间的相互关系

通过上述分析发现，本主题涉及的各学科的一般概念有：化学学科主要研究二氧化碳的性质及转化，地理学科则聚焦人类活动对全球气候变暖的影响，而这一影响的背后是二氧化碳的保温作用这一性质。生物学的研究重点在于呼吸作用和植物的光合作用中二氧化碳的释放和吸收。

由此可知，本主题的出发点是二氧化碳的保温作用这一性质对气候变化的影响，探究重点是二氧化碳的转化。因此可以将三个学科紧密联系在一起的"碳循环""碳中和"作为重要概念。

最终形成本主题的跨学科大概念：二氧化碳等温室气体具有重要作用，但过量会导致气候变化，给生态平衡和人类发展带来威胁。含碳元素的物质是可以相互转化的，可以采取使用清洁能源等措施减少排放，通过植物的光合作用和化学转化等措施增加吸收来实现碳中和。(图 3-7-2)

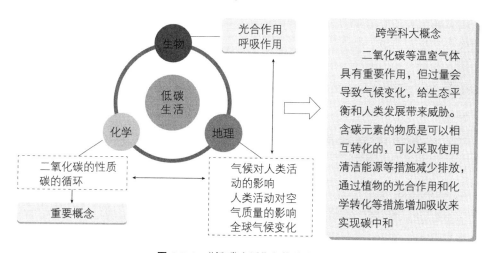

图 3-7-2 "低碳生活"跨学科大概念

（三）学习者分析

1. 已有基础与可能存在的困难

从地理学科的角度分析，全球变暖是人类活动对气候产生影响的最具体的实例，教材中涉及全球变暖的主要原因是大量使用化石燃料和砍伐森林，但是并未深入具体地介绍为何大量使用化石燃料和砍伐森林会加剧全球变暖，对其背后的科学原理未做实验验证，也并未详细地阐述节能减排、缓解全球变暖的具体措施。因此在地理教学中，学生不能够建立起与之相关完整的知识体系，需要借助跨学科教学。

从生物学学科的角度分析，学生已经了解到植物的呼吸作用释放出二氧化碳，而光合作用吸收二氧化碳，但是学生不能将学科知识联系到实际生活中，很多学生认为植物的光合作用不能够抵消自身的呼吸作用，不能有效减少生物圈中的二氧化碳浓度，对光合作用和呼吸作用的关系理解得不够透彻。因此学生需要借助跨学科教学，在解决实际问题的过程中，建立起二者的量化关系。

从化学学科的角度分析，因学校初三开设化学课程，所以学生对于二氧化碳的化学专业知识了解较少，仅有的知识一部分来源于生活体验，还有一部分知识来源于其他学科，主要了解二氧化碳的物理性质，对其化学性质及含碳物质的转化知之甚少。初三的化学课聚焦二氧化碳的实验室制取及性质，了解含碳物质的转化，初步了解控制二氧化碳排放量的措施，倡导低碳生活，但并未结合实验理性地验证措施的可行性，也未形成低碳生活的具体方案。

2. 学生兴趣与需求

设计调查问卷，了解学生对哪些主题更感兴趣，可以看出学生关注的点集中在环境保护、食品健康、物质与能量等方面。"低碳生活"侧重人类和大气圈的相互影响，涉及环境保护、物质的循环和能量的转化，同时也是大众关注的热点，因此贴合学生的兴趣。"低碳生活"既适合学生现有水平，又能促进学生发展，符合最近发展区理论。

二、主题学习/活动整体设计

(一)设计理念与思路

1. 基本理念

"低碳生活"跨学科主题学习活动的设计是基于深度学习的理论。目前现有研究已对深度学习的内涵、特征和意义、实现路径和推进方法进行了系统的梳理，形成了丰富的学科教学设计和案例，提炼了实施策略和实践模型(图 3-7-3)。本主题是在该实践模型的理论指导下进行的。

2. 设计思路

本主题的设计思路是首先明确跨学科大概念，随后结合素养要求，确定主题活动的目标，并展开实践探究，每个实践探究活动都需要按照一定的流程来进行：先创设问题情境、由学生讨论生成驱动性问题，头脑风暴提出问题解决途径，并且评

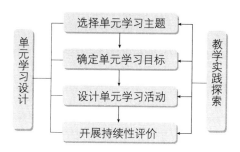

图 3-7-3 深度学习的实践模型

估可行性，聚焦任务，学生分组认领，设计活动计划、开展活动并产出作品，最终交流成果，形成跨学科大概念。可以利用已形成的跨学科的大概念。最后对跨学科主题活动进行评价，以多样化的评价方式评估学生的素养达成情况。(图 3-7-4)

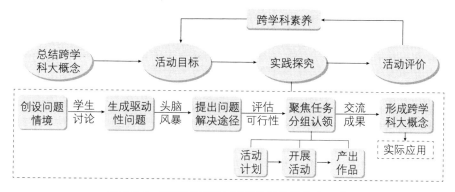

图 3-7-4 "低碳生活"主题学习设计的基本思路

3. 设计路径

从跨学科素养出发确定教学目标，在目标的指引下，设计五个驱动性问题，通过学生头脑风暴设计了主要的学生任务，学生分组认领任务并展开实施，过程中对学生进行评价(图 3-7-5)。

(二)学习目标

本跨学科主题学习的目标指向跨学科素养。

目标一：培养科学思维和实践能力。通过二氧化碳保温作用的实验，学生认识到二氧化碳等温室气体对大气环境的变化具有重要作用；过量的温室气体会导致气候变化，给生态平衡和人类发展带来威胁；通过二氧化碳的制取和吸收实验，了解含碳元素的物质是可以相互转化的，可以通过调整能源结构减少碳的排放，通过一些技术手段，增加碳的吸收；通过测定植物的光合作用和生物的呼吸作用，解释植物的光合作用可以增加碳的吸收。

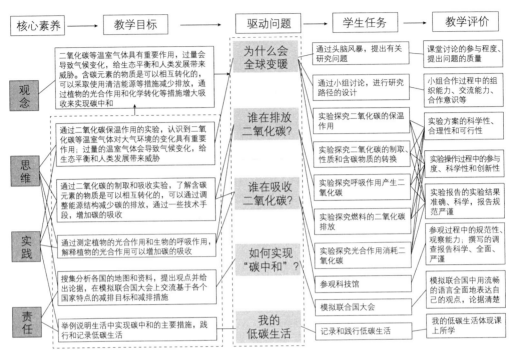

图 3-7-5 "低碳生活"设计路径

目标二：提升可持续发展观念。综合上述活动，并搜集分析各国的地图和资料，学生提出观点并给出论据，在模拟联合国大会上交流基于各个国家特点的减排目标和减排措施。

目标三：提升社会责任感。基于所学内容，学生举例说明生活中实现碳中和的主要措施，践行和记录低碳生活，认同低碳生活的方式。

(三)学习重点、难点

学习重点：学生能够提出观点，并通过实验和调查等方式为自己的观点提供支撑证据，在模拟联合国活动中交流和讨论；能够认同和践行低碳生活的方式。

学习难点：学生设计并实施生物、化学实验。

(四)学习评价

课程设计了多元化的学业评价方式，促进学生的发展，既包括以纸笔测试、作品评价为主的终结性评价，也包括学生自己、组员、教师等多个评价主体的过程性评价，评价内容涵盖提出问题、方案设计等多个维度。此外，我们还探索了增值评价，在学生参与该主题活动的前后分别进行了测试，通过前测和后测的比较，寻找学生的增长点，因材施教。如图 3-7-6 所示，这种立足于学生发展的多元评价体系能够较为客观地反映学生的成长变化。

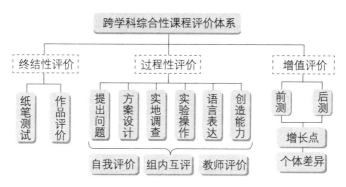

图 3-7-6　跨学科综合性课程评价体系

我们设计了过程性评价量表，包含多个维度的评价指标，并由不同评价主体进行打分。如表 3-7-1 所示，从课堂参与程度、合作能力、实验方案设计及实施、场馆学习表现、语言表达能力等多个维度综合地评价学生的素养达成情况。

表 3-7-1　过程性评价量表

评价指标	自我评价	组内互评	教师评价	综合评价
我能够积极参与课堂讨论，提出问题	☆☆☆☆☆	☆☆☆☆☆	☆☆☆☆☆	☆☆☆☆☆ 评语：
我有合作意识，组内积极交流	☆☆☆☆☆	☆☆☆☆☆	☆☆☆☆☆	
我能参与实验方案的设计，我们设计的方案科学、合理、可行	☆☆☆☆☆	☆☆☆☆☆	☆☆☆☆☆	
我在参观活动中认真观察，积极思考	☆☆☆☆☆	☆☆☆☆☆	☆☆☆☆☆	
我在实验操作过程中积极参与，科学规范，有一定的创新性	☆☆☆☆☆	☆☆☆☆☆	☆☆☆☆☆	
模拟联合国中用流畅的语言全面地表达自己的观点，论据清楚	☆☆☆☆☆	☆☆☆☆☆	☆☆☆☆☆	
我的低碳生活能够体现课上所学，并且做好完整的记录，有自己的思考	☆☆☆☆☆	☆☆☆☆☆	☆☆☆☆☆	

设计了结果性评价量表(表 3-7-2)，结果评价分为作品评价和纸笔测试两部分。在作品评价中从作品的完成情况、科学性、准确性、综合性等维度评价学生的表现；通过纸笔测试，定量地评价学生的进步。

表 3-7-2　结果性评价量表

评价指标		自我评价	组内互评	教师评价	综合评价
作品评价	绘制、制作模型：模型科学、美观	☆☆☆☆☆	☆☆☆☆☆	☆☆☆☆☆	☆☆☆☆☆ 评语：
	实验报告：实验结果准确、科学，报告规范严谨	☆☆☆☆☆	☆☆☆☆☆	☆☆☆☆☆	
	各国节能减排报告：对该国特点描述准确，分析到位，论据清楚	☆☆☆☆☆	☆☆☆☆☆	☆☆☆☆☆	
纸笔测试				☆☆☆☆☆	

（五）资源支持/活动指导

1. 活动指导

生物学、地理、化学学科的三位教师在本主题开展的活动中全程参与，教师的指导作用主要体现在以下几个环节：第一，创设情境，组织讨论，评估学生方案的可行性。第二，提供实验或实践活动的相关材料、资源、场地，并在活动中持续进行指导和帮助。第三，补充一些必要的但是学生未知的学科知识及培训技能。第四，对学生活动表现进行评价，并及时反馈。第五，组织学生的相互交流，为学生展示作品提供更多平台。

戏剧指导教师在最终的展示环节(模拟联合国气候大会)起到了锦上添花的作用。

2. 资源支持

中学生物、化学实验室及配套设施；二氧化碳测量仪；录像机；碳排放记录小程序。

三、具体学习任务/活动

（一）课时安排

本主题活动共计 5 课时，各课时所包含的主要内容和设计意图如表 3-7-3 所示。

表 3-7-3　课时安排

课时	主要内容	设计意图
课时 1 导引课：二氧化碳对环境的影响	创设情境，提出问题，明确研究课题，设计研究路径，补充相关知识	以全球极端天气现象引起话题，通过头脑风暴，关注生活和时事中的气候变化，聚焦二氧化碳与气候变化之间的关系，提出驱动性问题，针对驱动性问题，聚焦多个研究课题，并初步尝试提出解决方案，提高发现问题、提出问题的能力。 补充化学知识，通过动手实验，了解二氧化碳的性质、制取以及含碳元素物质之间的转化。 通过保温作用实验，进一步明确二氧化碳的保温作用对全球气候变化的影响。
课时 2 探究课：谁在排放二氧化碳？	生物的呼吸作用探究实验，测定燃料排放二氧化碳实验	通过实验了解呼吸作用会产生二氧化碳，对比不同生物的呼吸作用的强度。 通过对比实验，定量测定不同燃料排放二氧化碳的多少。
课时 3 探究课：谁来吸收二氧化碳？	生物的光合作用探究实验，绘制、制作叶片和气孔模型	通过实验，探究植物光合作用会吸收二氧化碳，不同因素对植物光合作用吸收二氧化碳的影响。 通过实验，探究光合作用和呼吸作用之间的关系，建立植物吸收二氧化碳的概念模型并制作实物模型，了解植物在维持碳氧平衡中的作用。
课时 4 场馆课：实现"碳中和"的中国方案	参观社会大课堂	通过中国科学技术馆"双碳行动"主题展厅参观，了解实现"碳中和"的中国方案和中国行动。
课时 5 展示课：实现"碳中和"的国际合作	模拟联合国气候大会，记录和践行低碳生活，并分享	搜集、整理、分析不同国家的国情信息、碳排放数据等相关资料，说出不同国家社会经济发展、能源结构与碳排放现状，初步撰写各国的碳减排报告。全班进行角色扮演，代表不同国家提出基于该国国情的碳减排目标、措施和宣言。 践行一段时间的低碳生活，记录自己的碳排放，养成"绿色"的生活方式。

（二）实施过程

1. 导引课：二氧化碳对环境的影响

以 2022 年世界范围内主要的极端天气现象创设情境，请学生思考这些极端天气现象产生的原因是什么。学生提出这些极端天气与全球气候变暖有关。而全球气候变暖除了有自然原因外，还与人类不合理的活动排放大量的二氧化碳相关。进而老师请学生思考讨论："关于二氧化碳与全球气候变暖的关系，你有哪些感兴趣的问题？"

学生经过讨论后，提出两个感兴趣的问题：第一，二氧化碳为何导致全球气候变暖？第二，如何减少二氧化碳排放呢？针对第二个问题，学生继续头脑风暴，分组提出了一系列的措施。教师将学生提出的解决措施记录在黑板上，可以看到学生有很多奇思妙想（图 3-7-7）。接着，教师引导学生对这些措施进行分类，从科学原理上大致可以分为两类，即减少排放和增加吸收。

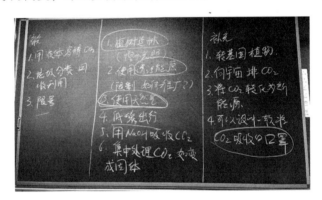

图 3-7-7　学生头脑风暴

随后，学生分组讨论各种类型的措施中，自己期望继续深入研究的问题。经过整理，学生提出了以下驱动性问题：第一，为什么会全球变暖？第二，谁在排放二氧化碳？第三，谁来吸收二氧化碳？第四，如何实现"碳中和"？第五，我的低碳生活。

接着师生一起，将这些驱动性问题转变成可以开展的探究活动。共设计了几项学生活动（表 3-7-4）。

表 3-7-4　驱动性问题与学生活动

驱动性问题	学生活动
为什么会全球变暖？	【探究实验】二氧化碳浓度对气温的影响
谁在排放二氧化碳？	【探究实验】生物的呼吸作用 【探究实验】测定燃料排放的二氧化碳
谁来吸收二氧化碳？	【探究实验】生物的光合作用
如何实现"碳中和"？	【动手制作】制作植物吸收二氧化碳模型，绘制碳氧平衡模型 【场馆课】实现"碳中和"的中国方案 【展示汇报】模拟联合国气候大会
我的低碳生活	【生活实践】践行和记录低碳生活

学生设计并实施了第一个探究实验——二氧化碳浓度对气温的影响(图 3-7-8)。通过实验的观察和记录，学生发现，同体积的二氧化碳和空气相比，用同样温度的水加热同样时间，空气升温幅度小，二氧化碳升温幅度大。在同样温度的空气中静置一段时间后，空气降温幅度大，二氧化碳降温幅度小。学生通过自己的猜想和实践，了解了二氧化碳对气温的影响。

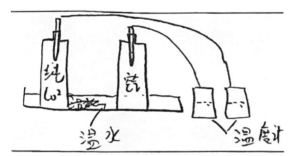

图 3-7-8　学生设计的实验装置(左)并进行实验(右)

针对学生对二氧化碳这一物质缺乏知识基础，化学老师开展了"二氧化碳是什么"的教学活动。通过这一课时中的动手实验，学生了解了二氧化碳的性质、制取和含碳物质的转化。

2. 探究课：谁在排放二氧化碳？

(1)【探究实验】生物的呼吸作用

在这一课时中学生通过测量在密闭环境中，生物呼吸所导致的二氧化碳浓度变化，了解到生物呼吸作用能够释放出二氧化碳(图 3-7-9)。对比在同一环境中，不同生物导致的二氧化碳浓度升高的值，了解到植物的呼吸作用要远小于动物呼吸作

①密闭容器中放置一只珍珠鸟和一台二氧化碳记录仪

②密闭容器中放置一盆天竺葵和一台二氧化碳记录仪，并置于黑暗中

③密闭容器中放置一只仓鼠和一台二氧化碳记录仪

图 3-7-9　呼吸作用的实验装置

用所释放出的二氧化碳量。

（2）【探究实验】测定燃料排放的二氧化碳

在本节课中，学生通过设计实验并定量测定一定质量的燃料燃烧所释放的二氧化碳（图 3-7-10），结合数据资料，对比分析不同燃料的碳排放量，了解能源结构的变化会对二氧化碳的排放量产生影响，以此作为调整能源结构的依据。

图 3-7-10　燃烧法定量测定一定质量燃料的碳排放实验装置

3. 探究课：谁来吸收二氧化碳？

（1）【探究实验】生物的光合作用

本节课学生通过植物的光合作用实验（图 3-7-11），了解到植物在光下能够吸收二氧化碳，且随着环境中二氧化碳浓度的升高，植物吸收二氧化碳的作用也会显著增强。

（2）【动手制作】制作植物吸收二氧化碳模型，绘制碳氧平衡模型

①密闭容器中放置一盆天竺
葵，并置于光照培养箱中

②密闭容器中放置一盆天竺葵、两只珍珠鸟
（覆盖毛巾保护小鸟），并置于光照培养箱中

图 3-7-11　光合作用的实验装置图

在本节课中，学生探究生物呼吸作用和植物光合作用之间的关系，分析植物吸收和排放二氧化碳的不同情况，制作植物叶片模型，绘制在个体层次和细胞层次气体进出的概念模型，最终理解并阐述自然环境的碳氧平衡。

图 3-7-12 为探究生物呼吸作用和植物光合作用关系的实验装置，将一只珍珠鸟和一株天竺葵放置于密闭容器中，并将容器放置在户外一天，用二氧化碳记录仪记录容器内二氧化碳浓度的变化。

图 3-7-12　探究生物呼吸作用和光合作用的关系实验装置

随着光照的增加，植物的光合作用由零逐渐增加，并在某个时刻超过呼吸作用，使容器内二氧化碳浓度开始下降。学生分析只有呼吸作用、呼吸作用大于光合作用、呼吸作用等于光合作用、呼吸作用小于光合作用四种情况下，细胞层次中气体变化的途径，以及从个体层次上植物是如何通过叶片表面的气孔吸收或排放二氧

化碳的。学生动手制作叶片及气孔模型(图 3-7-13)。

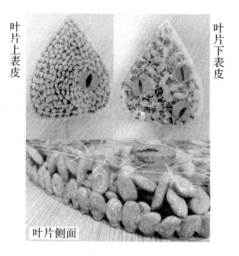

图 3-7-13　学生作品——叶片模型

同时，学生绘制了光合作用和呼吸作用导致的气体进出的概念模型(图 3-7-14)。

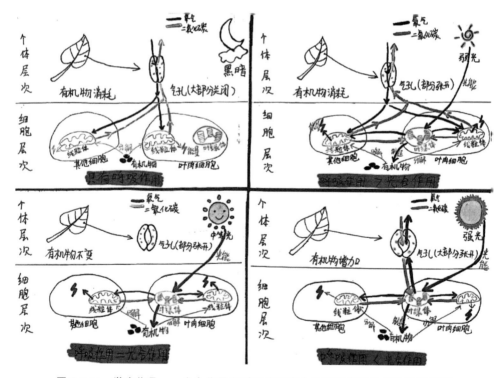

图 3-7-14　学生作品——光合作用和呼吸作用在个体和细胞层次气体进出模型

综合上述研究，学生提出自然环境中碳氧平衡的循环途径，并绘制碳氧平衡示意图(图 3-7-15)，指出人类活动是破坏碳氧平衡的一大原因，而绿色植物在维持碳氧平衡中起到重要的作用。

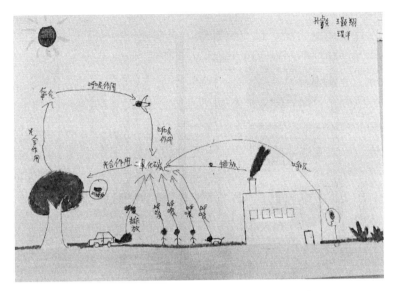

图 3-7-15　学生作品——绘制碳氧平衡模型

4. 场馆课：实现"碳中和"的中国方案

本课时学生参观中国科学技术馆"双碳行动"路线相关展品，身临其境地体验我国在能源和低碳减排领域中已经取得的成就(图 3-7-16)。学生在参观过程中，借助教师提前编写好的《伴学手册》，系统地、有逻辑地、有目的地进行参观，并在与展品互动的过程中进一步深入理解低碳生活的重要意义。

图 3-7-16　学生参观中国科学技术馆(左)和填写《伴学手册》(右)

5. 展示课：实现"碳中和"的国际合作

(1)【展示汇报】模拟联合国气候大会

基于之前课时的学习，学生对二氧化碳的性质、制取、碳的转化、化石燃料燃烧与碳排放之间的关系、绿色植物对维持碳氧平衡的重要作用等有了一定的认识，在此基础上设计模拟联合国气候大会活动。旨在通过分析不同国家的地理环境特点、社会经济发展状况、能源结构、碳排放现状等方面，因地制宜地提出各个国家碳减排的目标，并说明各国实现"碳中和"的措施，从国际合作的角度，意识到全球变暖是世界性的问题，所有国家应当基于自身的特点，共同参与节能减排的行动，保护人类共同的家园。

在模拟联合国大会的活动中，学生首先进行分组，认领国家，随后充分地查阅资料，了解各个国家的基本国情；调查数据，绘制统计图表，分析各国的碳排放现状，并明确其在全球减排行动中的责任和义务(图 3-7-17)。

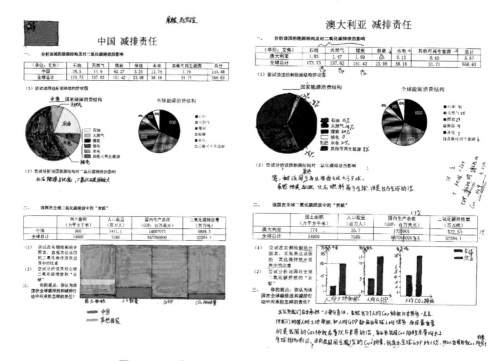

图 3-7-17　学生作品——部分国家碳排放数据调查

随后学生依据该国的特点，提出其减排目标，列举适合该国的减排措施，为该国实现"碳中和"提出合理的建议，撰写《××国减排报告》(图 3-7-18)。

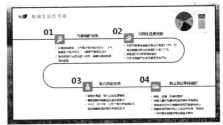

图 3-7-18　学生作品——模拟联合国气候大会

最后全班一起召开模拟联合国大会，各个小组代表各自的国家陈述自己的减排目标和措施。

(2)【生活实践】践行和记录低碳生活

学生在理性认知的基础上，探讨具体可行的低碳生活方案，构建综合视角解决低碳问题，结合科学、技术、政策等，从个人的角度应用理论、指导生活，并借助文字、照片、视频等方式记录自己的低碳生活，最终形成低碳生活行动方案和"我的低碳生活"微电影，在学校各类平台上进行展示。

四、设计的主要特色/亮点及思考

（一）案例的亮点或特色

1. 多学科融合的视角

本主题学习旨在立足于多学科融合的视角，打破学科壁垒，以培养学生跨学科素养为目标，提炼跨学科大概念、探索系列主题活动的设计和实施路径，实现学生的深度学习。

2. 指向深度学习

本主题学习是在教师引领下，学生围绕具有挑战性的学习主题，全身心积极参与、体验成功、获得发展的有意义的学习过程。在这个过程中，学生掌握学科的核心知识，理解学习的过程，把握学科的本质及思想方法，形成积极的内在学习动机、高级的社会性情感、积极的态度、正确的价值观。

3. 探索多元化的评价方式

本次跨学科主题学习依托多元智能理论，以多样化的评价促发展，设计了多样化的评价指标体系，形成了学生过程性评价档案袋，初步探索了增值评价。

4. 建构跨学科主题学习的实施模型

本主题学习构建了跨学科主题活动开展的通用模型，为今后教师开展跨学科主题活动提供范式。

(二)讨论的问题或反思

1. 主题学习活动开展的时段

考虑初中学生身心发展水平特点、知识储备情况、能力水平等，更推荐该主题用于初中二年级及以上学段，若在初一开展应做好相关知识和技能的铺垫。

2. 探索跨学段的整体规划

在今后的教学实践中，应结合不同学段的学科教学内容，为本主题跨学科学习做好知识、能力、材料等准备，使主题教学更加系统和连贯。

3. 探索可推广的跨学科主题学习活动的成果

在今后的教学实践中，要依托现有教学经验，探索更多的跨学科学习主题，将跨学科学习活动扩展到更大的范围，形成更多可供参考借鉴的课例，让更多的教师参与进来，让更多的学生从中受益。

参考文献：

刘月霞. 深度学习：走向核心素养(理论普及读本) [M]. 北京：教育科学出版社，2018.

文理综合类跨学科主题学习设计与实施

文理综合类跨学科主题学习立足培养有理想、有本领、有担当的时代新人，基于学生学习规律，与现实生活、真实世界的连接，从真实的问题、完成的任务和相应的情境出发，在间接学习和直接学习中自觉运用单个学科、综合学科、多个领域的知识和相应能力，综合性地解决问题，探究事物之间的联系和发展规律，并认识其重要意义。此部分三个案例从生命成长、项目任务、劳动实践出发，设计跨学科的挑战性学习任务，让学生在实践中学习，促进核心素养发展。

课例八　四季生命成长

王丽环　陈海燕　庄　婕　杨　明　陈　群

扫码观看
课例视频

“四季生命成长”跨学科主题学习活动秉承学校“生长融通”的教育哲学，是特色校本课程和学生发展型课程，将心理健康课、科学课、劳动课渗透融合，共同促进学生成长，满足学生个性化需求，为学生健康成长助力。

主题学习活动打破学科界限，面向中年级学生，以一学年为一个活动周期，跟随二十四节气的变化，融合不同学科的教学内容、问题和活动，围绕“生命教育”主题，开展相应学习活动，提升综合应用多学科知识的能力。

课程秉承引导儿童融入自然，亲近自然，感悟自然之美，促进儿童与自然和谐相处的理念，促进学生身心成长；学生自主参与植物播种、养护、栽培管理等过程，在亲身劳动中，亲近植物，习得知识和技能，形成尊重科学、热爱自然、敬畏生命的道德品质以及健康的生活意识、高尚的审美情趣，帮助学生理解生命的价值、体会生命的丰富内涵。

一、主题选择及学习者分析

（一）主题选择的背景

1. 政策背景

2022 年，教育部印发《义务教育课程方案(2022 年版)》，明确指出：设立跨学科主题学习活动，加强学科间相互关联，带动课程综合化实施，强化实践性要求。

其中一大亮点就是在每个内容板块里设置跨学科主题学习，强化学科实践及跨学科主题学习，推动课程及教学的综合性、实践性。文件强调实践是实现跨学科主题学习的有效途径，并且给出诸多跨学科主题学习样例以供参考。

2. 学校背景

学校是一所市优质小学。多年来，学校坚持"以人为本，育人至上"的教育理念，将"育人为(wéi)民、育才为(wèi)民、育教惠民"作为学校发展目标，以"生长融通"作为教育哲学，以培养学生"理想高远、基础扎实、全面发展、特长凸显、国际视野"为育人目标。面对新时期教育改革的要求，学校结合校情、师情、学情，积极开展跨学科主题学习的尝试与探索，"四季生命成长"课程是学校众多跨学科主题课程中的一部分。课程由教师基于学生成长需要，发挥学科优势和自身特长，在不断地探索开发学习资源中形成。

3. 学科优势

学校是市首批"中小学心理健康教育实践研究特色学校"。多年来，学校将心理健康教育作为"立德树人"的重要途径，为学生生长萌发的童年打造绿色的心育生态，培养积极阳光的心理品质作出了努力。

学校还是市科技教育示范校。学校一贯以学生发展为中心，提升学生核心素养和实际获得感，培养学生的科学素养和科学精神，在区域内发挥引领和示范作用，全面推动学生科技水平的提升。

学校重视学生的劳动教育开展，校园里植物种类繁多，为学生的学习观察提供了自然生态下的硬件条件。同时学校也开辟了植物研究活动空间，北校区开展了花坛绿植研究，花盆栽培实践，南校区开辟了种植特色项目实践研究基地，白云观校区打造了楼顶花廊绿色空间。学校在一年一度开展的"播种希望，'育'见未来"劳动月主题教育活动中深化劳动的价值和意义，增强学生劳动意识和能力，培养热爱劳动的好习惯，提高了个人综合素质和团队协作能力。

通过心理、科学、劳动等跨学科主题学习，促进教师间展开学科联合专题教研，针对学生成长中的热点问题，发挥本学科优势来探寻解决方案，在满足学生个性化需求的基础上，积极落实核心素养多元培养。

（二）主题覆盖的核心概念

1.《中国学生发展核心素养》中的"健康生活"

《中国学生发展核心素养》作为育人目标框架，明确回答了学生适应个人终身发展和未来社会发展所需要的必备品格和关键能力，其中"健康生活"是提及的六大核心素养之一。健康生活主要是学生在认识自我、发展身心、规划人生等方面的综合表现。具体包括珍爱生命、健全人格、自我管理等基本要点。

"珍爱生命"教育的重点：理解生命意义和人生价值；具有安全意识与自我保护能力；掌握适合自身的运动方法和技能，养成健康文明的行为习惯和生活方式等。

"健全人格"教育的重点：具有积极的心理品质，自信自爱，坚韧乐观；有自制力，能调节和管理自己的情绪，具有抗挫折能力等。

"自我管理"教育的重点：能正确认识与评估自我；依据自身个性和潜质选择适合的发展方向；合理分配和使用时间与精力；具有达成目标的持续行动力等。

2. 学校心理健康教育中的"和谐发展"

教育部颁布修订的《中小学心理健康教育指导纲要(2012)》明确指出：心理健康教育的总目标是提高全体学生的心理素质，培养他们积极乐观、健康向上的心理品质，充分开发他们的心理潜能，促进学生身心和谐可持续发展，为他们健康成长和幸福生活奠定基础。

由此可见，学校心理健康教育的基本任务是提高每个学生的心理素质，促进其心理健康和人格健全发展。从这一点上看，"健康生活"是学校心理健康教育的重要目标。心理健康教育是核心素养的重要组成部分，又是核心素养培育的一条重要路径。

在小学教育阶段，学生正处于启蒙教育的初期，也是对学生心理健康教育进行塑造的最佳时期。学校心理健康教育是通过多种形式和方法，帮助学生自我认识、自我接纳、自我调节，从而充分开发自身潜能，促进其心理健康与人格和谐发展的一种教育活动。

3. 科学课中的"生命科学"

科学课通过生命科学领域的教学，引导学生经历具体的生命现象的探究，提高学生对生命本质的认识，养成科学健康的行为习惯和生活态度，形成人与自然和谐统一的观念、可持续发展的观念。课程标准面向生命科学领域总结了四大部分课程内容：生命系统的构成层次、生物体的稳态与调节、生物与环境的相互关系、生命的延续与进化，从横向、纵向、宏观、微观四个视角为学生搭建生命科学领域的研究框架。通过对科学教材(鄂教版2020第1版)的梳理，呈现以下生命科学内容。

一年级下册	二年级上册	三年级下册	四年级上册	四年级下册	五年级上册	五年级下册	六年级上册	六年级下册
第一单元校园里的植物 1. 各种各样的叶 2. 多彩的花 3. 观察校园里的植物	第一单元植物的生活 1. 养植物 2. 谁的植物长得好 3. 我们离不开植物	第二单元种凤仙花 1. 播种发芽 2. 养护凤仙花 3. 根茎叶 4. 花果实种子 5. 凤仙花的一生	第二单元动植物的繁殖 1. 用种子繁殖 2. 不用种子怎样繁殖 3. 动物的繁殖	第三单元环境中的生物 1. 生物与非生物 2. 不同环境中的植物 3. 不同环境中的动物	第二单元后代与亲代 1. 孩子与父母 2. 植物的后代与亲代 3. 灭绝的远古动物	第三单元健康生活 1. 人的感知与反应 2. 脑的功能 3. 保护我们的身体	第二单元田野里的生物 1. 植物的简单分类 2. 植物的光合作用 3. 食物链	第一单元生物与环境 1. 生物的栖息地 2. 动物对环境的适应 3. 保护生物与环境

生物体的稳态与调节：生物体是一个在内部和外部不断进行物质循环、能量流动和信息交流与反馈的开放系统，能通过自我调节机制维持稳态。植物可以制造有机物，为其他生物提供食物；动物通过获取其他生物的养分来维持生存；人体通过一定的调节机制，完成一系列复杂的生命活动。本学科核心概念的学习有助于学生形成物质与能量、稳定与变化等跨学科概念。

生物与环境的相互关系：地球上每一种生物的生存都与环境密切相关，生物与环境之间的相互作用与相互协调构成了生态系统的动态平衡。人类的活动能对环境产生重大的影响，而生活环境与习惯也会影响人体健康。本学科核心概念的学习有助于学生形成物质与能量、结构与功能、稳定与变化等跨学科概念。

生命的延续与进化：生物通过生殖、发育和遗传使遗传信息代代相传，实现生命的延续。在生命延续的过程中，遗传信息可能会发生改变。生物的遗传、变异与环境因素的共同作用导致了生物的进化。本学科核心概念的学习有助于学生形成结构与功能、稳定与变化等跨学科概念。

综上，生物体的稳态与调节、生物与环境的相互关系、生命的延续与进化三个核心概念将有助于学生形成稳定与变化跨学科概念。生物界的多样性和相互依存、相互制约的关系，形成生命网络。人类也是这个网络的一部分，而且是至关重要的部分。

4. 劳动课中的心理健康教育

加强学生的劳动教育，不断提高学生的劳动素质，对学生的健康成长和国家的转型发展意义深远。劳动教育的实践表明，培养劳动意识和习惯的关键在于培养学生的心理素质，进而为其良好的生活和社会适应能力提供支撑。

借劳动教育这一途径，加强学生的心理健康教育，是学生适应生活、适应社会的有力保障。因为，只有当学生通过劳动实践获得内在品质和能力，学生的发展才是稳定的、可持续的。

（三）学习者分析

1. 中年级学生的心理发展特点

心理学家塞尔曼将儿童的观点采择和自我意识的发展分为五个阶段，中年级处于以下两个阶段。

阶段3(8～10岁)：自我反省的角色采择。儿童开始能够观察和评价自己的内在自我，意识到自己比别人更能直接地监控自己的行为和思想。

阶段4(11～12岁)：相互角色的采择。儿童开始意识到自我代表了一个稳定的个性成分，开始从具体的心理状态认识到人格的一般特征，开始能够以一种一般的、公平的第三者的眼光看自己。

小学阶段是儿童心理发展的重要转折时期。在中年级学生的心理发展中，学校的学习活动中考试成绩的好坏、教师对自己的评定、同伴对自己的接纳性等，都使他们从不同角度对自己有了新的认识，而学习活动对学生的自我监督、自我调节和自我控制等能力有了进一步的要求，从而促使学生的自我意识有了很大的发展。

他们的抽象逻辑思维逐渐发展起来，其辩证思维也初步发展起来，这就促使儿童的自我意识更加深刻。他们不仅摆脱对外部控制的依赖，逐渐发展了内化的行为准则来监督、调节、控制自己的行为，而且开始从对自己的表面行为的认识、评价转向对自己内部品质的更深入的评价，这就使小学生的自我意识的发展达到一个新的水平。

2. 学生已经具备的科学知识和能力储备

学生在低年级学习过《校园里的植物》《植物的生活》等，在中年级学习过《种凤仙花》《动植物的繁殖》等，知道了动物和植物都是生物，了解了周围常见动植物的名称及其特征，以及动植物维持生存需要空气、水、温度和食物等知识。

3. 中年级段学生身心发展需求

个性和社会性是小学生心理发展的重要方面。正是因为人的个性差异，才使我们的世界变得丰富多彩，才使人与人之间变得千差万别。自我意识是指对自己存在的觉察，即认识自己的一切。客观地认识自己是自我意识辅导中的一个重要内容，小学阶段是人的自我意识客观化时期，能否正确认识并悦纳自己，直接影响着学生健康个性与健康心理的养成。

　　中年级是由低年级向高年级过渡的关键时期，这一阶段学生的自我意识更强，对自我的认识正处于由具体性向抽象性、由外显行为向内部世界的发展过程之中，对自我的认识逐渐深刻。自我意识的独立性日益发展，中年级学生逐渐能相互评价，并能在同别人的比较中认识、评价自己。

　　要完全了解自己并不容易，需要一个漫长的过程。通过日常观察和课前调查发现，有些学生缺乏对自己客观的认识，看不到自己的优势，也看不到自己身上与众不同的特点。不能客观地认识自己、悦纳自己，对学生今后的学业发展、人际交往和健康成长都会带来不利的影响。

　　"素养"是经过后天努力、通过环境和教育的影响而形成的特质，是相关知识、技能、态度、价值观和情感的集合体。教师借助多学科跨学科主题学习活动，以活动的学习形式，激发学生学习动机，形成科学学科素养的同时促进形成积极乐观、健康向上的能够适应社会发展的心理能力和心理品质。

二、主题学习/活动整体设计

（一）设计理念与思路

1. 设计理念

(1)聚焦学生心理健康成长

　　心理课程和科学、劳动课程都是为"培养怎样的人"这个目标服务的，是核心素养培育的重要路径。跨学科主题学习围绕"健康生活"这个要素，聚焦学科中"生命成长"作为共同的驱动性问题，发展学生在认识自我、发展身心、规划人生等方面的综合表现。

(2)回归自然世界中发展

　　人是自然发展的产物，是自然的组成部分，是自然的一部分，人属于自然，人类的生存与发展依赖于自然。

　　跨学科主题活动将引导学生以真实的自然世界的情境为锚点，秉持身体的体验比头脑的概念更重要的理念，引导学生调动身体的各个感官参与教学活动。校园环境为天然教室，学习实践、生活环境紧密结合，通过各学科核心概念与心理健康教育活动密切结合，强调真实情境中的实践取向和学生中心，以促进自我探索方向。学生在合作共同体中，解决真实世界的问题，从而发展自我，落实珍爱生命、健全人格、自我管理等基本要点。

　　主题活动以生活化、情境化、结构化和活动化的设计，便于学生的自主探究和主动建构，促使学生体验和感悟，使学生通过自我的不断生成过程实现课程目标。

(3)在循环往复的变化中成长

本主题活动以二十四节气做探索周期，针对科学学科中"稳定与变化"跨学科概念，引导学生在循环往复的自然变化中发现自我和自然界的成长变化。教师引导学生从人的自然属性出发，在亲近自然走向科学的过程中，关注自我的发展，提升个性心理品质，从而促进学生成为全面发展的人，达成健康生活的核心素养。

2. 设计思路

主题学习活动运用团体心理辅导的形式，借助园艺治疗的辅导技术，拓展科学、劳动学科学习内容，并使之融入学生生活和成长中。园艺治疗指"有目的性地使用植物、园艺相关的活动或观赏自然景观，促进个案的身体、精神和心灵的健康"。将园艺治疗技术和科学学科中"生命科学"学习内容、劳动学科"农业生产劳动"学习任务有机融合，促使学生在学习活动中观察、学习、体验，认识自我，探索自我，调整改善自己与他人、自己与环境的关系，学习新的态度与行为方式，以促进良好的适应与发展。

(二)学习目标

1. 心理层面

(1)以二十四节气为成长线索，将校园植物作为观察感悟的载体，借助校园内植物的生长过程进行观察探究，理解自然界的演变历程，引发对自我成长的思考，促进自我意识的发展。

(2)借助植物种植实践项目，引导学生关注种植过程中生成的自然现象，借由植物的生长变化，引发学生对生命历程的思考，促进认知能力、解决问题能力的发展。

(3)运用园艺治疗的教学方式促进学生感受自我成长与自然界生命成长的相互联系，发现和应用不同学科之间的共同点和区别，培养综合分析问题的能力。

2. 科学层面

通过创设真实的生产生活场景，促进学生围绕植物生长所需的条件开展系列探究，在观察和种植的过程中，将稳定与调节的抽象知识具象化。

3. 劳动层面

开展种植活动，学生初步形成关爱生命、尊重自然、遵循动植物生长规律和季节特点进行科学劳动的观念；初步学会与他人合作劳动，在种植过程中不怕困难，养成有始有终的劳动习惯，懂得"一分耕耘，一分收获"的道理。

（三）学习重点、难点

学习重点：在种植和观察中，引导学生借助二十四节气为成长线索，对自然界生物的成长与自身成长的稳定与变化展开深入探索，促进身心健康成长。

学习难点：学生能将各学科的学习知识与技能相互迁移，促进自身成长。

（四）学习评价

主题学习采用多元评价方式，关注学习过程中学生心理机能的变化，帮助教师更准确地评价学生的学习成果，评估学生在不同层次上的掌握情况，为后续的教学提供指导和建议。同时要为每一位学生创造实践的机会，让学生人人参与评价，帮助学生了解自己的学习成果现状，激发学生学习兴趣和动力，在学习过程中不断提高自己的学习水平。

1."每节课一评价"，在评价中调整

评价活动不仅可以帮助教师根据评价结果作出教学决策，也为学生参与学习提供了反馈，帮助学生基于评价结果来调整自己的学习过程。"每节课一评价"由学生在每节课后自主做评价。教师将评价表装订，整理为每位学生一本的形成性评价手册。

"四季生命成长"主题学习评价表				
评价要素	自评	评价要素	自评
1. 我完成任务有执行力。	☆☆☆	5. 我为团队提供了解决办法。	☆☆☆
2. 我对学习活动兴趣浓厚。	☆☆☆	6. 我承担了一项任务。	☆☆☆
3. 我的表达很有创意。	☆☆☆	7. 我与组员合作愉快。	☆☆☆
4. 我对自己有了新的发现。	☆☆☆	8. 我帮助同学解决困扰。	☆☆☆
同学评（ ）	☆☆☆	老师评（ ）	☆☆☆
"最"记录	运用文字、绘画等自己喜欢的方式，记录下活动中印象深刻的一点，如"最开心时刻""最特别的经历""最新奇的发现"等。			

2. 多种评价形式，促进学生深度参与

教师引导学生联结生活经验，完成真实性任务，以多种形式的作品的呈现作为评价方式，落实活动目标，促进学生深入参与学习任务，提升综合能力。

主题活动	学习目标	评价方式
寻找我的树	引导学生观察白露节气时校园里的树木，运用视觉、触觉、听觉、味觉以及嗅觉感受树木的特点。根据树木的特点，为自己喜欢的树命名，并运用自己喜欢的方式记录。	绘画作品 摄影作品
紫叶李的故事	引导学生运用五感观察法，探究观察秋分节气时校园植物紫叶李在不同环境中的特点。运用绘画和心理剧表达紫叶李因"相同"和"不同"特点而引发的思考。	绘画作品 心理剧
不一样的美丽	观察并欣赏立冬节气时校园植物银杏落叶的美。感悟每个人身上都有相同和与众不同的特点，学会自我发现、自我肯定，并以欣赏的眼光看待自己和他人。	学习任务单
数九寒冬话成长	观察并感受冬至节气时植物应对严寒的生命状态。感悟生命的力量，呵护生命，积蓄能量，勇敢面对挫折。	心理剧 绘制"九九消寒图"
落叶之美	实地收集落叶，欣赏落叶的独特。开展叶贴画的创作，激发展示自我的积极性。	叶贴画作品展示
自然的魅力	收集校园落叶和其他自然物。欣赏落叶和自然物的独特之美。	迷你沙盘作品展示
种子成长记	通过比较不同植物的生长情况，作出自我评价，积极调整养护方案。促进学生对自我成长的觉察，感恩成长中受到的关爱。	养护的植物展示 观察报告

3. 多方评价，引导学生改善学习

邀请学生参与评价，学会发现自我、教育自我、提升自我，从而完成对自我的激励和超越。在"数九寒冬话成长"学习中有这样一个学习环节：根据课前观察感悟，以小组为单位，用童话剧的方式表达植物、动物在寒冬里经历了什么，又是怎么应对的。准备童话剧前，教师先引导学生对童话剧表演的评价标准进行学习。

评价要求：

(1)剧情贴合分享要求。1星

(2)剧情有趣。1星

(3)展示表达有创意。2星

(4)态度认真。1星

评价要求简单明确，详细的评分规则来阐明表现期望。当每位学生都了解标准且得到清晰的反馈时，他们自我评价和自我调整的能力会被激发。在评价环节中，学生也是重要的反馈提供者，他们给予同伴反馈，并进行自我评价与反思。同时，学生基于反馈的行动是他们学习改善的关键。

4. 积极参赛，绽放学生风采

种植活动中涌现了大量的有才华的学生，他们写作文、写诗、写观察记录、写研究报告，甚至有的学生走向社会，呼吁社会爱护环境、关爱自然。学生在种植方面的研究成果，参加了"美境行动""北京市中小学生植物种植大赛""太空种子""金鹏科技论坛""科技创新大赛""科学体验调查"等比赛活动。种植活动让每个学生参与其中，提升自我，绽放自信，当学校植物开花结果时，学生犹如花朵渐开，尽显才华，在各级各类比赛中获奖，收获成绩，提升能力，在学习的沃土上获得生命的绽放。

（五）资源支持/活动指导

1. 教师资源

心理与科学教师应熟悉本学科学生核心素养培养目标，了解学生发展现状。依据学生在科学课上学习的植物生物等基础知识开展心理辅导，可以帮助学生将知识向纵深发展。

2. 设施及环境支持

学生每年9月开始一个新学年的学习，所以主题活动根据学校学制安排，从秋季开始。学生需要在教师的指导下开展针对校内植物的探索，保证学生安全。因为北京四季分明，开展节气探究活动，可以帮助学生观察、比较不同节气中植物的外部形态特点，认识这些形态特点对维持植物生存的作用，从而为学生在科学课上建构的"不同的植物具有许多不同的特征，同一种植物也存在个体差异""植物能够适应其所在的环境""能够适应季节的变化"这些主要概念做拓展延伸。

种植主题活动是科学实践活动的延续。中年级科学实践活动中有"种植一株植物，并观察其一生的变化""观察植物的根、茎、叶、花、果实、种子"这样的活动内容，主题学习活动不再重复科学课学习内容，而是基于科学实践活动的开展，在学生养成一定科学学科素养的基础上，做心理学科的拓展延伸。

3. 教师指导要遵循三个原则

原则一：活动内容与学校实际相结合。

原则二：活动内容与农时季节相结合，以服从农时季节为主。

原则三：教师辅导与学生自己动手、动脑、身心合一相结合。

三、具体学习任务/活动

学习主题一：不一样的美丽

学习目标

目标一：观察并欣赏立冬节气时校园植物银杏落叶的美。

目标二：感悟每个人身上都有相同和与众不同的特点，学会自我发现、自我肯定，并以欣赏的眼光看待自己和他人。

学习重点：感悟每个人身上都有相同和与众不同的特点，不断认识自己、欣赏自己。

学习难点：欣赏自己的与众不同。

学习准备：每人收集 3～5 片银杏落叶。

教学过程

活动一：立冬时节话校园

【设计意图】话题引入，激发探索热情，引导学生关注身边的环境变化。

(1)PPT 呈现立冬节气时的校园。"立冬"节气，表示开始进入冬季。

(2)小组 PK 赛：立冬节气时，身边环境有什么变化？

学生活动：学生分成两组进行 PK，每次说一个发现，不重复发言内容。五轮结束。

小结：冬天来到，植物也开始呈现出不一样的美丽，有的变得金黄，有的变得通红，还有的随风飘舞。

活动二：美丽的银杏叶

【设计意图】引导学生体会用心观察后，可以发现事物不一样的美丽之处。

教师活动：PPT 呈现学校操场西侧的银杏树叶金黄的景色。你会用哪些词语形容立冬时节银杏树飘落的树叶的美丽？

学生活动：学生拿出课前在操场上捡到的银杏叶，一起欣赏、赞美银杏叶的美丽。

小游戏：猜猜哪片银杏叶是我的。

学生活动：学生仔细观察自己的银杏叶后，将小组内树叶混合放到一起。学生寻找自己的树叶，并分享观察方法。

小结：同样都是银杏叶，但它们的颜色、大小、弧度，摸上去的手感，甚至气味都有细微的差别，这也就使得每片树叶都有它独特的美丽。今天我们像探索这片银杏叶一样，探索自己身上不一样的美丽。

活动三：美丽的我

【设计意图】引导学生开展对自身美丽之处的探索，学习了解自我、认识自我的方法，提升对自己的接纳程度。

教师活动：我们每个人都拥有独特的外形、性格、爱好、品质。请找一找你最突出的特点，写在纸上，介绍给同学们。

学生活动：小组交流。

小组交流要求：

①在小组中介绍自己一个最突出的特点。

②小组同学认真倾听。

在分享基础上，引导全体学生觉察拥有美丽特点的感受。

教师活动：这些美丽的特点，你是怎么发现的？

学生活动：学生结合自身情况分享了解自我、认识自我优点的方法。

小结：原来美丽的特点就体现在我们每一天的生活中，我们需要像观察银杏叶一样，用更多的方法观察自己，就能帮助我们更好地认识自己、了解自己；寻找自己的美丽之处，并记录在纸上。

活动四：美丽大转盘

【设计意图】借助同伴的评价，深入探索，扩展对自己的认识。

教师活动：让我们借助同学的眼睛，看看自己还有哪些优势和特点吧。

学生活动：

小组活动要求：

①顺时针传递银杏图，拿到后为同学补充一个新的优势特点，或是认同他已有的一个优势特点。

②不确定的，可以小声询问。

③听到提示声，继续顺时针传递。

分享同伴评价后的感受。

①哪些同学的美丽之处被同学认可了？

②哪些同学补充了新的优点？

③哪些同学帮助别人发现了新的美丽特点？

小结：我们又在同伴的发现中，认识了自己身上拥有的美丽特点。

活动五：美丽大绽放

【设计意图】进一步自我肯定，鼓励学生发展自我，展现自己的美丽。

教师活动：你愿意做些什么事情，绽放自己的美丽？

学生活动：完成任务单。

我独特的美丽：

我愿意这样绽放自己的美丽：　　　　　　记录人：

小组分享

教师活动：将记录单与小组同学的作品贴在一起，设计好造型并命名。

学生活动：全班交流展示。

总结：立冬时节，校园里美丽的景象，离不开每一片与众不同的银杏树叶。集体中，每位同学都有属于自己的独特美丽，当我们组合在一起，又形成了新的美丽。让我们绽放美丽，并创造属于我们更美好的未来。

学习主题二：数九寒冬话成长

学习目标

目标一：观察并感受冬至节气时植物应对严寒的生命状态。

目标二：感悟生命的力量，呵护生命，积蓄能量，勇敢面对挫折。

学习重点：观察并感受冬至节气时植物应对严寒的生命状态。

学习难点：感悟生命的力量，勇敢面对挫折。

学习准备：在校园中实地观察冬至节气时植物的状态。

教学过程

活动一：冬至时的校园

【设计意图】热身引入，激发学生对环境的观察感悟。

教师活动：请同学们用一个动作或者表情来形容冬至节气的天气带给你的感受。

学生活动：自由发言表达。

小结：同学们在室外完成观察任务时都穿上了厚厚的衣服，仍旧感觉寒冷。校园里的植物在严寒的季节里会遇到什么，又怎么度过呢？

活动二：童话剧表演

【设计意图】用具身活动的形式，引导学生深入思考动物、植物应对严寒的生命状态。

教师活动：根据课前观察感悟，以小组为单位，用童话剧的方式表达动物、植物在寒冬里经历了什么，又是怎么应对的。

学生活动：

(1)学生自由分组做分享准备。

(2)学生分享。

分享要求:

①每位同学选择自己愿意扮演的角色,可以是植物、动物或者自然现象。

②思考在立冬节气时,植物或者动物会遇到哪些自然现象,发生什么故事呢?可以用语言、动作、声音等方式表达。

③表演时间不超过2分钟。

(3)自由评价。

评价要求:

①剧情贴合分享要求。1星

②剧情有趣。1星

③展示表达有创意。2星

④态度认真。1星

小结:立冬节气后,天气越来越寒冷,有的时候会寒风呼啸,大雪纷飞;也有的时候,艳阳高照,却寒冷干燥。这样的天气,对植物、动物都是严酷的考验。

活动三:应对考验

【设计意图】由自然界生命的力量引发学生对自身成长中积极力量的思考,勇敢面对挫折。

教师活动:通过观赏同学们的表演,你感悟到寒冬对植物意味着什么?

小结:经历了寒冬的考验,狂风帮助大树清理了枯枝败叶;寒冷降低了病虫害的发生率;大雪不仅为植物蒙上了厚厚的"被子",也提供了水分的滋养。原来,寒冬是植物储蓄能量再成长的过程。

教师活动:如果把寒冬比作成长中遇到的困境。你的寒冬是什么时候?遇到了什么困难,又是如何让自己获得成长的?

学生活动:学生记录自己的成长故事并分享。

教师活动:从大家的故事里,你对应对困难有了哪些新的理解?

小结:成长中遇到的挫折,就像是严寒的天气,让我们心里产生畏惧,身体感觉不舒服。当我们勇敢面对,并用智慧应对时,就在不知不觉中成长了。你知道吗?冬至这一天,是一年当中白天时间最短的一天。但是此后直到夏至的每一天,白天都在逐渐地延长。

活动四:绘制"九九消寒图"

【设计意图】引导学生用中国传统文化传达的积极情绪面对挫折。

教师活动:冬至过后,就是人们常说的"数九寒天"了。今天我们来绘制"九九消寒图"。"九九消寒图"兴起于明代,那时候的人们在冬至这天,画一枝素梅,枝上画梅花九朵，每朵梅花九个花瓣，共八十一瓣，代表"数九天"的八十一天，每朵花代表一个"九"，每瓣代表一天，人们每过一天就染一个花瓣。我们借用这个活动，每过一天，就在一个花瓣上用表情符号、色彩或者你喜欢的形式表达当天最主要的情绪。当我们把九朵都标记完，就出了"九"，迎来了春暖花开的又一年。

学生活动：学生绘制"九九消寒图"。

【设计意图】感悟生命在寒冬中成长的历程。

活动五：听音乐冥想

教师活动：请将自己想象成寒冬里的一棵树，找一个位置，摆好自己的姿势，然后闭上眼睛，深深地吸气，缓缓地呼出，跟随老师展开想象。一九二九，不出手，天越来越冷。三九四九是一年中最寒冷的时候，北风呼啸，拼命晃动你的枝干，你把自己的根牢牢地扎在地下。下雪了，雪花轻轻地落下，一朵又一朵，渐渐压弯了你的树枝。五九六九，太阳暖暖地照着你，积雪慢慢融化，你感受到清凉的滋润。七九八九，候鸟开始飞回来了，你的枝头热闹起来。九九加一九，冬天过去了，你经历了寒冬，储备了更多力量，要长出新的枝叶了。春天来了！

学生活动：学生参与冥想。

教师活动：通过今天的学习，你有什么新的感悟？

总结：天寒地冻的季节，生命并没有停止成长。当我们遭遇挫折时，带着信心，储备能量。寒冬已经来了，春天就不远了。

学习主题三：种子成长记

学习目标

目标一：通过比较不同植物的生长情况，进行自我评价，积极调整养护方案。

目标二：促进学生对自我成长的觉察，感恩在成长中受到的关爱。

学习重点：从调整栽种、养护植物的基本方法中感悟自己的成长。

学习难点：觉察并感恩自己成长中得到的关爱。

学习准备：将学生养护的植物集中放到展示台上。

教学过程

活动一：谁的植物长得好

【设计意图】激发学生的学习兴趣。

教师活动：一周的时间过去了，同学们养护的小豆苗怎么样了呢？让我们来一起评一评哪组同学的植物长得好吧。

学生活动：观察并评价。

小结：我们欣喜地看到了有的种子不仅破土而出，而且苗壮成长，也发现了同一时间种下的种子呈现了不一样的长势。让我们一起来继续开展种子成长的研究吧。

活动二：种植的收获

【设计意图】引出探究植物的生长情况与养护方法、生长环境之间的关系，为主动作出调整打下基础。体会"稳定与变化"跨学科概念。

教师活动：结合自己的种植经验，仔细观察并思考"什么条件下植物生长情况更好"。引导学生从植物的高矮、茎的粗细、叶的颜色和数量等方面，比较同种植物幼苗的生长情况。

学生活动：小组探讨并全班交流。

①展示自己的养护记录。

②比较养护方法和植物长势之间的关系。

教师活动：观看PPT，呈现生长在庭院、温室、道边、戈壁沙漠、海滩等环境下的植物。这些植物的生长，让你想到了什么？

小结：植物的形态跟它们的生活环境有很大关系。

活动三：我是一棵小苗

【设计意图】引导学生觉察自己的生长状态。

教师活动：同学们的童年时光，就像刚刚破土而出的小苗。请你想象自己是由什么种子长成的小苗？植株有多高？叶子有几片？是什么样子、什么颜色的？把它画下来吧。

学生活动：学生在纸上绘画并交流分享。

小结：我们每一个人的成长都是不同的，我们每一个人都在努力成长。

活动四：爱的陪伴

【设计意图】引导学生感恩成长中接受的关爱。

教师活动：让我们继续作画。轻轻地抚摸画面上的小苗，静静地想一想：在自己的成长中接受过来自哪些人的关爱，获得了哪些成长？将这些关爱的方式用你喜欢的形式呈现出来吧。也许，这些关爱像阳光、像雨露、像蜜蜂……尽情展开想象吧。

学生活动：在作品上做添加。

回想自己接受的关爱，此时你的内心有什么感受与同学们分享呢？

小结：在我们的成长中，离不开家人、老师、同学和身边很多人的关爱，给予我们成长的滋养，陪伴我们苗壮成长。

活动五：总结提升

【设计意图】激发成长的动力。

教师活动：将种子埋入泥土的那一刻，就种下了我们的期待。我们的成长也是这样啊，带着家人、老师、朋友的期待，让我们接受爱，调整自己，长成最棒的模样。把今天的学习收获和改进意见记录下来，制定改进方案后继续养护自己的植物吧，希望大家在"植物养护大赛"中取得好成绩。

四、设计的主要特色/亮点及思考

（一）案例的亮点或特色

1. 提升学生核心素养，促进育人目标落地生根

利用校园植物观察和种植作为开展生命领域主题研究活动的主要内容，是将学生科学核心素养和心理素质培养相融合的教育。

实践活动的过程使学生开始关注身边的农作物、校园植物的生命周期，植物栽培的过程中学生收获了书本中不能获得的体验：有对植物栽培过程中多种不确定的因素深刻的体会；有从呵护一颗种子到幼苗、开花、结果生长过程经历中获得的"一分耕耘，一分收获"的感悟；有以物明志，对生命的价值与意义的思考。

主题种植活动让孩子们痛快地在学习的跑道上飞奔。秋天，学生采摘的花生，舍不得吃，拿回家和家人分享；采摘的白菜，中午在学校食堂做成汤，喝上一口，幸福感不言而喻；学校的石榴树结满红红的果实，每个班还能分上一两个，学生们感受着幸福的甜美。

人与植物有着古老的纽带联系。教师借助主题学习活动，带领学生从大自然的启示中，洞见多姿的生命、大千的世界和未知的心灵，从而获得自我的成长。

2. 自然生态中学习，促进学生自我意识的发展

从一个小的、个人意义上的自我发展到一个广阔的、生态意义上的自我，这就需要改变自我建构的边界。生态自我是自我向自然的延伸，自然成为自我的一部分，是自然和自我融为一体。

主题学习中，教师将校园文化引入到课堂中，带领学生走到校园里，对金黄的银杏树叶细细欣赏，运用科学的观察方法，对银杏叶进行描述，发现生命的独特美丽，提升学生对自己与周围环境的认识与融合。借助积极心理学中的 24 个积极品质和无条件自我接纳的有关理论，对学生自身美丽特点加以引导，引导学生对自身积极品质的欣赏，看到自身生命的闪光点，从而更加自信地展现自己。

自然生态与自我意识发展的有机融合，以物喻人，既符合学生具体形象的认知发展特点，又拓展了学生认识自我的方法。

3. 融入自然，促进儿童与自然和谐相处

春暖花开，万物生长，校园里的一切看上去都是欣欣向荣的样子。但是，学生

看到了紫叶李枝条上、墙角里的毛毛虫。有的学生惊慌地跑开，有的学生用石头去砸，还有的学生连忙去劝阻说：那也是生命啊！回到教室里，仍旧瑟瑟发抖的学生说：太恐怖了，我最怕虫子了。

分析原因，这是因为现代城市儿童与大自然的完全割裂，也就出现了自然缺失症。

活动中，教师请学生自愿选择一种角色，有的扮演紫叶李，有的扮演毛毛虫，有的扮演人类，接下来会发生什么故事？学生尽情表达自己的观点，努力思考人与自然发生冲突的解决方法。再次遇到甲壳虫，教师将小虫子放在自己的手指尖，引导学生观察甲壳虫。师生将手指尖搭起来，看着小虫子爬过自己的手指，最后飞到空中。那个最怕虫子的学生在期末总结时写：我最大的收获是，不怕虫子了。融入自然，不仅引导了学生欣赏自然之美，而且培养其敬畏生命，增强了人与自然和谐共处的意识。

4. 家校协同，深化育人效果

冬季种植活动中，学生们遇到了困难。教师将辅导过程与家长分享，力求将教育效果扩大化。下面是活动结束后与家长分享的活动记录：

相比种植"长豆芽"，种植"胖豆芽"的活动发生了变化。首先，这一周是静悄悄的。"长豆芽"种植中，有14位同学发送了种植过程中的照片，分享种植中的喜悦与收获。有的同学分阶段，几次发送照片，展示成长的过程。这一周，只有一位同学发送了照片。其次，同学们的情绪是沮丧的。走进心理教室，他们纷纷表达了受挫的感受。看着同学们带来的"胖豆芽"，的确没有了上一次的生机。有的豆芽，一周时间长了一厘米左右。

面对挫折，我们观看了水墨动画《安的种子》。故事以本、静与安三个小和尚为叙述线索，讲述了一个有关大自然规律的寓言故事。故事中，有急于求成的本、过度呵护的静和静待春天的安。面对千年莲花种子，平和的心态加上合适的时间、合适的环境、合适的方法，才能看到莲花的开放。

带着这样的思考，学生回顾了这一周的种植过程。学生和家长一起研究了种植"胖豆芽"的方法：有的在豆芽上施以重物，有的不换水，有的不见太阳，有的加盖了塑料膜，有的加了营养液，还有的用了黄豆、青豆。结果显示，这周的豆芽没有上周长得好，有的学生的豆子腐烂了，有的只长了一点，长高的也不胖。

没有实现"胖豆芽"的收获，我们收获了什么呢？学生讨论的结果：知道了哪些环境不利于植物生长；掌握了培育"胖豆芽"的方法。学生还发现了，太阳照射过的豆芽会发红。这让有的学生心生恐慌：会不会有毒？又产生了新的知识点，等待学生自己来解答。

不论是脑洞大开，还是奇思妙想，实践出真知。鼓励学生尝试，是否能种出"胖豆芽"并不重要，重要的是他们会发现生命成长规律，发现内心平静，则外在安然。

家长们这样回复：

突然意识到，我们种豆芽真正要收获的是什么。

小豆芽，种出了大学问，有起有落，让学生体会到了成功不易。

这周泡豆芽的过程开始是令人沮丧的，先后发了三次，前两次都因为暖气太热而把豆芽泡半熟了，第三次"专家"来了，果然成功泡出豆芽，虽然晚了些，但能看到豆芽长出来了，我们都很高兴。整个过程，学生体会到了植物生长的规律，也知道了做事情要掌握恰当的方法才能取得更好的效果。感谢老师的精心设计和安排。

种植的过程让师生、家长共同理解了万物皆有时的道理，感悟当我们和自然的联结更紧密了之后，看待世界的角度也会发生变化，会更多地感受到自然的美与力量。

（二）讨论的问题或反思

1. 主题学习帮助心理健康教育去学科化

心理健康教育作为落实核心素养的重要途径，首先要避免学科化。在学习中，从主题设计到评价展示，都紧紧围绕学生的发展需要，充分利用校园环境中的植物作为课程学习资源，结合心理、科学、劳动学科中生命教育的内容，帮助学生在观察、体验中感悟。所有的学习活动，虽然不需要学生记忆相关心理学理论知识，但是，学生依旧获得了身心健康和谐可持续的发展。

2. 中国传统文化在学习中的渗透

本次活动中，教师力求将中华优秀传统文化渗透在心理健康教育、科学、劳动跨学科学习中。四季课程紧紧围绕二十四节气的变化，将生命周期和自然环境与人的生长联系在一起。教师在每个节气中引导学生感受中国古人的智慧，将《数九歌》融入冥想词，引导学生感受古人绘制"九九消寒图"时的积极态度。

3. 跨学科学习的困难

我国没有相应的中小学心理健康教育课程标准，指导中小学心理健康教育实施的是 2012 年修订的《中小学心理健康教育指导纲要》(以下简称《纲要》)。由于核心素养的理念和内容未能融入《纲要》之中，影响了以学生核心素养为导向来引领中小学心理健康教育的教材编写、课程实施、质量评价、教学与课程资源建设。

在实施过程中，教师需要认真研读《中国学生发展核心素养》中"健康生活"素养的要点，并结合小学生心理发展特点，将科学、劳动学科课程标准主题学习活动细化。

参考文献：

[1]中华人民共和国教育部．义务教育科学课程标准．2022年版[M]．北京：北京师范大学出版社，2022.

[2]中华人民共和国教育部．义务教育劳动课程标准．2022年版[M]．北京：北京师范大学出版社，2022.

课例九 月球基地植物种植光照系统设计

李昕旸 王红艳 石 颖 果维东

本跨学科主题学习活动设定对象为小学 5～6 年级学生，尝试以一个航天工程师的视角，思考和回答一个核心问题：如何设计月球基地植物种植光照系统，以满足登月航天员基本生活所需要的相关条件？本主题学习活动涉及空间生命科学和工程技术、环境科学、生态学、植物学等领域，学生通过 4 课次共 14 课时的小组合作和课堂探究，综合学习和运用植物栽培系统知识、LED 光源系统知识和智能控制系统知识，设计一个月球基地植物种植光照系统解决方案和原理展示模型，培养和提升超学科问题解决能力。

扫码观看
课例视频

一、主题选择及学习者分析

（一）主题选择的背景

随着科技的发展，地球上有限的资源逐渐成为人类进步的瓶颈，月球永久基地是人类太空移民的历史性尝试，在太空种植作物是人类在月球环境中可持续发展、建立永久基地的核心基础，在月球基地中建立绿色植物种植单元是实现月球基地生命保障的关键。生活在太空环境中的宇航员需要通过食用新鲜蔬菜来保障维生素和其他微量元素的供给。同时，培育绿色植物的生态种植单元还可以保障月球基地内空气和水能够在基地内循环使用。这样月球基地的运行将不再完全依赖从地球运送的补给，令整个基地的生存能力和运营能力得到提升。另外，在太空中生活，航天员容易失去生理节律，睡眠受到影响，栽培植物有标记时间的作用，可以帮助宇航员保持正常的生理节律。

如何科学地设计并搭建出具有可行性的月球基地绿色植物种植单元的光照系统呢？在对核心问题进行任务拆解后，我们将采用文献研究、科学实验和经验总结等方法，从了解植物生长特点、光合作用、光对植物生长的影响等方面进行科学探究，形成具有完整证据链的光配方报告。再通过对植物工厂的调查和研究，将植物工厂的工作逻辑和设计思维进行迁移，针对不同植物的不同生长阶段，设计具有可行性的月球基地绿色植物种植单元的光照系统。然后依照设计图搭建能实现功能示意的光照系统模型，通过学术海报、展览会、产品汇报等方式进行最终的博览展示和评价。

（二）主题覆盖的核心知识

表 3-9-1　核心知识表

大概念		
将科学研究中得到的知识运用于工程和技术，以创造服务于人类的产品。		
跨学科概念		
整体： 光照系统的 结构与功能	结构	可把光照系统看成一个整体
		将光照系统分为三个子系统：第一个是植物栽培系统；第二个是LED光源系统；第三个是智能控制系统
		植物栽培子系统的要素是植物、培养液
		LED光源子系统的要素是电源、智能控制开关
		智能控制子系统的要素是传感器、控制器、执行器等
	功能	光照系统的功能就是提供光源，取决于各个组成要素
		供电装置电源通过导线的连接驱动LED灯泡发光，这些是基本要素，缺少任何一个都不能正常工作
部分： 每课的解构	成团启航	月球农场对人类发展的必然性和重要性 社交教育：组建团队，承担责任，维护规则，合作共情
	寻找光配方	根据植物的特性，量身定做植物生长的光配方；植物对光需求的综合
	智能搭建	光照系统的子系统：LED光源系统、智能控制系统
	博览展示	举办一场科学与艺术结合的产品发布会，接受专业观众的质疑和评价 回顾项目历程，根据现有产品进行新情境中的迁移和有价值的思考
学科核心概念		
科学		提出和定义问题、计划研究、建构解释、光合作用、植物特点和培育
		植物生存条件、植物生长过程、电路基本原理、太空中光的特点
		光照对植物的影响、月球环境特点
		科学思维指导下的产品解析、模拟试验在真实情境下的体现、实验结果的评估
技术		电路组装
		工具使用、加工零件、零件组装、系统调试
工程		项目任务分析、工程任务拆解、定义和界定工程问题、制作项目计划书
		工程思维、系统设计、产品分析
数学		参数配置、基本测量
语文		阅读、有效信息筛选、团队文化建设
		总结段落大意、文学评论
艺术		设计思维、排版艺术、审美表达

（三）学习者分析

学段或年龄段：小学 5～6 年级，在该项目实施之前，学生已经掌握多种思维导图的使用方法，初步建立了工程思维，拥有团队合作的意识，大致情况如表 3-9-2 所示。

表 3-9-2　学习者分析表

知识储备	科学	了解植物各部分具有帮助植物维持自身生存的相应功能；了解植物生长的过程和各个阶段；知道植物的繁殖方式以及生命过程；知道月球的部分环境特点，如重力是地球的六分之一
	技术	会使用一些常用手工工具如剪刀、胶水等；能够独立完成简单电路的组装，认识一些传感器
	工程	了解并能够一定程度地运用工程思维来探究实践；能够制订简单的工程计划；能够团队合作完成一个产品的设计方案并简单实施
	语文	具备基础科学文本的阅读能力；具备从文本中总结段落大意、提炼信息点并列举的能力
	社交教育	熟悉建立团队的步骤流程，具有合作共赢的意愿和热情
	数学	掌握百分数的知识及其应用，会使用直尺进行测量，掌握长度单位之间的换算
	艺术	具备基本的审美和艺术加工水平
认知水平		知道通过团队协作能够完成一个项目输出产品，有项目管理的经验和相应的知识储备，认同团队合作精神并能够在老师的引导下发挥个人和团队能力完成具有独特性的产品
心理特点		认同开展月球项目对于人类未来的意义，其前瞻性、必然性、可行性在一系列的项目式学习后引发学生对于人类未来更多的思考，其科学内涵也引发了学生浓厚的学习兴趣，学生有信心完成更加复杂的任务；具有合作共赢的意愿和热情
技能水平		会运用一些思维工具来提高学习效率，如用思维导图梳理思路。能够采用教师提供的评价工具或彼此之间自发的评价来评估个人发展水平和项目进展
道德水平		具备儿童拥有的纯真、善良、乐于助人、愿意合作等特点；知道承担责任，维护规则的重要性；愿意在团队中贡献智慧和展现自我价值

2. 学习发展需求、发展路径分析

学生不满足于仅了解月球的现状，还期待在航天领域对月球进行更深入的学习研究。在学校常规航天教育的基础上，学生普遍认同人类登月的历史必然性，并对登月持发展眼光看待，开启了对"未来在月球上开展的活动，我们能做什么？"这个关键问题的细致思考，部分学生在科学课上已经建立起一定的太空思维。

3. 学习过程中可能遇到的困难

(1)从"地球思维"到"太空思维"的转变

帮助学生扭转思维惯性是一个需要长期渗透的过程：知道月球相关知识是一回事，习惯性运用月球知识思考问题、解决问题是更深层次的问题。

(2)从"绘画"到"逻辑自洽可实施的科学设计"

设计对于小学生来说多数时间等同于绘画，开始培养学生的艺术审美和工程逻辑对于完成一个逻辑自洽可实施的科学设计是至关重要的。

(3)从"分学科"到"超学科"

传统学科教学带来界限分明的知识结构，导致在多数情境中学生会出现"知识隔阂"，比如在科学课上不会绘制数学图表，在语文课上遇到科学名词解释不会运用科学语言，在信息技术课上不会使用画图软件绘制简单电路图。

二、主题学习/活动整体设计

(一)设计理念与思路

"月球基地植物种植光照系统设计"课例是尝试解决绿色植物在月球获得有效稳定光照问题的工程与设计课程，在创设真实情境"组建团队，开发出一套优秀的智能控制光照系统，赢得方案竞争胜利，最后供给月球"的前提下开展尝试解决实际问题的探究式学习。教师引导学生基于自己与世界相互作用的独特经验去建构自己的知识，并赋予已有的知识和经验以意义。我们将学生已有的经验作为新知识的生长点，运用太空思维、工程思维、科学思维、设计思维等脚手架，将科学研究中得到的知识运用于工程与技术，以创造服务于人类的产品。本课例的核心问题：未来我们移民月球，如何科学地设计并搭建出具有可行性的月球基地植物种植单元的光照系统呢？

(二)学习目标及课时核心概念和素养

1. 学习目标

借助工程思维框架引导，遵循项目限制条件，通过制订光配方、组装智能控制模块、设计并搭建光照系统模型、对项目成果进行博览展示等项目实践环节，强化"设计—实施—测试"的迭代循环意识，建立太空思维和设计思维。

2. 核心概念和素养

第1次课：成团启航(4课时)(表 3-9-3)

表 3-9-3　核心概念和素养一

驱动性问题链	核心知识/关键概念	核心素养
如何依靠规则和团队保障项目完成？	有效团队合作依靠规则约束成员，利用小组压力推动发展，运用行为评估表进行管理	合作共情能力
月球环境对植物生长的影响有哪些？	1. 人类探索太空的必然性 2. 移民月球的目的和面临的问题 3. 地球和月球在重力、阳光、大气、温度、水和土壤方面的异同对比 4. 月球环境对植物生长的影响 5. 植物对光的需求	太空思维 科学思维 信息筛选提取 科学阅读能力 团队协作能力
驱动性问题能拆解成哪些具体的问题和任务呢？	1. 光照系统问题清单 2. 圆圈图	太空思维 科学思维 信息筛选提取 批判质疑能力
具有什么特性的绿色植物适合在月球基地种植？	1. 植物生长所需的条件 2. 适宜月球环境的植物特性 3. 调查报告的书写方法	信息筛选提取 批判质疑能力 团队协作能力 书面表达

第 2 次课：寻找光配方(2 课时)(表 3-9-4)

表 3-9-4　核心概念和素养二

驱动性问题链	核心知识	核心素养
光合作用的反应过程是什么？	1. 光合作用的概念 2. 光合作用的反应过程	科学思维
月球表面的自然光有哪些特点？	1. 月面光照特点：光强大、周期长、有辐射、光不可存储 2. 月面环境不适宜植物生长 3. 采用人工光作为植物生长光源	太空思维 批判质疑能力
光照系统包含什么？关于人工光我们已经知道什么？	1. 光照系统包含光源和控制系统 2. 光可以分成七种颜色 3. 观察实验的方法	工程思维 科学探究 科学思维
什么颜色的光对植物生长影响最大？	1. 设计科学实验方案的方法 2. 红蓝光对植物生长影响最大	科学探究 科学思维 信息筛选提取

驱动性问题链	核心知识	核心素养
如何实现红蓝光的合理搭配？	1. 植物生长不同阶段 2. 植物繁殖、生长、收获特性 3. 红蓝光比例搭配	工程思维 科学探究 科学思维
光强和光照周期可以从哪些角度思考设置思路？	1. 系统设计思路 2. 从需求推断解决方法 3. 光饱和点的概念	工程思维 科学探究 信息筛选提取
如何设置合理的光强和光照周期？	1. LED 灯照明特点 2. 科学知识的统整	工程思维 信息筛选提取 系统管理

第 3 次课：智能和搭建(4 课时)(表 3-9-5)

表 3-9-5　核心概念和素养三

驱动性问题链	核心知识	核心素养
如何在植物生长过程中对光进行控制？	1. 传感器的应用 2. littlebits/mcookie 的使用方法 3. 智能控制电路的连接和测试	科学思维 工程思维 创新思维
如何设计一个能发挥控制系统作用的光照系统？	1. 植物工厂的运行方式 2. 一个植物种植单元包含的条件 3. 绘制简单设计图 4. 基于金点子的产品快速迭代 5. 模型组装的策略	工程思维 创新思维 科学探究 资源整合能力批判质疑能力

第 4 次课：博览展示(4 课时)(表 3-9-6)

表 3-9-6　核心概念和素养四

驱动性问题链	核心知识	核心素养
团队产品的亮点和核心原理是什么？	回忆和反思项目过程中的知识和技能	自我管理 反思评价
如何举办一场吸引人的博览会？	1. 博览会的布置要点 2. 3w 1h 分析法 3. 学术海报的制作方法 4. 排版的艺术 5. 博览会的展示策略	项目分析 自我管理 审美艺术 合作分享 资源整合能力

驱动性问题链	核心知识	核心素养
如何表现才能达到高效、高品质的分享交流效果?	1. 科学表达的方法 2. 展品排列的方法 3. 功能展示和试用的方法 4. 交流分享评价的思维提升过程 5. 反思和自我评价	自我管理 审美艺术 合作分享 反思评价 资源整合能力

(三)学习重点、难点

1. 重点

①完成月球植物种植调查报告：地月光照区别、植物种植条件、光的选择、适合月球的植物特性等。

②了解光影响植物生长的颜色、强度和周期；知道红蓝是促进植物生长的主要光质。

③学习 littlebits/mcookie 的使用方法；组装智能控制电路；搭建光照系统模型。

④通过团队合作完成一份符合产品实际情况的学术海报。

2. 难点

①选择合适的植物并说出选择的理由。

②能够针对植物不同的生长阶段设置相应的红蓝光比例；知道实现红蓝光配比的方法；用完整的证据链支撑光配方。

③设计制作能根据月球种植环境调整光质的智能控制电路。

④进行一次引人瞩目的产品博览。

(四)学习评价

评价任务 1：组成团队后，看看哪一个团队的月球植物种植调查报告合理可靠。

评测标准(维度)：月球环境适配性、植物特性、表达、美观度。

	A	B	C	D
表达	完整介绍作品，有介绍重点，思路清晰且能引导听众	完整介绍作品，有介绍重点，思路清晰	基本能完整介绍作品，没有介绍重点	表意不清，介绍前后颠倒，听众无法理解
美观	颜色和布局搭配合理，重点清晰，有独特设计	颜色和布局搭配合理，重点清晰	设计单一，欠缺介绍重点	没有设计，或未完成

续表

	A	B	C	D
内容	完成必填和两个以上选填项目，充实完整	完成必填项目和两个以上选填项目	完成必填项目，没有选填项目	未完成必填项目

评价任务2：谁搭配出最适合所选植物的光配方(搭配合适的颜色和颜色比例、设置合适的光强和光照周期)?

评测标准(维度)：是否根据植物不同生长阶段的红蓝色配比有调整、适合所选植物种类的颜色配比? 是否通过设置LED灯数量和距离植物距离来控制光照强度? 是否有理论依据地设置光照周期?

科学实验	1. 实验方案包含完整的科学探究实验步骤 2. 实验过程符合实验方案 3. 由现象得出了指向研究问题的结论
查阅资料	1. 是根据研究目标搜集的资料 2. 从专家连线中获取了答案 3. 对资料进行了有目的的信息筛选
光配方	1. 明确红蓝光比例是颜色配置的方式 2. 找到了根据比例配置红蓝光的方法 3. 找到了设置光照强度和光照周期的解决思路 4. 针对不同生长阶段进行了光质、光强、光周期的配置 5. 形成了完整的证据链支撑光配方
交流结果 (汇报)	1. 重申了问题 2. 展示和/或讨论了配置光配方的步骤 3. 宣讲了光配方是怎样适合月球植物种植的 4. 团队成员均参与了汇报

评价任务3：怎么才能让人工光显示需要的颜色配比呢? 谁搭建的光照系统更能发挥控制系统的作用?

评测标准(维度)：颜色配比是否可调，是否实现传感器控制，模型是否适合所选植物?

	A	B	C
智能控制方案	知道传感器在电路中的意义； 了解光配方实现思路； 方案交流时有独到想法； 完成智能控制方案设计并预期实现功能	知道传感器在电路中的意义； 知道光配方实现思路； 方案交流时想法与他人部分雷同； 完成了智能控制方案设计	不知道传感器在电路中的意义； 不太清楚光配方实现思路； 方案交流时没有自主想法； 未完成智能控制方案设计
智能控制实现	了解两种实现器材的特点、功能和运行逻辑； 根据需求选择其中一种实现功能； 实现了智能控制方案的预期设计； 能够根据需求进行针对性的调整	知道两种实现器材的特点和零件功能； 根据需求选择其中一种尝试实现功能； 部分实现智能控制方案的预期设计	不清楚两种实现器材的特点； 随意选择其中一种尝试操作； 未实现智能控制方案的预期设计
创建设计(蓝图)	完成了一个植物种植单元的设计并制作了材料表； 光照系统是由若干植物种植单元有逻辑地组合而成，材料表用料合适	完成了一个植物种植单元的设计并制作了材料表； 光照系统是由若干植物种植单元简单组合而成，材料表用料不齐全	未完成一个植物种植单元的设计； 光照系统不是由若干植物种植单元组合而成，材料表不完全
建立模型	提交的模型能够完成光照系统种植任务，且能够支持提升至少一个月的真实种植效果，并依照设计(蓝图)来建立	提交的模型能够完成光照系统种植任务，但不能达到使用标准。模型没有依照提交的设计来建立	提交的模型没有完成光照系统种植任务。模型没有依照提交的设计来建立
检验和迭代	满足下列标准中全部： 1. 检验是以经过深思熟虑和有效的方式开展 2. 开展了多次试验 3. 根据检验结果对模型进行恰当的修改	满足下列标准中 1 或 2 条： 1. 检验是以经过深思熟虑和有效的方式开展 2. 开展了多次试验 3. 根据检验结果对模型进行恰当的修改	下列标准都没有满足： 1. 检验是以经过深思熟虑和有效的方式开展 2. 开展了多次试验 3. 根据检验结果对模型进行恰当的修改

评价任务 4：如何有策略地在方案竞争博览会上展示，赢得更好评价？

评测标准(维度)：学术海报、成果功能性和完成度、分享交流。

维度	1（入门）绝大多数内容需要修改	2（新手）不稳定，有些内容没有展示	3（熟练）可接受地、很好地表达了相关的内容	4（典范）非常完美，或者几乎没有失误
内容	需要重新组织演讲，要包括重要观点的更多信息	可能缺失了重要信息；只有极少细节支撑	信息完整；有基本的细节支撑；在一定程度上能增长听众的知识	信息完整；有很好的细节支撑；能增长听众的知识
思想与交流	演示需要重新组织，使主要论点清晰、完整、有说服力	演示只传递了对主题的部分理解，主要论点可能并不明确，也没有说服力	演示传递了对主题很好的理解，但有所缺失；讲演者的主要论点明确，但说服力不强	演示传递了对主题深刻而完整的理解，讲演者的主要论点有逻辑性且有说服力
组织、结构和词汇	需要增加能吸引注意力的元素；需要对演示主体进行组织，加入细节支撑；需要一个合适的结尾；缺少与主题相关的关键单词和词组	介绍不明确或有缺失；没能引起听众注意；演示主题有些混乱；细节支撑有限；结尾不明确或没有包含所有的主要论点；与主题相关的词汇有限	介绍包含了演讲目的，但却没有引起听众注意。演示有结构，以及有一些细节支撑连贯性；结尾是多数主要论点的总结；词汇适合演示主题，但有一些小问题	介绍引起了听众的注意，并清晰地陈述了演示的目的；演示结构很好，有连续性，并有细节支撑；结尾是所有主要论点的总结；讲演者展示了丰富的词汇
说明	缺少演示的辅助；丢失确保听众理解的机会	辅助没有增强听众的理解；辅助制造了疑问	辅助与主题相适应；辅助不能与整个演示很好地融为一体	辅助与主题明确相关；实施了辅助，并能提供信息
演讲	需要控制演示的音调、清晰度和音量；没有创造性；显而易见的紧张；表现出对话题没有兴趣；几乎没有眼神交流；缺少或作出不合适的肢体语言、手势和表情	演示有时清晰有时不清晰，信息的传递有些迟疑；创造性有限；对话题没有完全自信、紧张、不投入；眼神交流有限；有限的和不适合的肢体语言、手势和表情	演示出错但很快改正；创造力明显，但未很好地予以整合；自信，但有时有些紧张；演示的大多数时间与听众有眼神交流；有时会作出一些生硬的肢体语言、手势和表情	演示时声音响亮，发音清晰，易于听众理解；与听众保持眼神交流；创造性地保持听众参与其中；表现出对于话题的自信；有效使用肢体语言和面部表情；传递了讲演者的活力和热情

终结评价：

评价指标		具体细则
光照系统整体产品 60分	成果完成度 15分	按需求完成了月球植物种植调查报告、光配方、智能控制电路、光照系统模型、学术海报(10分) 按期交付(5分)
	展示完成度 15分	在博览展示活动中，展位布置合理，成果排列有序(5分) 宣讲有理有据，科学探究氛围浓厚，吸引专业观众(5分) 观众遵守参观礼仪，客观评价反馈(5分)
	证据链 10分	探究过程和项目成果有完整证据链支撑(10分)
	逻辑性 10分	光照系统设计逻辑自洽，具有应用实用价值，可行性高(10分)
	方案竞争 10分	在最终的方案竞争博览会中赢得更多专业观众认可，方案被采纳(第一名10分，第二名7分，第三名5分，其余2分)

（五）资源支持/活动指导

【专业教室的需求】

能够容纳至少40名学生的专业超学科教室。

【教室空间分布】

讨论空间、设计空间、物化空间、展示空间。

【教室内的硬件及工具】

需配备至少8台电脑并安装图形化编程软件，如mind＋，以及课程所需的工具和耗材，例如三棱镜、littlebits电路套件、基于arduino的编程套件、k-nex积木套件或其他同类材料。

三、具体学习任务/活动

第一次课

环节一：资源前置，引发思考	
教的活动 1 提供相关资料： (1)我国的太空探索计划 (2)"月宫一号"生态部分研究背景 分析材料，提出问题： (1)中国尝试登月预计是哪一年，那时我多大？ (2)联系挖红薯的经历，用思维导图表示植物生长的条件和过程 资源包、脚手架的准备： 流程图、气泡图、树状图	学的活动 1 (1)根据太空计划计算那时自己的年龄，思考对应的责任和能完成的任务 (2)回忆和了解植物生长的条件和过程

设计意图：

学生通过阅读资料了解航天和月球相关知识，引导学生将自己代入宇航员的角色，增强学生的历史使命感和国家荣誉感，使学生初步建立太空思维；通过回忆挖红薯的前概念，激活学生科学课所学关于植物生长的知识，为光照系统项目奠定学科基础

环节二：团队合作，签订契约	
教的活动 2 提出问题： (1)依靠个人能否完成太空探索计划呢？ (2)规则和团队是否是出色完成任务的保障呢？ 讲解课堂要求、团队合作规则	学的活动 2 观看《火星救援》片段，思考个人与团队的关系 (1)结论：需要依靠团队的力量完成任务 (2)确定团队名称 (3)根据角色分工的表单，进行小组分工；签订团队合作规则契约

设计意图：

播放视频《太空探索》中多人配合最终完成任务的片段，激发学生对组成团队的认同和对团队合作的期待，签订团队合作规则契约、营造仪式感能够有效促进团队合作，依靠规则约束成员，利用小组压力推动团队发展

续表

环节三：明确主题，任务拆解	
教的活动3 情景导入： 人类探索太空的必然性 提出驱动性问题： 未来我们移民月球，如何设计并搭建出月球基地植物种植模块的光照系统呢？ (1)我们移民月球最终的目的是什么？ (2)为了生存，我们面临的最重要的问题是什么？ (3)食物→种植植物	学的活动3 思考驱动性问题，明确本学期的任务主题 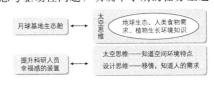
(1)引入太空思维，出示资源包，尝试自己搜索资料(地月差距) (2)完成文本阅读，整理地月对比和月球环境对植物生长的影响 (3)引导学生分析植物对光的需求 播放视频：植物在光照下生长 结论：可能存在的因素 (1)光强 (2)颜色 (3)持续时间 (4)热量 其他可能存在的问题 (1)《火星救援》中种植马铃薯的片段 (2)引导学生通过头脑风暴确定核心问题 (3)初步任务拆解→右侧问题清单	(1)小组讨论并填写活动手册 (2)每个组分享一种，其他组补充 核心问题： 完成月球农场植物光照系统一个单元的设计和搭建 完成问题清单： (1)植物生长的必备条件是什么？ (2)其中什么光照强度适合植物生长？ (3)如何避免辐射对植物基因造成的影响？ (4)在低重力下如何搭建培养结构？ (5)如何更加充分利用太阳光，如何应对月球昼夜周期过长的问题？ (6)其他可能存在的问题 通过黑板贴便签完成圆圈图
设计意图： 由此环节进入项目，通过真实情境引入，提出符合情境的真问题，引导学生提取重要信息，提出驱动性问题作为本项目的核心问题。学生以快问快答的方式初步找出研究问题的线索：食物→种植植物，以自查询资料探究地月差距的方式继续建立太空思维，再引导学生将种植植物和地月差距两者结合，完成对核心问题的任务拆解，尝试建立解决问题的核心任务链	

续表

环节四：建构解释，调查报告	
教的活动4 提供月球适宜种植植物清单，帮助学生选择适合月球种植的一种植物 要求：从以下月球环境的角度论证选择植物的理由 (1)植物的高度 (2)繁殖方式 (3)培育速度 (4)能够提供的营养成分 (5)其他因素 开启制作月球植物种植调查报告(地月光照区别、光的种类、植物的种类和特性等) 提出月球植物选择调查报告要求 必填项目： (1)植物名称 (2)植物形象 (3)在月球选择种植该植物的理由(至少三条) 选填项目： (1)研究背景 (2)资料收集情况汇总 (3)植物介绍 (4)其他有必要调查的内容	学的活动4 查找资料确认选择植物的重要性和必然性 (1)查找资料过程中进行简单筛选和记录 (2)小组讨论确认资料有效性 (3)团队决策，达成共识 将调查报告作为整个课程的资源包持续发挥作用 按照报告要求完成报告

设计意图：
对于小学高年级学生来说，从零开始寻找适合月球种植的植物是超出认知水平的，因此人为选定植物范围并说明选定范围依据：中国国家航天局建议植物。学生通过多元资料获取方式共同决策种植植物的种类，这样能够锻炼学生的信息提取、科学阅读和团队协作能力。在完成月球植物种植调查报告的过程中，能够将月球环境相关知识和该种植物的种植相关知识在活动中内化，从而锻炼学生的科学表达能力和批判性思维。

环节五：团队展示，评价改进	
教的活动5 组织学生有秩序地展示团队作品 根据标准提出针对性的改进建议	学的活动5 对照评价标准进行团队展示，展示以介绍植物和完成作品思维过程两条线索展开 对其他组作品进行评价，改进本组作品

设计意图：
作品的公开展示能够提高学生学习的积极性，也有助于高质量作品的产出；同时轮流展示有助于形成一种学习社区的氛围，打消学生的不自信或对自己作品的疑虑；通过评价标准科学客观地进行自评互评，能够促使学生随时修正自我认识，也能够及时对学生作品内在的知识技能形成正反馈

第二次课

<table>
<tr><td colspan="2" align="center">环节一：定义问题，引入主题</td></tr>
<tr>
<td>教的活动 1
叙述移民月球是为解决人类居住问题而进行的研究，提出研究的历史必然性
提问：上节课大家提出来移民月球任务中非常重要的一点是解决我们的什么问题？
回忆：光合作用是植物获取养分的方式
请学生分享对光合作用的理解
总结：光合作用的过程</td>
<td>学的活动 1
回答：食物，简单说说你的理解

回答：植物吸收水和二氧化碳，在光照下获取养分</td>
</tr>
<tr>
<td colspan="2">设计意图：
(1)介绍研究背景，强调科学家的身份认同，引发学生的研究兴趣
(2)回忆已有认知：光合作用的相关内容，为下一环节进行知识储备</td>
</tr>
<tr><td colspan="2" align="center">环节二：光的认识，问题驱动</td></tr>
<tr>
<td>教的活动 2
回忆：月面光照特点
连续追问：月面光照植物能生长吗？
引出驱动性问题：如何设计月球基地植物种植光照系统
提问：光照系统包含什么？
聚焦：关于人工光，我们已经知道了什么？
组织学生进行观察实验，验证已经获得的前概念</td>
<td>学的活动 2
回答：光强大、周期长、有辐射、光不可存储
结论：人工光
快问快答形式得出问题
回答：光源、控制系统
回答：可以分成七种颜色

分享实验方法，猜测现象，验证前概念</td>
</tr>
<tr>
<td colspan="2">设计意图：
建立太空思维，从月球的角度进行思考，提出课程的驱动性问题，聚焦在光和植物生长的关系上，从最容易观察到的光的颜色(光质)对驱动性问题进行研究，通过观察实验开始认识光</td>
</tr>
<tr><td colspan="2" align="center">环节三：人工光源，探究光质</td></tr>
<tr>
<td>教的活动 3
开始科学探究：
为解决"关于不同颜色光对植物生长"问题进行科学实验设计，引导学生进行猜测并设计实验，预测实验现象
开始科学调研：
专家连线寻找实验结论
进一步研究：红蓝光比例搭配
实物演示红蓝光比例模型</td>
<td>学的活动 3
实验方案：
提出问题—作出假设—设计实验—进行实验—观察对比
从专家连线中获取答案：红蓝光影响最大

阅读文献，找到理论依据，确定团队的红蓝光比例</td>
</tr>
</table>

续表

设计意图：
通过设计对比实验的方式提升科学探究的核心素养，培养学生用科学语言叙述实验过程、得出科学结论的能力。通过专家连线的方式了解科学家的研究过程；通过阅读文献的方式自主进行科学调研，掌握科学研究的多种方式，形成科学思维

环节四：系统设计，设置配方	
教的活动4 (1)提供光照系统设计的相关资料，包括：植物工厂介绍、植物种植人工补光介绍、多肉植物补光方案 (2)提供系统设计思路 总体目标：经济、智能、投入产出比最大 调研：光源、数量、植物架高度、时间、提高工程进度和劳动效率的方法 引导学生根据所选植物，在生长的不同阶段设置不同的光配方参数	学的活动4 (1)根据资料，找到光强和周期解决思路 光强：越强越好（实际达不到光饱和点） 光周期：越长越好（菠菜、生菜、白萝卜、小白菜、油菜均为长日照植物） (2)参考总体设计思路，找到光配方中需要重点解决的问题并提出解决方法：如光周期加长，一定条件下借助月球自然光？ 光强加强：Led灯数量增多，距离植物更近 以填表格的形式梳理光配方相关资料，并完成光配方的参数配置
设计意图： 通过研究光质的实验方案设计，推理研究光强和周期的实验方案，提高学生的类比推理能力；进行整体光配方的设计，能够促使学生从整个系统的角度进行思考，完成光配方的系统设计，能够从需求推断解决问题的方法，最终完成科学知识的统整	

环节五：展示分享，相互学习	
教的活动5 组织学生根据时间，进行设计稿分享展示 出示报告格式和内容要求 在展示过程中进行评价	学的活动5 小组从光配方设计内容、理念、如何适合月球环境等方面进行介绍 对其他小组礼貌地评价和提出建议
设计意图： 在展示交流分享的过程中，实现学生间相互学习、取长补短、增强自我效能感、树立自信	

第三次课：

环节一：坚实基础，引发思考	
教的活动1 提供相关资料： (1)多肉植物补光系统市售方案和植物工厂方案 (2)KWL表格 引导思考：如何实现红蓝光搭配？在植物生长过程中如何对光进行控制？ 观看视频，提供思路：植物工厂 组织学生分享课前探索的两个场景，引导学生说说对传感器的理解	学的活动1 用KWL表格梳理在制作月球植物光照系统之前已经掌握的知识和需要解决的问题 小组讨论并分享想法 边看边思考与光有关的智能控制思路 "开关"是传感器，说说理解，再次获取新思路

续表

设计意图： 由于单次课课时较长，课与课间隔时间较长，因此通过 KWL 表格回忆和整理项目内容，压实学生的科学概念和知识技能；通过对植物工厂的初步了解，理解传感器的工作原理，引发对光控制的思考

环节二：实现思路，智能控制	
教的活动 2 引导学生对照光配方思考实现思路 强调"实现"对光颜色比例和变化的智能控制，提出智能控制设计要求 组织进行设计方案交流 介绍实现器材：littlebits 和 mcookie 进一步布置任务：设计控制系统的一个颜色控制 组织专家评审后发放材料	学的活动 2 根据老师要求和评价表对智能控制电路进行团队设计，并思考分享内容 小组交流 了解两种实现方式的特点后，团队选择实现方式，接受老师指导完成器材使用教学 根据器材设计实现功能的电路（包括传感器应用、红蓝光配置和比例变化等） 专家评审后获取材料，开始对照评价表进行制作

设计意图： 提出"实现功能"这样指向性较强的指导思路，引导学生设计务实的功能；依然强调从系统总体设计着手，以两种套件开展两种不同思路的探究过程；初步接触编程思维，引导学生能够用"提出需求"的语言表达"实现功能"的内容

环节三：整体设计，搭建模型	
教的活动 3 明确核心目标：组装并调试一个适合月球环境，具有一定智能功能的植物种植光照系统 引导学生从一个种植单元需要包含的条件入手进行设计 出示可能需要用到的材料和工具，引导学生根据设计方案和材料的性质，简单决策组装加工的大致方向和思路 在制作过程中提供必要的帮助 提醒学生将成功关键点以金点子的形式公布 引导学生在制作过程中完成数个"设计—迭代—实践"的循环过程 引导学生第二次制图	学的活动 3 若干植物种植单元整合为植物种植光照系统 完成整体设计图 小组讨论决定并制作材料表： 例如：蔬菜＝绿色彩泥 提供金点子 记录产品制作中的难点 记录制作流程和效果 制作过程中根据出现的问题进行产品的迭代 按照光照系统模型画出真实模型图，要求能够再次照图搭建

设计意图：

根据计划开展实践活动，引导学生通过明确目标、单一到复杂、搜集记录、共享观察的步骤；完成光照系统模型设计，从材料和工具出发，整体思考完成模型搭建；通过金点子进行快速多组交叉迭代

环节四：成果发布，对照实验	
教的活动4 组织学生进行方案和模型展示 对产品提出评估建议，协助学生完成后续的对照实验	学的活动4 进行智能控制电路的功能展示和光照系统模型结构和设计展示 根据专家（教师）评估意见和评价标准，投票选出实验组进行为期一个月的对照实验

设计意图：

方案设计的最终目的是实践出真知，从科学性和可行性出发，教师和学生共同评估一个可操作性强的探究实验方案，并在后续进行观察记录，验证第二次课和本次课所学知识应用是否合理且准确

第四次课：

环节一：回忆反思，展示要素	
教的活动1 提供相关资料： (1)学术展示活动的照片和流程 (2)优秀学术海报的范例 (3)自己的"月球种植资源包" 回忆： (1)	学的活动1 (1)阅读相关资料 (2)回忆本团队产品，列举亮点和核心原理 (3)列举学术海报中的要素

展览、集会的名称	吸引你的地方

(2)讲解员介绍的内容

分析材料，提出问题：

(1)团队产品的亮点和核心原理是什么？

(2)学术海报必须含有哪些内容？

设计意图：

通过对已有经验的回忆和梳理，引导学生找到展会可能吸引人的要素，为后续内容提供思路支持；同时引发学生思考如何展示自己的产品和了解学术海报

环节二：3w1h 分析，设计排版	
教的活动 2 核心问题 why：为什么一个产品需要展示交流？ what：学术海报和博览会介绍的重点分别是什么？ which：展示哪些关于月球植物种植光照系统的内容？ how：可以用什么方式进行展示？ 播放《啊！设计》纪录片 引导学生观察思考排版方法	学的活动 2 利用 3w1h 梳理关于举办博览会的思路 why/what/which/how 进行头脑风暴，尽可能多地列举介绍重点 (1)回忆学习和制作过的内容，列举本团队在博览会展位上打算展示的内容 (2)观看展览会视频，收集展示方法并采取多样化方式进行展示

设计意图：

以 3w1h 分析法梳理完成博览展示的要素和重点内容，通过《啊！设计》引发学生对排版艺术的思考，完成从"绘画"到"设计"的转变，进一步开发多媒体资源为学生提供多种展示思路

环节三：完成海报，准备博览	
教的活动 3 出示学术海报设计要求 内容：展示月球植物种植光照系统的设计方案 至少包括以下几个方面的内容： (1)光照系统的外观和内部结构 (2)光照系统设计图 (3)产品优势 (4)团队信息：包括团队名称、队员姓名及分工 形式：手绘、剪裁、粘贴等多种方式呈现 介绍博览会形式： (1)每组一张展示桌摆放产品和产品铭牌 (2)每组一个 KT 板展示架展示学术海报 (3)至多两名成员介绍，其他人成为观众 介绍产品评价标准： (1)海报标准 (2)产品标准	学的活动 3 按照要求先梳理学术海报内容要点 团队制作兼具审美趣味和科学素养的学术海报 进行博览会策划及介绍策略的制订 进行博览会演练

| 设计意图：
通过详细的标准指导学生的博览展示准备过程，锻炼学生的自我管理能力，同时完成学术海报的过程也是学生审美艺术的体现，最终形成团队合作分享的成果 |

环节四：成果发布，博览展示	
教的活动 4 引导学生布置团队展位，进行 20 分钟的自由博览展示，并互相给予评价 邀请更多老师和社会人士参与博览会并作出评价	学的活动 4 布置展位，清点展示内容，轮流照看展位，接受来自每一个人的评价和质疑

| 设计意图：
加入更多社交层面的学习，能够形成学习社区的氛围，加强了"体现能力和素质培养"这个信息的传递；复杂的展示和评价过程能够促进学生更高效地生成客观的自我评价，同时也锻炼了学生的资源整合能力 |

四、设计的主要特色/亮点及思考

(一)案例的亮点或特色

(1)航天主题：航天课程天然就是一个跨学科课程，包含空间生命科学和工程技术、环境科学、生态学、植物学等领域。

(2)基于布鲁姆教育目标分类法设计了能力框架，实现了低阶素养向高阶素养的转化。

(3)建立了太空思维：类似本项目这样的月球乃至太空主题课程，主要需要储备地球和地外空间的人类生存条件、环境和环境对其他生物生存影响等方面的知识，我们将基于这些区别建立起来的太空生存常识和相关概念的集合称为太空思维，学生在本项目中进行的所有探究实践都基于太空思维。

(二)讨论的问题或反思

本课程比较充分地体现了 STEM 的理念，同时加入了更多学科知识，更加锻炼了学生的创新思维能力和批判质疑能力，注重了学生核心素养的培养，但数学方面比较欠缺，项目要求整体注重定性，对定量的要求还需提高。

在设计层面，限于学生的知识水平，探究知识深度有限，知识的广度还有待深入挖掘，比如作为课程重点，光配方中除光质之外的光照周期和强度并未进行深入探究，学生可能仍对"光如何对植物生长产生影响"存在疑虑，认识可能较为片面。

在实现层面，受限于器材，两种实现方法都存在局限性。littlebits 传感器数量有限，智能控制程度有限；mind＋和 mcookie 对学生的编程思维要求较高，学生需要具备信息学基础才能够使用这个实现方法。应该增加更完整的编程思维训练和编程实践课程。

对于项目实施的自我反思：

(1)由于部分内容是更高学段的要求，在对个别科学知识降级之后，准确度把握有些争议，还需要加强专业知识的学习。

(2)学习评价更多倾向于终结性成果，过程性评价不够完善，还需要细化，同时评价方案执行偶有不到位的情况，还需要调整评价方式，与课程结合更紧密，降低执行难度。

参考文献：

[1][美]陈怡倩. 统整的力量：直击 STEAM 核心的课程设计[M].长沙：湖南美术出版社，2017.

[2]汤晨毅. 科学教学中的跨学科概念——以模式为例[J].物理教学，2021，43(10).

[3]胡红杏. 项目式学习：培养学生核心素养的课堂教学活动[J].兰州大学学报(社会科学版)，2017，45(6).

[4]周业虹. 实施项目式学习 发展学科核心素养[J].中小学教师培训，2018(8).

课例十　种下快乐　见证成长

谭　丞　牛春晓　张宏伟

扫码观看
课例视频

在学校生长教育的办学理念下，依托中国农业科学院、国家农业科技创新园等校外资源，以现代新农业技术为载体开发"小小新农人"跨学科课程，该课程共包含六个主题单元，主要涉及劳动和科学两个学科的内容。"种下快乐 见证成长"主题是课程的第二单元，本主题单元充分利用课堂、家庭、社会等多方面的资源进行教育教学，需要 13 课时的时间，以第三学段（5～6 年级）为基准进行课程设计，相关学段可以选择实施。通过本主题单元学习，学生可以系统地了解种植的基本技法及日常管理、种植的新技术等知识，亲身参与种植活动和直接体验烹饪活动，增强劳动实践能力和对现代农业的喜爱，通过走进国家种质库、栽培活动进社区等方式培养公共服务意识和社会责任感。

一、主题选择及学习者分析

（一）主题选择的背景

1. 指导思想与政策背景

习近平总书记提出："要在学生中弘扬劳动精神，教育引导学生崇尚劳动、尊重劳动，懂得劳动最光荣、劳动最崇高、劳动最伟大、劳动最美丽的道理，长大后能够辛勤劳动、诚实劳动、创造性劳动。"2020 年教育部印发的《大中小学劳动教育指导纲要（试行）》规定，中小学劳动教育课平均每周不少于 1 课时。2022 年教育部正式印发《义务教育课程方案》，将劳动从原来的综合实践活动课程中完全独立出来，并颁布《义务教育劳动课程标准（2022 年版）》，将劳动课程分为四个学段，1～2 年级为第一学段，3～4 年级为第二学段，5～6 年级为第三学段，7～9 年级为第四学段，各学段任务和目标层层递进，旨在引导学生树立正确的劳动价值观，崇尚劳动、尊重劳动，养成良好的劳动习惯。这些都意味着劳动教育作为"五育"之一，越来越受到重视，在学校教育中也获得了应有的课程地位。

科学教育也是立德树人和素质教育的重要组成部分，是提升全民科学素质、建设创新型国家的基础，国家高度重视中小学科学教育，并赋予其应有的地位。《义务教育科学课程标准（2022 年版）》在课程性质中指出："义务教育科学课程是一门体现科学本质的综合性基础课程，具有实践性。科学课程有助于学生保持对自然现象的好奇心，从亲近自然走向亲近科学，初步从整体上认识自然世界，理解科学、技术、社会与环境的关系，发展基本的科学能力，形成基本的科学态度和社会责任感，逐步树立正确的世界观、人生观和价值观，为今后学习、生活以及终身发展奠定良好的基础；有助于提高全民科学素质，促进经济社会发展和科技强国建设。"小学科学教育对激发和保护学生的好奇心和求知欲，培养学生的科学精神和实践创新能力都具有重要意义，因此，须高度重视中小学科学教育，赋予其应有的地位。

跨学科主题学习是指为培养跨学科素养而整合两种及以上学科内容开展的主题学习活动，具有综合性、实践性、探究性、开放性、操作性等特点。2022 年新修订的《义务教育课程方案》特别强调了各个学科要有不少于 10％的课时做跨学科主题学习，新的义务教育培养目标要求在"增强综合素质上下功夫"，把"加强课程综合，注重关联"定为基本原则，要求"统筹设计综合课程和跨学科主题学习""开展跨学科主题教学，强化课程协同育人功能"，这就意味着，跨学科主题学习是加强课程综合和课程协同育人的重要课程板块，是培养学生综合素质的重要载体。

2. 学校育人目标与生长教育理念

我校将生长教育定为办学理念，意在营造一个能影响学生一生的、有正确价值导向和充满爱的环境，充分调动学生主动发展的灵性，让学生在品德、智力、体质、审美、劳动五个方面健康生长，使他们的潜能得到最大限度的发挥，能够在动态发展的过程中为自己创造美好幸福的人生打下基础。

生长教育的核心理念是"全面、健康生长"。"全面"体现为面向全体学生，促进每一名学生德智体美劳全面发展。在创造性实施国家课程的过程中，培养学生自主探究能力和创新精神，增强学生体质、陶冶审美能力，加强劳动教育，落实立德树人的根本任务。"健康"关注全面发展的程度，健康的课程要求在全面的基础上兼顾不同发展需求的学生，给予他们适合发展的个性化课程，体现在学生发展程度的可持续性，重点关注学生生理健康、心理健康、道德健康、社会适应健康等几个方面。在"全面、健康"理念的指导下，学校全面落实基础型课程，做到"五育并举"，又有丰富的拓展型课程和实践创新型课程，发展学生兴趣，满足学生个性化发展需要，培养学生的综合素养。

3. "小小新农人"跨学科课程建设背景及结构设置

学校紧邻中国农业科学院、国家农业科技创新园，将这一优势条件和学校生长教育的办学理念相结合，设计筹备"小小新农人"跨学科课程。"小小新农人"跨学科课程以习近平新时代中国特色社会主义思想为指导，全面贯彻党的教育方针，一方面通过种植实践劳动引导学生崇尚劳动、尊重劳动，懂得劳动最光荣、劳动最崇高、劳动最伟大、劳动最美丽的道理，增强对劳动创造幸福的理性认知和实践自觉；另一方面，通过丰富多样的劳动实践，教育引导学生牢固树立以辛勤劳动为荣、以好逸恶劳为耻的劳动观，大力弘扬崇尚劳动、热爱劳动、辛勤劳动、诚实劳动的劳动精神；还有一方面，种植实践的成果离不开科学知识的辅助，此课程通过与科学知识深度融合，帮助学生保持对自然现象的好奇心，从亲近自然走向亲近科学，初步从整体上认识自然世界。通过"小小新农人"课程进行跨学科的学习，培养学生核心素养，为提高全民素质奠定基础。

"小小新农人"跨学科主题学习活动的设计思路是，以新农业知识为载体，传授现代农业知识，讲授现代农业科技种植和检测，于生活实践中感受成长的力量、生命的律动，激发学生对现代农业的热爱，让劳动教育和科学教育成为人生成长的必修课，逐步建立具有农科特色的科技融合型劳动教育模式，为我国农业发展埋下希望的种子。

"小小新农人"跨学科课程覆盖小学 1～6 年级，共有六个主题单元，每个主题分为基础任务群、实践任务群和综合任务群，其中基础任务群和实践任务群内容设置具有基础性和普遍性特点，主要为激发学习兴趣和奠定知识基础，综合任务群的内容设置具有系统性和研究性特点，随着学生学习的深入，课程学习内容也逐渐提高难度。

以新农业技术为主题，《义务教育劳动课程标准(2022 年版)》中任务群之间的学段联系及进阶关系为启示，结合《义务教育科学课程标准(2022 年版)》，构建"小小新农人"课程六个单元的内容分别为"生活中的植物朋友""种下快乐 见证成长""蔬菜们的新生命""有生命的花卉""顽强的生命力"和"快乐种植 收获幸福"。六个单元主题及内容如表 3-10-1 所示。本案例选择的是第二单元"种下快乐 见证成长"主题的探索与实施。

表 3-10-1 "小小新农人"单元主题及内容

单元主题	任务群	内容
第一单元 生活中的植物朋友	基础任务群	植物与生活的关系；植物的种植技术；现代农业的新技术
	实践任务群	常见植物的种植方法；种子带来的收获；一粒种子的一生
	综合任务群	认识班级的植物；了解班级的植物；照顾好班级的植物
第二单元 种下快乐 见证成长	基础任务群	种植的基本技法；日常管理；农业新技术
	实践任务群	紫茉莉、牵牛花、半枝莲、小白菜、薄荷种植
	综合任务群	走进种质库；栽培活动进社区；收获展示会

续表

单元主题	任务群	内容
第三单元 蔬菜们的新生命	基础任务群	无土栽培—基质栽培
	实践任务群	四种蔬菜(芽苗菜类、根茎类、叶菜类、茄果类)的种植、栽培与养护
	综合任务群	鱼菜共生生态瓶；阳台小菜园
第四单元 有生命的花卉	基础任务群	温室养殖；水培技术
	实践任务群	吊兰、竹子种植；草籽娃娃；玻璃花房
	综合任务群	温室花房
第五单元 顽强的生命力	基础任务群	植物与环境；雾培技术
	实践任务群	多肉种植：叶片扦插；微景观制作；食用菌栽培；制作孢子印
	综合任务群	培养室；出菇室
第六单元 快乐种植 收获幸福	基础任务群	移栽技术、葫芦的袋培技术、嫁接技术、授粉、认识农机具、种植中的新技术
	实践任务群	樱桃番茄种植；草莓栽培；嫁接蟹爪兰
	综合任务群	立体生态农业—蟹稻互作；植物秀一秀；感受现代农业

(二)学习者分析

1. 已有基础与水平

学生在日常生活中几乎都有过种植的经验，对于植物生长所需的条件也有一定的了解，也都做过与植物相关的一些观察和探究实验。但是学生没有系统地学习过农业技术中种植的基本技法和日常管理，如播种前如何进行选种，为什么要进行浸种，播种的方法：撒播法、穴播法，水要进行哪些处理，要如何使用肥料，要如何选择种植的盆等。学生更是很难有机会了解现代农业的新技术，也很少有学生有走进种质库和将植物栽培到社区的实践经历。

2. 学生兴趣与需求

学生对于亲自动手种植有着很大的兴趣，因此本主题选择了学校所在地区常见的紫茉莉、牵牛花、半枝莲、小白菜、薄荷进行种植，但种植前要学习浸种、穴播、细小种子播种、苗钵制作等知识作为基础和铺垫，并通过走进种质库了解种质资源、栽培活动进社区等活动拓展学生校外的种植体验。

为了让本主题的学习内容更具有活力，学生学习的兴趣更加浓厚，课程采用多种教学方式，有知识讲授、实验操作、种植活动和基地实践参观等，更是将课程的学习场所进行延伸和扩展，有些课程内容在教室开展，有些课程内容要在社区、国家农业科技创新园区中开展，为学生提供宝贵的实践场所和机会。除了注重激发学生的学习兴趣，本主题还注重学生亲身实践的过程，学生在种植养护及劳动实践等活动中，不仅可以学习农业知识和技能，更加深入地理解农业的本质和规律，拓宽知识面，还可以使学生接受劳动技能教育，提升动手实践能力，培养爱劳动、学技能的情感，提高自身发现问题、解决问题的能力，形成积极的探究意识和生态文明意识，最终提升综合素养。

3. 学习本主题时可能存在的困难

学生在课堂中是能够完成植物种植的，但后续的养护和对植物的观察记录是需要在家中持续进行的，也需要家长们的协助和配合。为了学习效果，教师需要在课上进行持续性的追踪并及时解答种植养护过程中遇到的困惑，这样才能保证学生在家中的种植活动和对植物的观察记录能够顺利进行，因此需要进行多主体多元的评价方式来激励学生持续观察，比如设计图文搭配等方式的记录单来督促学生完成植物的生长记录。

二、主题学习/活动整体设计

（一）设计理念与思路

"种下快乐 见证成长"主题的建议学段是第三学段 5～6 年级，相关学段可以选择实施。实施过程中采用知识讲授、动手实践、观察记录和收获展示的方式，在课堂、家庭和社会中进行，共计需要 13 课时。具体实施建议如表 3-10-2 所示，按照实施任务、学段、实施方式、实施场域、课时五个模块进行设置。

表 3-10-2 "种下快乐　见证成长"主题实施建议

实施任务	学段	实施方式	实施场域	课时
基础任务一：种植的基本技法及日常管理	建议第三学段（5～6 年级），相关学段可以选择实施	知识讲授 动手实践 观察记录 收获展示	课堂	4 课时
基础任务二：种植的新技术			课堂与社会	1 课时
实践任务一：紫茉莉土培播种			课堂	1 课时
实践任务二：牵牛花土培播种			课堂与家庭	1 课时
实践任务三：半枝莲土培播种			课堂与家庭	1 课时
实践任务四：小白菜土培播种			课堂与家庭	1 课时
实践任务五：薄荷种植			课堂与家庭	1 课时
综合任务一：探秘种质资源 走进国家种质库			家庭与社会	1 课时
综合任务二：栽培活动进社区			家庭与社会	1 课时
综合任务三：收获季			课堂与家庭	1 课时

　　"种下快乐 见证成长"主题由基础任务群、实践任务群和综合任务群构成。第一部分基础任务群包括：种植的基本技法及日常管理和种植的新技术两个任务，在任务一种植的基本技法及日常管理中主要选择合适的种植方式进行种植，通过查找资料获取信息，包括种子世界、种子的选择和催芽、种植基本技法三个活动。在任务二种植的新技术中，包括自动播种机、育苗气候室、喷淋浇灌系统和植物工厂，了解种植的新技术，了解科学技术对农业种植的影响，完成微型"植物工厂"的设计。

　　第二部分实践任务群包括：花卉种植、蔬菜种植和香草作物种植，分为五个任务。花卉种植包括三个任务：紫茉莉土培播种、牵牛花土培播种和半枝莲土培播种；蔬菜种植包括一个任务：小白菜土培播种；香草作物种植包括一个任务：薄荷种植。在三种花卉的种植中，学生将体验和亲身参与紫茉莉、牵牛花、半枝莲的种植活动，记录生长过程，完成生长记录。紫茉莉的种植，是要根据在第一部分基础任务群中所学的种植基本技法完成种植，重在实践种植的基本过程，并把观察到的生长过程记录下来。牵牛花种植的难度略有增加，加入浸种、催芽过程，在前面种植记录的基础上，学生可以设计方法记录牵牛花的生长过程。半枝莲的种植更是开放，学生需要先查找半枝莲的资料，了解它的特点和种植方法，自行设计种植方案和记录生长过程的方法，从而完成半枝莲的种植。所以，三种花卉的土培播种难度是逐渐递增的，由教师的指导到完成开放的种植任务，让学生学会种植。任务四小白菜土培播种，除了完成蔬菜的种植活动，重在学习采用减少营养成分损失和保持自然风味的食物烹饪方法，也是劳动课程中的烹饪与营养，而烹饪结束还要进行劳动课程中的清洁与卫生、整理与收纳等日常生活劳动。任务五薄荷种植，学生体验和亲身参与种植活动，学习注重饮品的色香味，满足口味的需求。学生通过把自己制作的菜品和饮品与家人、朋友、同学等进行分享，完成劳动课程中日常生活劳动和服务性劳动部分的内容。

　　第三部分综合任务群包括：探秘种质资源 走进国家种质库、栽培活动进社区和收获季几个任务。任务一走进国家种质库，学生观看视频，加深对于国家种质库的认识，上网查找关于国家种质库的资料。同时通过走进中国农业科学院院内的国家种质库，学生感受到种子不但关系到我们的生活，植物种质资源还是在不同生态条件下经过大自然演变形成的，蕴藏着各种潜在可利用基因，是国家的宝贵财富，是人类繁衍生存和发展的物质基础。学生了解到国家把这些资源收集起来建立了国家种质库，将其作为战略资源加以保存，以后加以利用，其意义重大。任务二栽培活动进社区，学生实地调查得到数据资料，根据资料进行评价，移栽植物至校园或社区合适的区域，并能进行定期维护。任务三收获季，学生介绍收获，并与他人进行交流、分享，对他人的收获进行评议。

　　"种下快乐 见证成长"主题结构如图 3-10-1 所示。

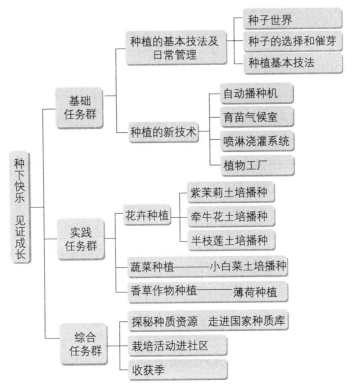

图 3-10-1 "种下快乐 见证成长"主题结构图

(二)学习目标

"种下快乐 见证成长"主题学习目标如表 3-10-3 所示,按照任务群、主题学习内容、目标、内容标准四个模块进行设置。

表 3-10-3 "种下快乐 见证成长"主题学习目标

任务群	主题学习内容	目标	内容标准
基础任务群	任务一:种植的基本技法及日常管理 任务二:种植的新技术	认知基础 观察记录 兴趣习惯 价值取向	(1)学会种植的基本技法及日常管理方法,包括种子的选择、处理、种植及了解土壤、浇水、施肥等因素对种植的影响,形成热爱自然的情感态度 (2)了解种植的新技术,感受科学技术进步对种植技术的推动作用

续表

任务群	主题学习内容	目标	内容标准
实践任务群	任务一：紫茉莉土培播种 任务二：牵牛花土培播种 任务三：半枝莲土培播种 任务四：小白菜土培播种 任务五：薄荷种植	动手种植 记录生长 劳动实践 态度责任	(1)通过对紫茉莉、牵牛花、半枝莲、小白菜、薄荷进行土培播种，直接体验和亲身参与种植活动 (2)通过将种植的植物制作成家常菜和饮品，掌握简单的烹饪方法，增强生活自理能力和家务劳动能力
综合任务群	任务一：探秘种质资源 走进国家种质库 任务二：栽培活动进社区 任务三：收获季	主题实践 劳动实践 社会责任 分享意识	(1)通过走进国家种质库活动，体会种子与国家安全、生态文明的关系 (2)通过栽培活动进社区活动，主动参与校园或社区的环境美化等公益劳动，增强公共服务意识，初步形成社会责任感 (3)通过收获展示会培养学生尊重他人的情感和态度，乐于与他人分享

(三)学习重点、难点

1. 学习重点

①学会种植的基本技法及日常管理方法，包括种子的选择、处理、种植及了解土壤、浇水、施肥等因素对种植的影响。

②通过对紫茉莉等植物进行土培播种，直接体验和亲身参与种植活动，体会长期劳动的不易，形成爱护植物、尊重自然、敬畏生命的情感态度。

2. 学习难点

①了解播种技术，感受创新对播种技术的推动作用，有进一步探索的精神和创新意识。

②在培育植物和制作菜品的过程中，能够积极想办法解决困难，提高解决问题的能力。

(四)学习评价

"小小新农人"主题的学习评价基于实践性、创新性的理念，关注学生的学习过程和素养发展，评价维度分为 4 个方面：知识、能力、创新思维、价值观念。评价形式多样，有种植成果、手抄报、实验单等。

目标达成度评价表如下。

(1)知识获得方面的评价,主要以课前、课上和课后与学生交流的形式、学生回答情况作为依据(如表 3-10-4 所示)。

表 3-10-4　知识获得方面评价表

水平/评价维度	知识获得
水平一	说出多种种植方式和现代农业技术,描述这种技术或方式的具体操作方法,例如盐水选种、撒播、种质保存等
水平二	说出多种种植方式和现代农业技术
水平三	在帮助下能说出多种种植方式和现代农业技术

(2)能力提升方面的评价,主要以学生在各项种植活动中的表现、种植成果作为评价依据(如表 3-10-5 所示)。

表 3-10-5　能力提升方面评价表

水平/评价维度	能力提升
水平一	通过实践活动,掌握多种现代种植技术、实验方法,运用到生活中,能解决生活中的实际问题,例如选种、播种等
水平二	通过实践活动,掌握一定的现代种植技术、实验操作的方法
水平三	借助帮助,完成一定的种植技术、实验操作的方法

(3)创新思维发展的评价,主要以学生种植过程和项目展示活动中的创意、表现作为依据(如表 3-10-6 所示)。

表 3-10-6　创新思维发展评价表

水平/评价维度	创新思维发展
水平一	在实践活动中体会和意识到技术创新对现代农业的作用,在种植过程和展示活动中运用和表现出新颖的想法和形式
水平二	在实践活动中体会和意识到技术创新对现代农业的作用,在展示活动中尝试运用多种方法解决问题
水平三	在实践活动中体会和意识到技术创新对现代农业的作用,在老师同学的帮助下,完成种植和展示活动

(4)价值观念培育的评价,主要以学生在各项活动中的兴趣、态度等作为依据(如表 3-10-7 所示)。

表 3-10-7 价值观念培育评价表

水平/评价维度	价值观念培育
水平一	表现出对农业技术学习的兴趣，乐于动手操作，愿意劳动、尊重劳动；爱护植物，尊重自然，对生命有敬畏之心
水平二	表现出对农业技术学习的兴趣，乐于动手操作，尊重劳动；爱护植物，尊重自然
水平三	表现出对农业技术学习的兴趣，乐于动手操作；爱护植物

（五）资源支持/活动指导

1. 国家农业科技创新园区

国家农业科技创新园是现代农业综合性示范园区，以现代农业设施园艺为核心，集科普培训、科技创新、成果孵化等功能于一体的综合性创新园区。园区为我校植物社团、学生实践活动等提供了学习场所，并有农业专家指导学生活动。

2. 国家作物种质资源库

国家作物种质资源库于 1986 年 10 月在中国农业科学院落成，承担全国作物种质资源的长期战略保存与供种，由试验区、种子入库前处理操作区、贮藏区三部分组成。目前作物种质资源保存总量位居世界第二，多数作物种子安全保存寿命可达 50 年以上。种质资源库为我校学生学习植物知识、开展与种子相关的小研究提供了场所和指导。

3. 实验套装

"小小新农人"课程配有农业专家开发的实验套装，每个学习主题都有相关实验盒，为学生学习植物知识提供了抓手。

4. 专家指导

除了学校科学教师外，每学期都有来自国家农业科技创新园区的农业专家对学生进行指导；走进种质库的活动，有种质库专家进行指导；不定期请农科院其他研究所，如蔬菜所的专家进行指导。

三、具体学习任务/活动

以"种下快乐 见证成长"主题学习中"任务一：种植的基本技法及日常管理"的 3 课时为例进行具体学习任务和活动的阐述。

第 1 课时　种子里孕育着新生命

(一)学习内容分析

种子对延续植物物种起着重要的作用，树木、花草都是种子繁殖而来的。种子内部结构与植物有哪些关系呢？本课教学将通过四个环节的学习来解决这一关键问题。第一环节，复习植物结构，猜测种子的结构与植物的关系，建立种子与植物之间的联系；第二环节，通过猜测、画图认识、修改猜测一步步认识种子的内部构造；第三环节，认识种子的萌发过程，通过讨论建立种子的结构与功能之间的联系；第四环节，通过讨论缺少一片子叶的植物能否继续生长，渗透双子叶植物的概念。虽然只安排了 1 个课时，但因为种子萌发需要一段时间，实际的研究活动要持续 10 天左右。

(二)学习目标

(1)知道植物的种子由种皮和胚两部分构成，胚由胚芽、胚根和子叶构成，初步了解各部分在种子萌发过程中的作用。

(2)运用感官及工具探究种子的内部构造，并尝试对细致观察到的现象进行归纳、概括和描述。

(3)养成实事求是、细心观察的科学态度，感受种子的生命力量。

(三)学习重点、难点

学习重点：认识种子的内部结构，尝试将种子内部结构与其生长建立联系。

学习难点：观察种子细小的内部结构，仔细认真地记录。认识到种子的内部结构是与植物的生长有密切关系的。

(四)学习评价

(1)知识获得方面的评价，主要以课上和课后与学生交流的形式、学生回答情况作为依据(如表 3-10-8 所示)。

表 3-10-8　知识获得方面评价表

水平/评价维度	知识获得
水平一	能说出种子的构成，并能指出种子各部分在种子萌发中的作用
水平二	稍加指导能说出种子的构成，能指出种子各部分在种子萌发中的作用
水平三	在老师和同学的帮助下能说出种子的构成，能指出种子各部分在种子萌发中的作用

(2)能力提升方面的评价，主要以学生在活动中的表现、活动的记录作为评价依据(如表 3-10-9 所示)。

表 3-10-9　能力提升方面评价表

水平/评价维度	能力提升
水平一	能运用感官及工具探究种子的内部构造，并尝试对细致观察到的现象进行归纳、概括和描述
水平二	能运用感官及工具探究种子的内部构造，稍加指导能对观察到的现象进行归纳、概括和描述
水平三	能运用感官及工具探究种子的内部构造，需要较多指导能对观察到的现象进行归纳、概括和描述

(3)价值观念培育的评价，主要以学生在活动中的兴趣、态度等作为依据(如表 3-10-10 所示)。

表 3-10-10　价值观念培育评价表

水平/评价维度	价值观念培育
水平一	对种子的结构感兴趣，能认识到种子的内部结构是与植物的生长有密切关系的，感受生命的力量
水平二	对种子的结构感兴趣，稍加指导能认识到种子的内部结构是与植物的生长有密切关系的
水平三	对种子的结构感兴趣，需要较多指导才能认识到种子的内部结构是与植物的生长有密切关系的

(五)学习活动设计

环节一：聚焦

谈话：出示健康的蚕豆种子。为什么把种子叫作植物的孩子？

一株植物主要由哪些部分构成？

预设学生回答：根、茎、叶、果实、种子。

种子的内部与根茎叶有什么关系？

环节二：探索与调查——探究种子的内部结构

(1)你觉得健康的种子内部结构是什么样的？请画在记录单中。

学生汇报展示。

(2)探究种子的结构——认识种子的内部结构。

①"解剖"饱满的(干)种子——种子成长需要吸收水分;种皮具有保护作用

教师出示:"干"种子。

学生活动:"解剖"饱满的(干)种子。

学生可能出现的问题:

种皮裹在上面,剥不开——种皮具有保护作用。

剥开了,损毁了种子的内部结构——解剖注意保证种子里面的完整。

种子太硬了,剥不开……

种子外表的"壳儿""皮儿"叫种皮。

我们打不开种子怎么办?

提出解剖种子的方法之一:浸泡种子

②解剖蚕豆种子

出示并对比:"干"种子和"浸泡"过的种子,有什么不同?

学生活动:解剖浸泡过的蚕豆种子。

学生汇报展示。

小结:种子在成长过程中需要吸收水分,体积膨胀,这是种子成长的开始。

③观察蚕豆种子的内部构造

师生交流:蚕豆种子里面有什么?

(3)观察最初的蚕豆种子,修改推测。

(4)投影:蚕豆种子的萌发过程。

形成解释:种子内部由胚根、胚芽、子叶构成。

(5)教师提问:推测种子内部的哪部分结构会成长为植物的根、茎、叶呢?

观察蚕豆苗,修改推测。

投影:蚕豆种子长成蚕豆苗的过程,种子里孕育着新生命。

环节三:拓展与交流

缺少了一片子叶的种子还能不能继续生长?

(六)板书设计

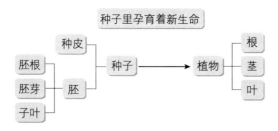

图 3-10-2 "种子里孕育着新生命"板书设计

第2课时　种子的选择

(一)学习内容分析

世界上力气最大的是植物的种子，一颗健康的种子可能发出来的"力"，简直超越一切。要想开启种植的过程，一定是从健康的种子开始，良好的种子是丰产增收的基础，而学生对于种植的认识往往都是从种开始的，而并没有关注选种这一重要的过程。通过本课时的学习让学生认识到选种是为了选出最好的种子，这样农业生产才能顺利进行，对于种植来说这是非常重要的一步。而对于国家来说，优秀的植物种质资源是宝贵财富，要进行收集并要加以保护，这是人类繁衍生存和发展的物质基础。

本课时设计在种植作物前通过选种将发霉、变质、残次等不能用作农业种子的挑出来，留下最好的种子，选用农业生产中常用的观察法、浸水法、盐水选种法三个活动完成选种，然后介绍其他选种方法。完成选种是为了选出健康的种子，保障农业生产顺利进行，这是非常重要的一步。最后通过介绍国家种质库，形成种质资源是国家宝贵财富的认识。

(二)学习目标

(1)利用观察法、浸水法、盐水选种法完成选种，认识到选种是为了选出最好的种子，保障农业生产顺利进行。

(2)感受种子的生命力量，引领学生认识到植物种质资源是国家的财富。

(三)学习重点、难点

学习重点：通过观察法、浸水法、盐水法进行选种。

学习难点：通过选种认识到保护种质资源意义重大。

(四)学习评价

(1)知识获得方面的评价，主要以课上和课后与学生交流的形式、学生回答情况作为依据(如表3-10-11所示)。

表3-10-11　知识获得方面评价表

水平/评价维度	知识获得
水平一	能够说出选种的方法，并能描述观察法、浸水法、盐水法选种的具体操作方法
水平二	能够说出选种的方法
水平三	能够在帮助下说出选种的方法

(2)能力提升方面的评价，主要以学生在选种活动中的表现作为评价依据(如表3-10-12 所示)。

表 3-10-12　能力提升方面评价表

水平/评价维度	能力提升
水平一	通过实践活动能学会选种的方法
水平二	通过实践活动能学会一定的选种的方法
水平三	能够在帮助下学会一定的选种的方法

(3)价值观念培育的评价，主要以学生在活动中的兴趣、态度等作为依据(如表3-10-13 所示)。

表 3-10-13　价值观念培育评价表

水平/评价维度	价值观念培育
水平一	表现出对农业技术学习的兴趣，乐于动手操作，愿意劳动、尊重劳动；能够体会国家的种质资源是国家宝贵的财富
水平二	表现出对农业技术学习的兴趣，乐于动手操作，尊重劳动；稍加指导能够体会国家的种质资源是国家宝贵的财富
水平三	表现出对农业技术学习的兴趣，乐于动手操作；需要较多指导能够体会国家的种质资源是国家宝贵的财富

(五)学习活动设计

环节一：聚焦

谈话：世界上什么东西的力气最大？

预设学生回答：大象、狮子……

世界上力气最大的是植物的种子。一颗种子可能发出来的"力"，简直超越一切。

人的头盖骨结合得非常致密，非常坚固，生理学家用尽了方法要把它完整地分开，都没有成功。后来有人想出一个方法，就是把一些植物的种子放在头盖骨里，配合了适当的温度，使种子发芽。一发芽，这些种子就爆发出可怕的力量，把机械力所不能分开的骨骼分开了。植物种子的力量竟有这么大！

所有的种子力量都这么大吗？

预设学生回答：健康的种子。

怎样能挑出健康的种子？

预设学生回答：看、挑，皮完整，饱满。

环节二：探索与调查——探究选种的方法

(1)观察挑选健康的种子。

教师出示："干"种子——黄豆、绿豆。

学生活动：观察"干"种子，挑选出健康的种子。将猜测的不饱满的种子做上标记。

可能出现的问题：

种皮裹在外面，看不到里面是否完整、饱满。

不能解剖，破坏了种子。

如何进一步发现更健康的种子？

提出选种的方法之一：浸水选种。

(2)用浸水法选种。

师生交流：为什么用浸水法能够挑选种子？

学生活动：将"干"种子放进水里，种子浮在上面、沉在下面、浮在中间。

小结：可以用水浸泡种子的方法选种，饱满的种子会沉在水底，不合格的漂在水面，分离出去。利用了浮力的原理。

还有一部分种子浮在中间，能不能有更好的方法把饱满的种子挑选出来？

(3)用盐水选种。

用这种方法选种，要掌握好盐水的浓度，可在水中溶解一些食盐，将盐水舀出一碗，然后放进一些要选的种子，假使全沉下去，说明盐水太淡，应继续加进食盐；如果大部分种子漂在水面，说明盐水太浓，应加水稀释，直到大部分种子斜卧在碗底为止。

学生活动：用盐水进行选种。

小结：种子经盐水浸泡，表面会受伤，因此，种子从盐水里捞出后，要立即用清水冲洗，然后才能播种。

学生汇报展示。

环节三：拓展与交流

(1)选种的其他方式：风选、筛选、粒选、机械选、溶液选。

小结：选种是为了选出最好的种子，农业生产才能顺利进行，是非常重要的一步。

(2)拓展与交流：国家种质库。

通过观看视频了解什么是种质，什么是种质库，了解种质资源的重要性。为走进国家种质库做准备。

小结：植物种质资源是在不同生态条件下经过上千年的自然演化形成的，蕴藏着各种潜在可利用基因，是国家的宝贵财富，是人类繁衍生存和发展的物质基础。

国家把这些资源收集起来作为战略资源加以保存，以后加以利用，其意义重大。

(六)板书设计

图 3-10-3　"种子的选择"板书设计

第 3 课时 种植绿豆

(一)学习内容分析

在第 1 课时中，学生认识了种子，了解了在种子里孕育着新生命，种子里面有能发育成植物根茎叶的结构——胚。在第 2 课时中，学生已经通过选种选出了健康、饱满的种子，接下来将要开启的就是种植的过程，学生对于种植是有经验的，但是并没有将经验总结为知识，所以本课时老师要帮助学生梳理种植的方法及需要注意的事项。为了植物能够很好地生长，需要建立植物与环境之间是有关系的观念。

本课时设计了两个活动，分别是用播种的方法种植绿豆、用水生法种植绿豆，并为种子的萌发选择适宜的温度和水分，让学生通过活动能够对植物生长产生兴趣，并且能够保持长期的养护过程。等绿豆种子发芽了、长大了，用绿豆芽炒一盘菜。炒完菜，还要将厨房整理干净，并请家人和朋友们尝一尝，完成日常生活劳动和服务性劳动部分内容。

(二)学习目标

(1)会用播种的方法和水生法栽培植物，知道种子萌发需要适宜的温度、水分。

(2)乐于长期养护植物，对植物的生长变化产生兴趣。

(三)学习重点、难点

学习重点：会用播种的方法和水生法栽培植物。

学习难点：乐于长期养护植物，对植物的生长变化有兴趣。

(四)学习评价

(1)知识获得方面的评价，主要以课上和课后与学生交流的形式、学生回答情况作为依据(如表 3-10-14 所示)。

表 3-10-14　知识获得方面评价表

水平/评价维度	知识获得
水平一	能描述栽培植物的播种方法和水生法的具体操作方法，知道种子萌发需要适宜的温度、水分
水平二	稍加指导能描述栽培植物的播种方法和水生法的具体操作方法，知道种子萌发需要适宜的温度、水分
水平三	需要较多指导才能描述栽培植物的播种方法和水生法的具体操作方法，知道种子萌发需要适宜的温度、水分

(2)能力提升方面的评价，主要以学生在种植活动中的表现、种植成果作为评价依据(如表 3-10-15 所示)。

表 3-10-15　能力提升方面评价表

水平/评价维度	能力提升
水平一	能用播种的方法和水生法种植植物
水平二	稍加指导能用播种的方法和水生法种植植物
水平三	在老师和同学的帮助下能用播种的方法和水生法种植植物

(3)价值观念培育的评价，主要以学生在活动中的兴趣、态度等作为依据(如表 3-10-16 所示)。

表 3-10-16　价值观念培育评价表

水平/评价维度	价值观念培育
水平一	能持续保持对植物生长变化的探究兴趣，在种植植物的过程中表现出对生命的珍爱
水平二	对植物的生长变化有探究兴趣，但需要提醒才能保持持续观察；在种植植物的过程中能表现出对生命的珍爱
水平三	对植物的生长变化有探究兴趣，但需要老师和同学不断地提醒才能保持持续观察；在种植植物的过程中能表现出对生命的珍爱

(五)学习活动设计

环节一：聚焦

谈话：怎样才能让种子发育成幼苗？植物的生长需要什么条件？

预设学生回答：阳光、水、温度、营养等。

环节二：探索与调查

1. 种植绿豆活动

师生交流：应该怎样播种，播种时要注意些什么才能使植物成活？（花盆下的小孔有什么作用？花盆中应放多少土？什么样的土适合种植物？种子埋多深？怎样埋?)在交流中明确播种的步骤与注意事项。

预设学生回答：需要花盆、土；要把种子埋到花盆的土里，然后浇水；土要有营养。

学生活动：种植绿豆种子。

小结：在花盆出水孔处放上小石块既可以使土壤不外漏，也能保证多余的水分及时渗出。用手指按 2～3 个洞，深度约 1 厘米，提示一个花盆中可以播种 2～3 粒种子，种子上覆盖的土不要太厚。

2. 水生法种植绿豆

师生交流：除了在土中种下种子能够长成植物，还有没有其他的方式能够长出植物?

预设学生回答：水，生出豆芽。

教师出示：浸泡后的绿豆种子。

在底部可排水的容器中，先将毛巾(或布、育苗纸)铺在底部，然后将浸泡后的绿豆放在毛巾上，均匀地铺开，在绿豆上盖上另一块毛巾(或布、育苗纸)，每日用喷壶或直接泼水 3～5 次，保湿即可。

学生活动：用水生法种植绿豆种子。

环节三：拓展与交流

师生交流：需要提供什么条件，种子才能顺利萌发？我们的依据是什么?

预设学生回答：浇水、放在温暖的地方。

小结：是为保证土壤的湿度和适宜的温度，以满足种子萌发所需的条件。

等绿豆种子发芽了，长大了，在家里炒一盘菜，请你的家人或者朋友也都来尝一尝吧。

(六)板书设计

图 3-10-4 "种植绿豆"板书设计

四、设计的主要特色/亮点及思考

(一)案例的亮点或特色

1. 充分利用校外资源，丰富学习内容和形式

依托中国农业科学院、国家农业科技创新园等校外资源平台提供的先进的农业种植技术和专家资源，学校开展了多项与植物相关的课程和研究性学习。在"种下

快乐 见证成长"主题学习中，除了在课堂中进行知识的学习，学生还能走进国家农业科技创新园和国家种质库，通过知识讲授、实验操作、种植活动和基地实践参观等学习方式学习现代农业知识，为学校劳动课、科学课的开展提供了一种新的形式。

2. 注重农业技术实践，把知识融于劳动中

"种下快乐 见证成长"主题学习以现代农业知识为基础，同时更加注重学生在实践操作中掌握现代农业技术，如选种、播种、育苗等。学生在农业种植活动中体会劳动的辛劳和乐趣，激发出对农业的热爱，养成尊重劳动、愿意劳动的优秀品质。通过课程的落实和不断完善，逐步形成具有中国农业科学院附属小学特色的科技融合型劳动教育模式。

3. 开阔学生的视野，培养学生创新思维

正是在传统的农业耕作的基础上不断地改进与创新，结合各种现代科学技术方法，才形成了现代农业技术。因此，农业技术的发展就是一个不断创新的过程。学生在学习现代农业技术、开阔视野的同时，也受到这种不断创新的思维方式的影响。在实践活动中，老师鼓励学生不断思考，对植物培育提出改进与创新的想法，从而多维度培养学生创新思维。

（二）讨论的问题或反思

1. 精选课堂实践活动

在"种下快乐 见证成长"主题学习中，涉及选种、育苗、移栽、收获等活动。由于植物生长的周期长、短时间内变化微小，因此在选择课堂活动时，应该注意结合植物做知识方面的拓展，同时兼顾课堂实践活动趣味性、可操作性等多个方面。从而让学生所学知识丰富扎实、实践活动有趣可行，这样能更好地提高学生对现代农业的兴趣，同时真正掌握一定的农业劳动技能。

2. 拓展到日常生活中

由于课堂上时间和空间的限制，在了解和实践一项农业技术之后，难以看到这项技术带来的影响和效果，这就需要学生在课下持续地观察作物的生长情况。因此，把所学的农业技术带回家，既便于学生持续观察作物，又能在家运用所学，使学生更好地掌握劳动技能、感受技术在农业中的作用，增进对现代农业的热情。

参考文献：

[1]中华人民共和国教育部．义务教育劳动课程标准（2022 年版）[M]．北京：北京师范大学出版社，2022.

[2]中华人民共和国教育部．义务教育科学课程标准（2022 年版）[M]．北京：北京师范大学出版社，2022.

跨学科主题学习实施相关问题及思考

《义务教育课程方案(2022 年版)》提出课程改革的基本原则应以坚持学生核心素养的培育为导向，加强综合课程建设，开展跨学科主题教学，推进综合性学习。相关学科的课程标准(2022 版)设置了占 10％课时比例的"跨学科主题学习"，要求加强学科间的相互联系，强化课程协同育人功能。跨学科主题学习对教师和学生而言并不是全新的任务与要求，但作为各学科系统、全面要求并纳入课程方案和课程标准具有重要意义，对学校和教师是更明确、更高的要求。此部分结合本书案例梳理学校和教师在实施中面临的困难和问题，以期共同研讨提出解决之策。

一、跨学科主题学习的性质和认识

【相关问题】

(1)跨学科主题学习与学科学习的关系如何？二者的育人价值有何侧重？

(2)跨学科主题学习在相关学科课程标准中提出，其自身是学科课程内容的一部分，还是学科课程的一种学习途径？与学科实践的区别与联系如何？

(3)从学科角度提出跨学科主题学习，与综合性的跨学科主题课程有何区别？二者的关系是怎样的？

(4)从实施角度，在学校层面是否要从跨学科主题学习走向跨学科主题课程？

(5)跨学科主题学习中的"跨"主要包括哪些要素或内容？

(6)跨学科主题学习与项目式学习有何区别和联系？

【思考与讨论】

从学生核心素养形成机制的角度，学科学习和跨学科学习都是学生核心素养形成的重要途径。跨学科学习本质上是一种"跨学科主题学习"，是以主题或问题为导向，基于复杂性思维和学科互涉理念，实现课程价值重建、学习内容重组、学习方式重构、学习形态再造的学习活动，具有主题性、开放性、整合性、创生性等本质特征。跨学科主题学习是《义务教育课程标准(2022 年版)》提出的课程改革新要求，但它并非新事物。自 20 世纪 20 年代"跨学科"一词提出后，其已经在社会科学界被普遍使用。跨学科教育也随着学科的分化与整合有较长历史，但在长期的分科教学中未得到凸显。跨学科主题学习是培养学生核心素养的重要途径，是打破学科边界、强化课程协同育人的重要手段。新课程方案和学科课程标准提出跨学科主题学习，丰富学习途径和方式，着力于学生核心素养和综合素质提升，既是未来人才培养的要求，也是遵循学习与发展的基本规律。从育人价值而言，学科学习是主体，突出学科核心素养培育；跨学科主题学习丰富学习内容和途径，促进核心素养和综合素质提升。

从学科角度提出跨学科主题学习，侧重从学科落实的角度，拓展学习内容、丰富学习路径，体现学科课程实施的丰富样态。基于学科立场的跨学科主题学习，侧重从学习途径角度体现综合学习的意义。跨学科主题学习作为学习途径区别于综合性的跨学科主题课程，虽二者有交叉的部分，但跨学科主题课程有完备的课程要素，体现课程目标、内容、实施、评价以及资源等方面的综合性。从当前跨学科主题学习实施看，主要由各学科教师在不少于10％的课时中，立足本学科，从本学科拓展、延展到相关学科，或运用相关学科知识、方法等助力本学科重点内容学习。在学校层面，为体现课程对育人目标的精准性、关键性支持，可整体规划、设计、安排、实施跨学科主题学习，一方面减少不同学科之间的交叉、重复、割裂等问题，另一方面统筹时间、空间、师资、资源等教育要素，体现学科育人的协同性，以及教育教学的有序性、丰富性和开放性，显现教育生机与活力。

跨学科的"跨"，是跨知识、跨能力、跨目标还是跨学段？从学科课程标准要求看，主要是跨学科知识，但在实施过程中会表现为多个方面的"联结"，需要教师处理好本学科与相关学科、课内外学习内容以及不同学段知识的衔接，切合学科主题、学生学习基础和学习需求，设计具有挑战性的、可实施的学习任务。项目式学习是以项目形式组织学习内容和展开学习过程的载体，包括明晰概念、定义问题、头脑风暴、构建和假设、确定目标、独立学习和概括总结等过程。学科学习和跨学科主题学习都可以采取项目式学习的方式，基于学习任务进行项目化设计，统筹学习要素和过程，让学生经历完整的项目实施，实质是综合学习的过程，以培养学生核心素养。

二、跨学科主题学习实施的重点和难点

【相关问题】

(1)跨学科主题学习实施的难点或需要突破的点在哪些方面？

(2)从育人效果而言，跨学科主题学习如何兼顾时效性和可能性？

【思考与讨论】

当前跨学科主题学习存在着目标定位模糊、内容边界泛化、评价标准混乱的困局，实施过程中老师们也认为在学习主题选择、学习目标把握、跨学科学习的宽度和深度以及资源支持、学习评价等方面存在困难。

一是主题选择。如何兼顾学科知识和课程标准要求、学生特点及其学习基础、学校及地域特色和资源等多方面因素综合选题，建议有各学科课程可参照的选题原则或选题指南，特别是基于学科贯穿完整学段的、体现层次进阶、内容宽度与深度

不同的选题参照，为教师们实际操作提供支持。判断跨学科主题学习的主题是否适切，可依据的主要表征：一是承载本学科的核心内容，二是联结多学科的知识结构，三是紧密联系社会生活，四是考虑学生的兴趣、需要和接受程度，五是具有可操作性。如"年、月、日的秘密"团队认为：主题最好从学生学习过程中产生的真实问题和好奇出发，在聚焦问题的过程中，自然连接数学和相关学科，并且主题来自学生真实的好奇和探究驱动，学生更容易投入自己的思考和情感。"古代科技之光"团队提出选题的疑问：是从各学科共同性的知识点即学科之间的关联点选题？还是围绕学生学习与生活中的真实问题选择？是教师系统设计学习主题还是师生动态生成主题，或是各个学科教师、年级、学段或学校整体设计主题？总体而言，基于学科立场的跨学科主题学习选题来源较为多样，需要统筹学生学习需求、学科学业水平要求和学校育人特色，兼顾多种途径和学校、师生实际，形成基于主干学科的、序列化的、与学科学习互为补充的学习主题。

二是目标确定。跨学科主题学习的目标主要基于学科核心素养还是学生发展核心素养？在素养要素及其水平表达方面如何科学适切？合理有效的跨学科主题学习目标应能够反映真实情境、指导活动开展、承载学科知识、预测学习表现。在目标设计过程中应围绕学生核心素养发展，依据主题确立素养维度和水平；依据主题学习任务，将目标细化为可操作的具体步骤；从学生学情出发，为目标厘定适宜的范围，并做好不同活动阶段目标之间的连续与过渡。在确定跨学科主题学习目标时，在考虑与学科学习关系的同时，需要有相对明确的、可达成的具体目标，"以终为始"，引导师生展开学习活动，有相对清晰的范围、路径和过程。另外，还需考虑学习目标的持续进阶和横向拓展，对基于学科的跨学科主题学习有整体设计。在实施过程中处理好目标达成和学生试错与体验、即时性目标与学生延时性成长的关系，精准把握主题学习的功能性目标和价值性目标，彰显跨学科主题学习的育人价值。

三是把握跨学科主题蕴含的核心概念。一般而言，跨学科主题具有多样性、综合性、开放性，如何从学科出发把握跨学科主题背后蕴含的学科大概念、跨学科概念和哲学层面的大概念？教师要善于从学科概念、学科大概念、相关学科概念等不同层面，准确提炼主题背后的核心概念，突出核心概念与学科学习的内在关联，形成跨学科主题学习对学生连续性学习的关键支持。当前跨学科主题学习概念提炼时教师们面临的问题是：其一，对主题蕴含的本学科大概念的把握是否准确；其二，主题涉及的相关学科概念，以及通过主题展开或跨学科学习生成新的概念的把握，即对概念的层次及范围、动态生成的把握；其三，对本学科或相关学科关联概念和尚未进入学科课程标准要求的相关概念的把握，尤其是涉及学科思维和学科价值等的相关概念在开放性学习中的准确把握。需要学科教师、备课组和教研组进行系统梳理和整体设计，依托学科设计基于学科大概念、涉及关联学科概念、拓展学科概念等横向联结、纵向关联、进程连续的跨学科主题及其实施路径，发挥跨学科主题学习独特的育人价值。

四是跨学科主题学习的实施方式。跨学科主题学习实施有哪些典型方式和操作模型？根据实施过程中的时空组织形式、知识传递方式和师生关系的不同，表现出三种不同的实施理路：其一，基于知识取向的跨学科整合理路，主要以主题为载体，注重学习主题的选取、知识图谱的构建和主题学习的实施；其二，基于社会问题取向的跨学科整合理路，主要以问题为导向，重在设计问题解决方案、实施探究活动和总结生活经验；其三，基于学生兴趣取向的跨学科整合理路，主要以项目为依托，关键在选取项目内容、整合项目资源和实施项目评价。实践中教师们以任务或问题为驱动开展，以真实情境、跨学科实践活动为载体，采用项目任务、团队学习、实践操作等实施方式，突出学科典型学习方式的综合运用，特别是综合学习和实践学习，以进一步夯实学生知识基础，激发学习兴趣，提升探究性、创新性思维品质。跨学科主题学习以某一学科为依托，基于主题建构学习任务，进行学科整合，形成以培养跨学科素养为目标的主题单元网络，以完整的问题解决过程或任务完成过程贯穿始终。在实施过程中教师们提出：跨学科主题学习需要多学科知识的融合和能力迁移，对学生核心素养和综合素质提出更高要求，如何面对不同学生的学习差异？跨学科主题学习同样需要为不同基础和层次的学生设计学习支架和提供个性化支持，以更好地体现学习任务对不同学生的学习适应性。另一个挑战是跨学科主题学习的课时安排。一般而言一个主题任务是一个大的单元主题，学科 10% 的课时如何在一定的周期内合理安排？大小课、长短课以及课内、课外时间如何协调，需处理好学习任务、学习时间以及学习周期的匹配。跨学科主题学习如何打通课内外、校内外，为学生搭建有意义的、连续性的成长通道，还需要年级、学科、学校整体规划，提高时间、空间、资源的使用效益，为学生发展提供更多可能。

五是跨学科的程度。如何规避跨学科变成简单的学科"拼盘"，真正实现跨学科并将知识转化为学生真实的素养发展？教师需要聚焦核心问题，处理好分科与综合、主题学习内容与方法、过程与结果之间的关系，集中各学科的力量解决核心问题。在跨学科主题学习实施过程中，"跨"的广度、深度以及意义关联问题是教师们认为难以把握的问题。其一，不同学期、年级和学段本学科知识和能力的协同问题，以及跨学科主题的综合性学习与学科知识学习的匹配程度；其二，所跨其他相关学科与学生已有知识储备、生活经验和能力素质之间的关系；其三，跨学科主题学习与持续性学习和拓展性学习的关系。教师需要根据学情准确界定学习主题，设定适宜的学习目标，综合把握学生学习基础、能力水平以及开放学习的可能空间；加强学校课程整体设计，统筹相关学科课程标准关于学科学习和跨学科主题学习的学业标准、学科概念、关联程度和进程安排，体现跨学科主题学习目标的达成度、主题的深刻性和学科的协同性。

六是跨学科主题学习的评价。 跨学科主题学习目标的精准表述存在困难，同时综合学习的复杂性，使跨学科主题学习评价有难度。跨学科主题学习过程和成果如何评价，标准如何，如何真正衡量学生的发展，学生自我评价、教师评价如何操作，如何通过评价看到师生的变化，需要持续摸索。实践中的做法一般是将跨学科学习评价目标前置，细化评估维度，如从知识技能、任务完成、创意思维、实践能力等方面进行结果评价，注重对学生参与态度、合作精神与自我反思能力的过程评价，以评价作为参照优化学习活动设计。教师面临的问题：其一，长程性的跨学科主题学习如何贯穿多主体(教师评、学生自评、学生互评、家长评)、多元的评价方式；其二，跨学科主题学习的学习成果，不同学科之间呈现形式差异大，如何体现学习成果的适切性，希望有相关的指导和培训。

三、跨学科主题学习活动的学习过程

【相关问题】

(1)跨学科主题学习的基本方式有哪些？

(2)师生在跨学科主题学习中可能存在什么问题？

【思考与讨论】

跨学科主题学习对学生而言主要运用多种学习方式进行综合学习，集中体现在探究学习、实践学习、团队学习等方式上。就学校课程形态和实施样态而言，当前学校多采取项目式学习、综合实践及 STEM 课程、融合课程等形式实施。项目式学习为跨学科主题学习实施提供有效途径。如根据主题设计项目任务、根据主题细化设计驱动性问题，以项目任务或问题解决为导向，整合主要学科与其他学科的知识和思想方法，培养学生自主学习能力以及综合实践能力。STEM 课程本身就是跨学科综合课程，包括异质学生为主的学习主体、相关学科课程构成的学习内容、促进不同学科知识整合与创新的规则、创新性组合后群体性应用的工具、面向具体学习任务的协作分工，以及开放共享的混合式学习环境，体现不同于学科学习的多要素协同特征。相关地区和学校为更好地实施跨学科主题学习，推进综合学习空间建设。上海市教育委员会等七部门印发《关于进一步促进本市义务教育学校建设的实施意见》，要求以培养学生素养为导向，优化学生学习空间和资源环境配置，并提出"推进跨学科综合学习空间建设"的要求。综合学习空间以学生为中心，不仅具有自主性、交互性、开放性、智能性、个性化等特征，还将环境隐性的教育功能与学校显性的课程相结合，让学生在真实问题的情境中，在数字智能的支持下，在多学科、多课程的综合学习中，在实验探索、小组学习的活动场景中实现能力与素养的提升，赋予教育更丰富的内涵和更深远的期待。跨学科综合学习空间的主要特征：更强调创设解决真实问题的情境，更为灵活和弹性的空间设计，更高效互动的数字化学习环境，是构建健康的教育生态系统的一种积极探索。

跨学科主题学习中，一线教师反馈的问题：一是学习过程中可能会遇到学生未掌握或接触的知识，或未具备的能力，或教师不能很好解答的问题等，如何兼顾已知知识与设计主题所需未知知识、能力的关系。二是跨学科主题学习中学生的差异大，如何兼顾学生差异和任务分解、匹配；学习过程中不同学生受到的关注程度不同，如何保障学生学习状态和投入程度等。三是跨学科的长周期学习与学生的兴趣保持，学习过程中的专业指导和及时反馈的问题。四是跨学科主题学习中"跨"的显性指标或标识可以通过什么来判断，体现跨学科的基本标准在哪些方面。五是跨学科主题学习的实施形态或组织形式，是否有主要的或典型的组织形式或呈现样态，其开放的程度有多大，是否有可供借鉴的教学模型。

四、跨学科主题学习实施的保障条件

【相关问题】

(1)学校如何整体设计和实施跨学科主题学习？

(2)跨学科主题学习对教师的挑战有哪些？

(3)跨学科主题学习需要的保障条件。

【思考与讨论】

目前相关学科课程标准中提出跨学科主题学习，主要由学科教师、学科组、年级组组织实施，但学科、年级之间如何减少交叉、重复和割裂，同时统筹安排教师、利用学校相关课程资源，需要学校层面根据育人目标和学科课程目标进行整体设计和协同推进。学校系统梳理相关学科课程标准中跨学科学习主题以及涵盖的学科大概念、跨学科概念，根据育人目标特别是育人特色的要求，突出特色领域方向的核心素养和重点主题，根据学生的学习水平和发展需求、学校师资及课程资源配置，有机安排学科、班级、年级、学段、学校等不同形式的跨学科主题学习，与学科学习相互补充、促进，体现综合学习的跨学科主题学习序列，为学生搭建更为开放灵活、自主可选的成长通道。在实施过程中，需要建立健全跨学科主题学习的学校研发机制，确定适切的主题支点建构跨学科主题学习框架，处理好"1"与"X"的关系，关注跨学科主题学习中学生的思维发展和学习新样态的整体呈现。

跨学科主题学习对教师的专业能力、工作方式和工作时间等提出更高要求。一是对教师认识的挑战。如何认识和理解跨学科主题学习及其在新课程实施中的重要意义，其基本内涵、与学科学习的关系，在学科课程实施中的地位如何等基本问题，需要逐步落实。跨学科主题学习要求学科教师站在课程整体育人的角度来思考本学科的育人价值、教学方式，立足学科、主动跨界，让学生拥有系统而扎实的学科知识与方法，同时破除分科课程带来的视界窄化、思维僵化。二是教师教学的挑战。对教师实施跨学科主题学习专业能力的要求，包括对跨学科主题学习实施的主题选择、学习目标定位以及核心概念提取、实施途径和评价方式选择等有基本的把握，以及如何处理基于本学科的学科学习与跨学科学习、不同程度跨学科主题学习的整体把握等工作。三是对教师协作的挑战。跨学科主题学习的不同实施方式和组织形式，要求不同学科教师协作以实现学科协同育人，对不同学科主题关联、核心概念贯通、综合能力支持、资源统整利用等提出要求，教师在学科专业、工作时间、教学方式等方面需进一步加强合作，加强互助、协同实施。四是对教师教研的挑战。实践中跨学科教研从学科组和年级组两个层面有针对性地推进，教研机制上采取"学科组教师深挖教材课标—跨年级纵向探讨整合—跨学科横向梳理融合—科研室、课题组综合调整完善"的立体式研修机制，以进一步保障跨学科教研高效开展。五是对教师培训的挑战。跨学科主题学习教研活动需要在遵守常规教研活动设计要求的基础上，凸显跨学科特色，并以建立主题审议制度、强化教研流程管理、提高教师积极性和参与性作为设计重点，努力探索学科教研综合化、跨学科教研常态化工作机制，从而为跨学科主题学习的高质量实施提供保障。

跨学科主题学习的保障条件。一是教师配置和管理。在当前生源高峰期、教师结构性缺编背景下，跨学科主题学习对教师数量、专业结构、专业水平等提出挑战。另外，教师工作安排、工作量核算、绩效考核及课程实施管理制度等也需同步调整和优化，以激发教师实施跨学科主题学习的积极性，创造条件提升教师专业素养，为跨学科主题学习的实施管理提供支持。二是课程资源保障。跨学科主题学习实施对多个教育要素如时间、空间、内容、师生、资源等要求更高，学校需根据育人特色和跨学科主题序列，有针对性地统筹、整合、开发课程资源，不断延展学习时空，赋值多样课程资源，并提高利用效率。三是内外治理机制优化。跨学科主题学习开放实施、综合学习的特点对学校教育教学组织形式和管理制度、实施程序等有更多要求。学校需建立跨学科主题教学研究和备课机制，加强系列校本教研，帮助教师做好跨学科主题教学准备，开展体系化的教学研究。四是区域管理和实施监测。跨学科主题学习中，教师、学校和区域的职责是什么，需要区域提供哪些相关政策引导和条件支持，区域如何在义务教育"双新"实施中加大监测力度，整体提升区域学校跨学科主题学习实施水平。

五、跨学科主题学习的有益尝试和经验

【相关问题】

(1)跨学科主题学习在区域层面上有哪些经验？

(2)跨学科主题学习在学校层面有哪些有益做法？

【思考与讨论】

北京市丰台区在深入研究跨学科主题学习概念和课程实施模式的基础上，以整区推进项目式学习、"科技·人文·社会"跨学科课程开发工作坊两个项目作为区域推进跨学科主题学习的实施模式，以教师 STEAM 课程领导力培训打造一支高水平、专业化的 STEAM 教师队伍，支撑两个项目的高质量实施。下一步的推进重点：区域整体管理机制和激励机制建设、集团内校际合作的跨学科主题特色课程开发、跨学科主题学习的实证研究。不断从探索应用向创新发展迈进，由个案探索转向群体实践，带领教师从"知识技能"走向"实践创新"；支持教师穿越课程边界，从"学科孤立"走向"学科综合"，从"学科教学"走向"课程育人"，从而培养能够应对未来挑战的复合型创新人才。上海市崇明区开展"义务教育'双新'背景下跨学科主题学习研究"试点项目，以东门小学、上海实验学校附属东滩学校作为两所义务教育试点校，通过前期的理论研究、模板设计研究、教师培训、案例征集评比、跨学科主题教研等，初步形成基地学校跨学科主题教研的常态化、小学初中跨学段之间的协同发展、研训一体整合推进的区本化、校本化实施新样态。江苏省南通市二十余所市直初中学校进行了跨学科项目式学习探索，其中通过初中数学项目式学习，强化以理科为主的学科融合性与实践性，不断引导学生自主学会用理科的眼光、思维、语言去观察、思考和表达。

重庆市九龙坡区谢家湾学校以学生核心素养培育为出发点和落脚点，集合学生个性特质经验、学科视角、学校治理环节及地方性、世界性学习资源等要素，结合学校数字化"素养导航学习平台"，驱动学生自主学习。让学生更好地成长为吃饭好、睡觉好、运动好、心情好、品行好、学习好，具有自信心、好奇心、同理心、奋斗心、创造心、中国心的"六好""六心"学生，做改良世界的中国人。学校突破学科中心、教师中心、教室中心，回归儿童中心的学习者立场，探索出了从知识本位到素养本位的核心素养导向的跨学科学习实践路径。浙江省杭州市学军小学教育集团紫金港小学，以"整校推进"的方式对整个小学阶段的跨学科主题学习进行整体构思、连续设计和进阶实施，通过构建整体连贯的推进序列、提炼一致融通的核心概念、创建连续递进的学习主题、设计连续的驱动问题、组建进阶的任务链条、提供学术性的探究支架，实现跨学科主题学习的内容、结构、学习素材的进阶迭代，保障跨学科主题学习的深度。北京景山学校优秀中华传统文化校本课程开发，结合传

统文化自身的特点，以"现象为本"开发教学资源，以"跨学科理念"进行教学方式重构，分别设计了三个学段：小学低段(1、2、3年级)、小学高段和初中低段(4、5、6年级，学校为"五四"制)、初中中高段(7、8、9年级)的诵读体验式课程、整合实践式课程、研究应用型课程三类课程，力求在真实、具体的情境中，激发学生学习兴趣，将立德树人等教育教学目标落到实处。

参考文献：

[1]朱爱华.跨学科主题学习的本质、特征及设计路向[J].教育研究与实验，2023(5).

[2]刘晓倩，广少奎，侯学振，等.跨学科课程整合的困局透析与理性规约[J].教育理论与实践，2023，43(29).

[3]张鸿儒，王小莲.跨学科主题学习之主题选择的"五项原则"[J].中小学管理，2023(5).

[4]徐广华.跨学科主题学习的目标设计：基本要点、设计理路与呈现样态[J].教育理论与实践，2023，43(29).

[5]张文超，陈名瑞.跨学科整合的价值意蕴、基本取向与实施理路[J].教育理论与实践，2023，43(29).

[6]郭华.跨学科主题学习：提升育人质量的一条新路径[J].人民教育，2023(2).

[7]许华，陈晓均.小学跨学科教研实施路径与策略[J].基础教育课程，2023(19).

[8]杨晓辉，支梅.跨学科主题学习的区域探索——以北京市丰台区为例[J].中国教师，2023(11).

[9]方一燕.义务教育"双新"背景下区域推进跨学科主题学习的行动研究[J].上海教育，2023(Z2).

[10]吴小兵.初中数学跨学科项目式学习区域实践探索[J].教学与管理，2023(34).

[11]刘希娅.中小学跨学科学习的内涵价值、现实困境与实施策略——谢家湾学校素养导向跨学科学习实践探索[J].中国教育学刊，2023(10).

[12]袁晓萍.整体构思·连续设计·进阶实施——"整校推进"跨学科主题学习的探索与实践[J].小学教学研究，2023(22).

[13]王海兴.跨学科视域下传统文化校本课程的建构与教学策略——以北京景山学校为例[J].中国教育学刊，2023(S2).